Speziell für Dich, Thomas,
(obwohl ich dich liebe
wie du bist!)

      Claudia

Reinhard Smolana 1981 als ›Mr. Germany over 40‹

Reinhard Smolana

Bodybuilding
Anleitung zum Muskel- und Konditionstraining für sie und ihn

Im Falken-Verlag sind zahlreiche Titel zu Bodybuilding, Kraft- und Fitneß-
training erschienen, darunter:
»Muskeltraining mit Hanteln« (Nr. 0676)
»Hanteltraining zu Hause« (Nr. 0800)
»Fit und gesund« (Nr. 0782)
»Bodybuilding für Frauen« (Nr. 0661)

CIP-Kurztitelaufnahme der Deutschen Bibliothek

Smolana, Reinhard:
Bodybuilding: Anleitung zum Muskel- u. Konditionstraining für sie
u. ihn/Reinhard Smolana. −
Niedernhausen/Ts.: Falken-Verlag, 1982.
(Falken-Bücherei)
ISBN 3-8068-0604-7

ISBN 3 8068 0604 7

© 1982/1987 by Falken-Verlag GmbH, 6272 Niedernhausen/Ts.
Titelbild und Fotos: Brumm, Busek, Hampe, Heinlein, Moehrlein,
Smolana, Studio ARAX
Die Ratschläge in diesem Buch sind von Autor und Verlag sorgfältig erwo-
gen und geprüft, dennoch kann eine Garantie nicht übernommen werden.
Eine Haftung des Autors bzw. des Verlages und seiner Beauftragten für
Personen-, Sach- und Vermögensschäden ist ausgeschlossen.
Gesamtherstellung: H. G. Gachet & Co., 6070 Langen

161 514 131 211 109

Inhalt

Übersicht zu den Übungen

Trainingsprogramm für Männer

8

Trainingsprogramm für Frauen

9

Statt eines Vorworts:
So wurde ich Mr. Germany

Als ich am 14. Mai 1939 in Berlin geboren wurde, war ich ein Säugling von schon 11½ Pfund. Dies läßt vermuten, daß ich bereits gute Voraussetzungen dafür hatte, ein großer, starker Mann zu werden.

Den Ausschlag, mit *Bodybuilding* zu beginnen, gab jedoch die Tatsache, daß ich mit 18 Jahren doch noch ein relativ schmalbrüstiger Jüngling war. Ich hatte zwar in der Schule im Sport immer eine ›1‹ und war in Amateurvereinen auch ein erfolgreicher Fußballspieler und Boxer, aber aufgrund der schlechten Ernährung, die wir jungen Leute damals nach dem Krieg bekamen, wog ich mit 18 Jahren nur 135 Pfund.

Ich war also nicht gerade der Kräftigste! Also dachte ich mir: ›Das muß sich ändern!‹ Da ich immer schon Männer mit breiten Schultern und starkem Brustkasten und großem Bizeps bewunderte, wollte ich diesen Vorbildern nachstreben.

Das Problem lag jedoch darin, daß es damals in Deutschland das Bodybuilding, wie es heute in Sportschulen und Heimstudios ausgeübt wird, überhaupt noch nicht gab! Die einzige Möglichkeit, die man hatte, war, sich in irgendwelchen Boxsport- und Kraftsport- vereinen, wo also Boxer, Ringer oder Gewichtheber trainierten, ein bißchen am *Kraftsport* zu beteiligen. Dies ermöglichte jedoch kein gezieltes Training für einzelne Muskelgruppen.

Nach langem Suchen entdeckte ich in einer Zeitschrift eine Annonce von *Charles Atlas*. Er war einer der ersten Männer, die eine Art Bodybuilding praktizierten. Er gab seinen ›Schülern‹ in einem Fernkurs spezielle Anleitungen dazu, wie man mit dynamischem Training, also mit eigener Körperkraft, Muskeln und Kraft verstärken konnte.

Es waren recht einfache Übungen zum Stärkerwerden, z. B. Liegestütze, Kniebeugen auf einem Bein, Barrendrücken zwischen zwei Stühlen. Wenn man die Anweisungen genau befolgte und auf gesunde Ernährung achtete, hatte man damit guten Erfolg. Ich jedenfalls wurde von Woche zu Woche stärker, kräftiger, und mein Brustumfang nahm zu. Auf Dauer gesehen allerdings merkte ich, daß es mit dem Muskelwachstum irgendwann einmal zu Ende sein würde. Ich brauchte also eine neue Trainingsmethode, um stärker zu werden.

Durch Zufall las ich in der Zeitung,

daß ein Österreicher namens *Poldi Merc* in einer bekannten Berliner Boxschule, nämlich bei Paul Noack, Unterricht im Bodybuilding gab. Ich wußte natürlich nicht, was Bodybuilding war, aber das Foto neben der Anzeige stellte einen sehr gut gebauten Athleten vor. Ich war mir darüber klar, daß ich auch einmal so aussehen wollte. Daß dieser Sportler *Mr. Universum* war, also den Titel des bestgebauten Athleten der Welt hatte, wußte ich damals noch nicht. Ich wußte nur, daß er mit meiner Idealvorstellung eines gutgebauten Mannes übereinstimmte! Ich ging zu dieser Sportschule, die eine der ersten Bodybuilding-Schulen – vielleicht sogar die allererste – in Deutschland war. Sie war erst vor wenigen Tagen eröffnet worden. Der Trainer Poldi Merc empfing mich sehr freundlich und sagte mir, ich sei einer seiner ersten Schüler. Er selbst besaß schon den Titel des *Mr. Austria* und wurde später *Mr. Universum*. Ich war also in guten Händen.

Die ersten Wochen trainierte ich in dieser Schule zweimal pro Woche etwa eine Stunde lang. Als ich merkte, daß mein Gewicht zunahm und meine Muskeln aufgrund der guten Vorschulung durch die *Atlas-Methode* noch stärker wuchsen, steigerte ich mein Training auf dreimal 2 bis 3 Stunden abends nach der Arbeit. Ich war gelernter Schreiner in einer großen Fabrik. Da ich nebenbei die Abendschule besuchte, um Innenarchitekt zu werden, fiel es mir schwer, mir Zeit zum regelmäßigen Training zu nehmen. Aber wenn man etwas erreichen will, nimmt man sich immer die Zeit dazu!

Nach etwa einem Jahr Training fand in Berlin eine der ersten Wahlen zum *Mr. Berlin* statt, und mein Trainer riet mir, daran teilzunehmen. Ich belegte ganz knapp hinter dem Sieger den 2. Platz. Dies war meine erste Meisterschaft um den Titel eines *Mr. Berlin*. Das Ergebnis gab mir soviel Selbstvertrauen, daß ich mir vornahm, mich ganz auf meine sportliche Karriere als Bodybuilder zu konzentrieren.

Ich stand nun vor der Wahl, entweder meine Abendkurse fortzusetzen und Innenarchitekt zu werden oder aber diese Pläne aufzugeben. Wenn ich weiterhin Erfolg im Sport haben wollte, mußte ich ja viel härter trainieren und den Beruf an den Nagel hängen. Da ich in jungen Jahren schon immer daran gedacht hatte, einmal Sportlehrer zu werden, und ich nun sah, daß Bodybuilding immer mehr Anhänger fand, faßte ich den Entschluß, selbst einmal Trainer für Bodybuilding zu werden. Daher beendete ich mein Studium der Innenarchitektur.

Als 2 Jahre später, 1960, der erste Wettbewerb um den Titel des *Mr. Germany* ausgeschrieben wurde, gab es für mich nur eines: dort mitzumachen. Ich stellte mir vor, daß ich als Sieger einer derartigen Konkurrenz ein gutes Sprungbrett hätte, eine Sportschule für Bodybuil-

Nach einem Jahr Training

›Mr. Universum‹ Poldi Merc war mein erster Trainingspartner

ding zu eröffnen. In den letzten 6 Wochen vor dem Wettkampf forcierte ich mein Training auf täglich 2 bis 3 Stunden. Ich wollte *unbedingt Mr. Germany* werden!

Die Meisterschaft fand allerdings in München statt, etwa 600 km von Berlin entfernt. Da ich damals noch kein Auto und keinen Führerschein besaß, nahm ich meine Sportkleidung, steckte etwas Geld ein und fuhr per Anhalter von Berlin nach München. Nach strapaziösen 2 Tagen kam ich gerade noch rechtzeitig in München an, um mich beim Veranstalter zu melden. Dort nannte man mir Zeit und Ort des Wettkampfes und ich bekam ein Hotelzimmer zugewiesen.

Als ich mich am nächsten Tag frühmorgens der Jury vorstellte, d. h. zur Entscheidung vor der abendlichen Veranstaltung kam, waren über 100 Teilnehmer versammelt, die sich um diesen ersten *Mr. Germany*-Titel bewarben. Sie waren aus ganz Deutschland angereist. Ich ließ mich nicht beirren, bekam meine Startnummer – es war eine der hinteren Startnummern –, ging in die Umkleidegarderobe, wärmte mich in Ruhe auf und wartete auf meinen Auftritt. Als mein Name zusammen mit denen einiger anderer Sportler aufgerufen wurde, verbeugte ich mich vor der Jury, zeigte meine *Posing-Routine* und wartete am Abend auf die Ergebnisse. Der Münchner Bürgerbräukeller war der Austragungsort dieser Veranstaltung, und über 2000 Zuschauer

waren abends anwesend, als alle Sportler noch einmal sich und ihre Muskeln vor dem Publikum präsentieren mußten. Ich war einer derjenigen, die am meisten Beifall bekamen.

Als ich einige Stunden nach Beendigung des Wettkampfes zum allerersten *Mr. Germany* in der Geschichte des deutschen Bodybuilding ausgerufen wurde, kam es mir wie ein Traum vor. Insgeheim hatte ich zwar immer gehofft, den Titel zu erringen, aber nun konnte ich es kaum glauben! Der damals amtierende Weltmeister im Bodybuilding, der *Mr. Universum, Paul Wynter,* der als Gaststar an diesem Abend auftrat, gratulierte mir als einer der ersten. Er sagte mir schon damals voraus, daß ich einer der Großen im Bodybuilding werden würde.

Ich wurde auch als erster deutscher Bodybuilder über die Grenzen hinaus bekannt, da ich der erste Deutsche war, der an einer *Weltmeisterschaft* in dieser Sportart teilnahm. Bereits 2 Jahre später wurde ich auf Anhieb Zweiter bei der Weltmeisterschaft! *Paul Wynter,* der mir versichert hatte, ich sei ein großes Talent, hatte nicht unrecht behalten! Ein Jahr zuvor war ich bei meinem 1. internationalen Auftritt in Lyon bei der *Europameisterschaft* im Bodybuilding schon Dritter geworden. Dann, wie gesagt, 1962 in London bei der Wahl zum *Mr. Universum Vize-Mr.-Universum!*

1963 konzentrierte ich mich ganz auf den Sieg bei der *Europamei-*

sterschaft, den ich unbedingt erreichen wollte. Ich wurde in Deauville an der französischen Atlantikküste Europameister im Bodybuilding! 1964 versuchte ich wieder, ›nach den Sternen zu greifen‹ und *Mr. Universum* zu werden. Ich gewann zwar weder den 1. noch den 2. Platz, stand jedoch immer noch auf dem Siegertreppchen: Ich wurde Dritter bei den professionellen *Mr. Universum*-Wahlen in London 1964. Ein Jahr später versuchte ich abermals zu gewinnen, wurde aber wiederum Dritter.

Da ich nun glaubte, meine Grenzen erreicht zu haben, hörte ich mit dem professionellen Bodybuilding bei Wettkämpfen auf und konzentrierte mich mehr auf *Kraftleistungskämpfe*. Ich wurde zweimal deutscher Meister im Kraftleistungsdreikampf mit 185 kg im Bankdrücken, 210 kg in der Kniebeuge und 255 kg im Kreuzheben. Dies war eine Gesamtleistung von 650 kg bei einem Körpergewicht von 82 kg, in der damaligen Zeit absolute Weltspitzenleistung!

1966 wurde ich dann auch noch Münchner und Oberbayrischer Meister im offiziellen olympischen Dreikampf der Gewichtheber.

1966 beendete ich dann meine sportliche Karriere völlig und konzentrierte mich nur noch auf meine Sportschule. Ich vergrößerte sie und kümmerte mich hauptsächlich um die Betreuung meiner damaligen Schüler, um sie zu großen Titeln zu führen.

Daß ich ein erfolgreicher Trainer wurde, bewies ich damit, daß z. B. *Franco Columbu*, zweifacher *Mr. Olympia*-Gewinner, die ersten drei Jahre seines Bodybuilding-Lebens in meiner Sportschule absolvierte. Auch der berühmteste Bodybuilder aller Zeiten und siebenfache *Mr. Olympia*-Gewinner, der Österreicher *Arnold Schwarzenegger*, verbrachte viele Stunden in meiner Sportschule, bei gemeinsamem Training mit mir. Es waren die ersten Jahre seiner sportlichen Karriere in München. Mit Arnold verbindet mich eine persönliche Freundschaft. Als er in den Anfangsjahren seiner Sportkarriere von seinem Verband nicht mehr die versprochene Flugreise nach London zur Mr.-Universum-Wahl gesponsort bekam, veranstaltete ich auf eigene Initiative eine Geldsammlung in meiner Sportschule, damit mein Freund, den ich schon damals als kommenden Mr. Universum sah, zu dieser Meisterschaft reisen konnte. Er hat es bis heute nicht vergessen! Der Italiener *Columbu* und *Schwarzenegger*, die beide bei Beginn ihrer sportlichen Laufbahn in München lebten, wanderten später aus und machten von Amerika aus absolute Weltkarriere. Beide haben in meiner Sportschule trainiert. Franco Columbu holte sich gewiß in den ersten drei Jahren seiner Sportlaufbahn den Grundstock für seine spätere Karriere bei mir. Zahlreiche andere bekannte Namen sind in meiner Mitgliederliste verzeichnet:

Reinhard Lichtenberg
(Mr. Germany),
Helmut Riedmeier (Mr. Germany,
Mr. Europa, Mr. Universum),
Wolfgang Randelshofer
(Mr. Germany junior und senior),
Joschi Meier
(Mr. Germany-Klassensieger),
Franz Dischinger (Mr. Germany),
Günther Heinlein (Mr. Europa),

1963 bei der Verleihung des Titels ›Mr. Europa‹

Robert Binapfl
(Mr. Germany junior),
Günther Hartwig (Mr. Germany),
Kuno Menchen
(Mr. Germany junior),
Klaus Aschober (Mr. Germany) und
Josef Laufer.

Laufer schließt als deutscher Meister des Jahres 1978 die Reihe der nationalen und internationalen Titelträger, die aus meinen Münchner Studios hervorgegangen sind, vorläufig ab.

Wohlgemerkt im Bodybuilding, in der Reihe der Leistungssportler; denn auch unter den ausschließlich fitneßbewußten Schülern findet man geläufige Namen wie *Roy Black, Brad Harris* oder *Raimund Harmstorf.* Mit den beiden letzteren verbindet mich eine langjährige Freundschaft.

Mit dem Hollywood-Schauspieler Harris, einem der besten amerikanischen Stuntmen, der über einen sehr muskulösen Körper verfügt und über 30 Herkulesfilme in den 60er Jahren drehte, verbringe ich nicht nur viele Trainingsstunden in der Sportschule, sondern er ist auch mein liebster Tennisgegner. Raimund Harmstorf, dem bekannten deutschen ›Seewolf‹, mit dem ich schon in der Karibik windsurfte, bin ich ebenfalls in enger Freundschaft verbunden.

Auch unter den Meistern im Gewichtheben findet man eine Reihe von Sportlern, die aus meinem Studio kommen, z. B. *Hardy Beinhofer,* mehrfacher Deutscher Meister im Gewichtheben und *Gunter Wu,* Nationalchinese, ebenfalls deutscher Meister in dieser Sportart. *Lutz Stocklaser* wurde berühmt als Deutscher Meister im Freistilschwimmen.

Nachdem ich neben meiner Sportschule in der Schwabinger Isabellastraße 1972 noch eine zweite in der Stadtmitte, eine der größten Sportschulen Deutschlands, eröffnet hatte, und nachdem auch diese Schule sehr erfolgreich geworden war, begann ich nach 16 Jahren Wettkampfpause mich auf die *Mr. Germany*-Wahl 1981 vorzubereiten. Ich hatte nicht weniger als 16 Jahre lang nicht mehr hart trainiert. Da ich der 1. *Mr. Germany* aller Zeiten war, stand wieder ein Titel auf dem Programm, den ich ebenfalls als Erster erringen könnte. Es wurde nämlich das erste Mal der Titel eines *Mr. Germany over 40* ausgeschrieben. Dies reizte mich natürlich! Ich war 41 Jahre, also startberechtigt, und es bestand die Möglichkeit, daß ich das zweite Mal in die Geschichte des deutschen Bodybuilding eingehen könnte.

Ich gewann auch diesen Titel und glaube daher, das zweite Mal dem deutschen Bodybuilding einen großen Dienst erwiesen zu haben!

Aufgrund meiner sportlichen Erfolge fühle ich mich nun kompetent genug, ein Buch über Bodybuilding zu schreiben. Das Ergebnis liegt vor Ihnen! – Gedankt sei schließlich dem weiblichen Modell Gigi für die freundliche Unterstützung.

17

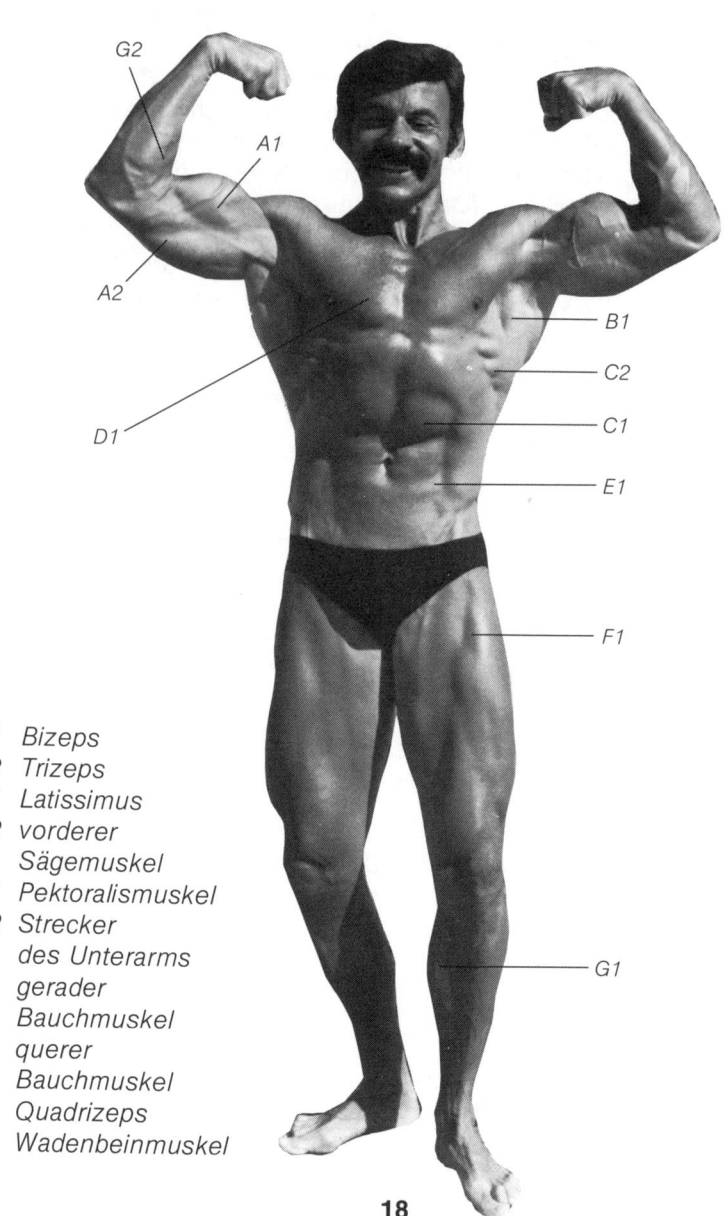

A1 Bizeps
A2 Trizeps
B1 Latissimus
C2 vorderer
    Sägemuskel
D1 Pektoralismuskel
G2 Strecker
    des Unterarms
C1 gerader
    Bauchmuskel
E1 querer
    Bauchmuskel
F1 Quadrizeps
G1 Wadenbeinmuskel

menschlichen Körpers

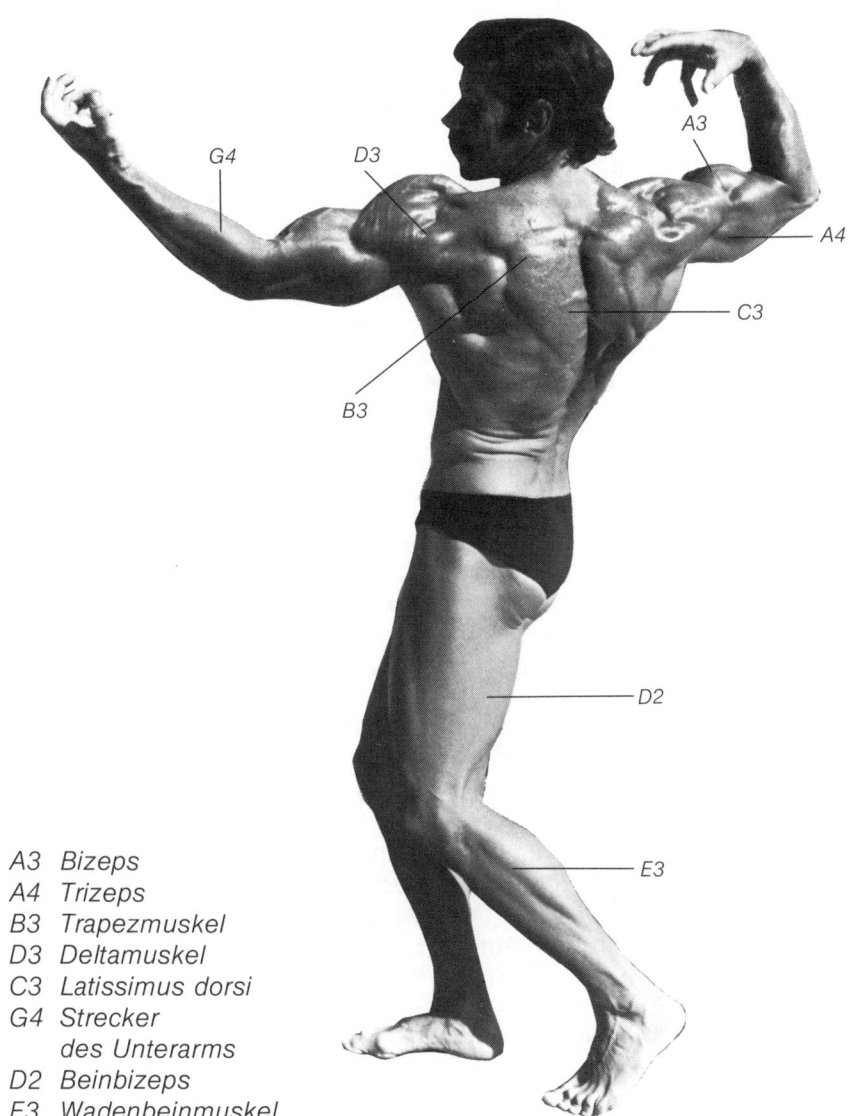

A3 Bizeps
A4 Trizeps
B3 Trapezmuskel
D3 Deltamuskel
C3 Latissimus dorsi
G4 Strecker
   des Unterarms
D2 Beinbizeps
E3 Wadenbeinmuskel

Bodybuilding
und andere Sportarten

Für alle Sportarten braucht man Kraft und Kondition. Das ist spätestens nach der Olympiade in Melbourne bewiesen worden. Man kommt in der heutigen Zeit auch bei ›technischen‹ Sportarten wie Tennis oder Golf, ja sogar bei ›Denk-Sportarten‹ wie Schach ohne Kondition, Kraft und Konzentration überhaupt nicht mehr aus.

Mit anderen Worten: Zu jeder Sportart braucht man außer der Technik die ›3 großen K‹, wie ich immer sage: *Kraft, Kondition* und *Konzentration.* Wenn die Kraft bei der Ausübung des Sportes nachläßt, kommt es um so mehr auf Kondition und Konzentration an; nur werden beim Nachlassen der Kraft sich auch schnell Kondition und Konzentration vermindern. Falls aber Kondition und Kraft zugleich nachlassen, wird natürlich auch wie von selbst die Konzentration abnehmen. Wenn Sie außer Ihrem technischen Können genügend Kraft und Kondition aufweisen, werden Sie sich mit der Konzentration viel leichter tun, sei es im Wettkampf oder bei privater Ausübung der jeweiligen Sportarten.

Deshalb ist es geradezu unerläßlich, als Vorbereitung für jede sportliche Disziplin und in den Wintermonaten Bodybuilding zu betreiben. Dadurch bekommt man Kraft und Kondition, und es stärkt natürlich auch die Konzentration. Bodybuilding ist meiner Meinung nach ein ›Muß‹ für jede Sportart, als *Aufbautraining,* als *Konditionstraining,* als *Aufbaukrafttraining.*

Es kann nicht nachdrücklich genug empfohlen werden, neben Bodybuilding einige andere Sportarten auszuüben. Ich selbst bin ›Allroundsportler‹ und bin froh darüber, daß ich als Grundsportart Bodybuilding betreibe. Dadurch fallen mir alle Sportarten viel leichter als Leuten, die kein Bodybuilding trainieren. Ich habe in meinem Leben – bis zum heutigen Tag – sehr viele Sportarten ausgeübt.

Jahrelang war ich einer der besten Jugendfußballer Berlins und spiele auch jetzt noch gern Fußball. Dann Boxen: ich war von meinem 15. bis 18. Lebensjahr ein guter Boxer. Hallenhandball machte mir ebenfalls viel Spaß oder auch Schwimmen. Was ich in letzter Zeit sehr gerne betreibe, ist Tennisspielen. Sogar schon einige kleine Turniere habe ich in München gewonnen. Ich bin außerdem leidenschaftlicher Segler und Windsurfer. Vom alpinen Skifahren und vom Langlauf ganz zu schweigen. Ich habe als 39jähriger, nachdem ich erst

3 Jahre Langlauftraining betrieben hatte, ein Rennen in Reith/Tirol gewonnen, einen schönen Pokal dafür bekommen und auch damit bewiesen, daß ein Bodybuilder auch ein ausgezeichneter Ausdauersportler sein kann.

Als Grundvoraussetzung war immer mein Vertrauen in meine Muskulatur vorhanden, und dadurch war ich auch viel lernfähiger für eine neue Sportart, viel aufnahmebereiter, da ich ja von Anfang an wußte: Ich bin fit und durchtrainiert, ich habe eine starke *austrainierte Muskulatur* und genug Kondition und Bewegungsgefühl durch mein Bodybuilding.

Sie werden also durch Bodybuilding für *jede* andere Sportart eine bessere Voraussetzung haben als jemand, der diesen Sport nicht ausübt. Die alte Mär, daß ein ›Muskelmann‹ mit seinen Muskeln nichts anfangen könne außer auf der Bühne zu posen, ist schon längst überholt und widerlegt. Sie können mit ihren trainierten Muskeln viel besser andere Sportarten betreiben als jemand, der untrainiert ist, also wenig trainierte Muskeln besitzt. Das ist eigentlich ganz klar, nur: Bodybuilding ist ein junger, ein neuer Sport, und es hat einige Jahre gedauert, bis dies erkannt und akzeptiert wurde.

Ich möchte Ihnen jetzt ein paar Beispiele anhand einiger Sportarten nennen und Ihnen erklären, welche Muskelgruppen Sie hauptsächlich mit Hanteln trainieren sollten, um in diesen Sportarten schneller fit und konditions- und muskelstark zu werden.

Beginnen wir mit den populärsten Sportarten, etwa dem *Fußball:* Zum Fußballspielen braucht man – natürlich – hauptsächlich die Beine. Deshalb trainieren Sie die Wadenmuskulatur und die Oberschenkelmuskulatur – hauptsächlich die innere und vordere Oberschenkelmuskulatur – außerdem, weil Sie ja viel laufen müssen und schnelle Starts und kurze Sprints machen, Ihre Bauchmuskulatur. Es ist sehr wichtig, Ihre Bauch- und untere Rückenmuskulatur ausgiebig zu trainieren! Damit Sie im Zweikampf auch kräftig genug sind, sollten Sie Ihre Schultern- und Armmuskulatur ebenfalls trainieren.

Beim *Tennisspielen* ist wiederum das Laufvermögen mitentscheidend: Also Waden-, Oberschenkel- unbedingt Bauchmuskulatur, außerdem Rückenmuskulatur (hauptsächlich im unteren Bereich) entwickeln! Außerdem sollten Sie Unterarme und Trizeps speziell trainieren!

Alpiner Skilauf: Sehr wichtig sind vordere Oberschenkelmuskulatur und Wadenmuskulatur! Immer wieder natürlich auch auf Bauch- und untere Rückenmuskulatur achten!

Skilanglauf: Da man den Vorwärts-Spreizschritt ständig ausübt, ist es von großer Bedeutung, die innere Oberschenkelmuskulatur zu trainieren, die Waden- und die vordere Oberschenkelmuskulatur, die

Bauchmuskeln und, was sehr wichtig ist, die Schultermuskulatur, außerdem den Deltamuskel sowie die Oberarmmuskulatur (hauptsächlich den Trizeps) für die Stockeinsätze.

Schwimmen: Dazu sollten Sie wieder die Beinmuskulatur, also Waden und Oberschenkel, ebenfalls natürlich die Bauchmuskeln trainieren, und jetzt speziell auch Oberrückenmuskulatur, Bizeps und Trizeps sowie Brustmuskulatur.

Golfspielen: Da hier nicht zuletzt Ihre Beine entscheidend sind, müssen Sie Waden- und Oberschenkeltraining betreiben, außerdem Bauch- und untere Rückenmuskulatur und – sehr wichtig! – Unterarmmuskulatur und Latissimus kräftigen.

Windsurfen: Hierzu benötigen Sie wiederum eine gut entwickelte Oberschenkelmuskulatur. Auch sehr wichtig ist die Unterarm- und Rückenmuskulatur. Sie ziehen sehr viel mit den Armen, deshalb müssen Sie einen starken Handgriff trainieren; dann Latissimustraining – viele Zugübungen machen –, natürlich auch auf Bauchmuskeln achten. Die untere Rückenmuskulatur sollte ebenfalls auf alle Fälle trainiert werden.

Boxen: Sehr wichtig sind Bauchmuskulatur, Bizeps, Oberarm, Schultern und Rücken.

Bergsteigen und *Bergwandern:* Natürlich Waden-, Oberschenkel-, Bauchmuskeltraining. In hohem Maße bedeutsam sind – bei extremem Bergsteigen – Unterarmmuskulatur, Fingermuskulatur, Handkraft, Rückenmuskulatur, Bauchmuskeln.

Rudern: Bein- und Bauchmuskulatur, Rücken- und Bizepsmuskeln trainieren.

Handball und *Volleyball:* Hier ist die Sprungkraft sehr wichtig, also Oberschenkel- und Wadenmuskulatur, Rücken-, Delta- und Trizepsmuskeln entwickeln.

Segeln: Entscheidend hierbei sind vordere Oberschenkelmuskulatur, Bauch-, untere Rückenmuskulatur, Unterarmmuskulatur und Bizeps.

Wasserskifahren: Waden-, Oberschenkel-, Bauch-, Unterarm- und Rückenmuskulatur, Bizeps und Latissimus trainieren.

Reiten: Hauptsächlich Waden- und innere Oberschenkelmuskulatur, Gesäß- und Bauchmuskulatur.

Ringen und *Gewichtheben:* Selbstverständlich sollten Sie hierzu Ihren ganzen Körper, d. h. alle Muskelgruppen trainieren, ausgenommen vielleicht die Brustmuskulatur.

Als Vorbereitungstraining für alle Disziplinen würde ich Ihnen zu folgendem Training raten: Führen Sie alle Übungen etwas schneller als bei reinem Bodybuildingtraining durch. Machen Sie mindestens 20 bis 25 Wiederholungen pro Übung und halten Sie die Pausen zwischen den einzelnen Übungen sehr kurz. Dann werden Sie mit viel mehr Kraft und Kondition andere Sportarten ausüben können!

Bodybuilding und Rehabilitation

Es ist bekannt, daß man nach Unfällen oder nach langer Krankheit, wenn man bettlägerig war und sich nicht richtig bewegen konnte, einen großen Kräfteschwund – Muskelschwund – an sich feststellt, und auch die Sehnen und Bänder wurden schwächer. Um so schnell wie möglich zur alten Leistung und Stärke zurückzufinden, stellt Bodybuilding ein gutes *Rehabilitationstraining* dar.

Natürlich sollte man dieses Training nur unter fachlicher Aufsicht betreiben, wenn eine schwere Krankheit oder eine Verletzung vorausgegangen ist. Auf alle Fälle sollten Sie zu einem Mediziner gehen, der Ihnen eine gute Sportschule empfiehlt, und Sie sollten den Trainer dann darauf hinweisen, was Sie für eine Krankheit oder Verletzung hatten. Man wird Sie dann ein vernünftiges, langsames *Aufbauprogramm* für Ihre Sehnen, Bänder und Ihre Muskulatur durchführen lassen, und Sie werden viel schneller wieder in den normalen Alltag- oder Sportalltag – hineinfinden.

Es ist heutzutage bei *Profisportlern,* etwa Fußballspielern, fast undenkbar, daß sie nach einer schweren Sportverletzung – angenommen einem Bänderriß – ohne Krafttraining und Bodybuilding wieder so schnell ihren Sport ausüben könnten. Durch dieses Training wird sich die Muskulatur nach überstandener, ausgeheilter Verletzung wieder viel schneller aufbauen, die Sehnen und Bänder werden viel rascher fest und stark. Das ist schon seit Jahren ganz ohne Zweifel eine nicht zu unterschätzende Hilfe für die Profisportler.

Der ›Normalbürger‹ sollte sich daran ein Beispiel nehmen und von den Profis lernen, nämlich Bodybuilding, Krafttraining, zur *Rehabilitation* nutzen.

›Miss Germany‹-Siegerinnen gegen ›Mr. Germany‹-Sieger anläßlich der TV-Sendung ›Die Montagsmaler‹ (links: R. Smolana u. Petra Schürmann)

Mit dem ›Seewolf‹ Raimund Harmstorf auf Grenada (1980)

Motivation zum Bodybuilding

Wenn Sie sich dieses Buch, eine Anleitung zum Bodybuilding-Training, gekauft haben, hatten Sie schon eine gewisse *Motivation,* wollen Sie doch etwas für Ihren Körper tun. Aber dazu gehört noch mehr. Sie wollen vielleicht an den richtigen Stellen abnehmen, was man durch Bodybuilding natürlich besonders gut kann, denn *Bodybuilding* heißt auf deutsch: ›seinen Körper bauen‹. Man vermag ihn gezielt zu formen, so wie ein Bildhauer sein Werk meißelt.

Man kann sich einem gezielten Trainingsablauf unterwerfen. Stekken Sie sich *Ziele,* motivieren Sie sich, sagen Sie sich z. B.: ›Ich möchte meinen Taillenumfang in 3 Monaten von 90 cm auf 85 cm reduzieren‹. Vor Beginn des Trainings messen Sie dazu Ihre Körperteile, wie Taille, Hüfte, Oberschenkel, Brust, Waden und Bizeps. Messen Sie sich nicht jeden Tag, aber vielleicht jeden Monat, z. B. wenn Sie an den Oberschenkeln abnehmen oder (als Mann) zunehmen wollen! Stecken Sie sich ein Ziel! Sie haben diesen Monat vielleicht nur 1 cm abgenommen — im nächsten Monat möchten Sie unbedingt um 2 cm abnehmen. Dadurch haben Sie schon die Motivation dazu, härter, richtiger, gleichmäßiger und oft genug zu trainieren. Nehmen wir an,

Sie schaffen von einem bestimmten Gewicht 5 kg. Versuchen Sie nach 2 oder 3 Monaten bereits 10 kg zu heben, vielleicht 12 Kilo! Eine neue Motivation! Sie müssen sich immer ein Ziel stecken und unbedingt versuchen, dieses Ziel zu erreichen.

Gesetzt der Fall, verehrte junge Dame, der Sommer steht vor der Türe, und Sie wollen wieder Ihren Bikini anziehen. Sie haben ihn im Winter probiert: Er paßte nicht. Denken Sie daran: Der *Urlaub* kommt bestimmt! Sie wollen doch am Strand eine gute Figur machen, oder? Sie fahren nach Italien, Jugoslawien oder Spanien? Auch der Urlaub, der vor der Tür steht, ist also eine gute Motivation dafür, wieder gut auszusehen.

Auch Ihr Lebensgefährte, Ihr *Partner,* motiviert Sie, Ihre Frau oder Freundin, Ihr Mann oder Freund. Sie (oder er) kann Ihnen viel helfen, indem er (sie) sagt: ›Du siehst schon viel besser aus!‹ oder:›Deine Figur ist noch nicht so gut‹. Damit kann man den Partner motivieren. Oder man versucht, den Partner zu überraschen, indem man sagt: ›Schau mal, diese Hose sitzt jetzt wieder viel besser!‹ oder: ›Ich kann jetzt viel schwerer heben!‹ Der Partner wird sich anerkennend dazu äußern. Also auch eine Motivation! Denken Sie vor allem immer daran:

Je mehr Sie trainieren, um so wohler und gesünder fühlen Sie sich! Ihre *seelische* Verfassung wird zunehmend besser, weil Bodybuilding ein hervorragender *Ausgleichssport* für alle Berufe ist. Denken Sie daran: Jede Trainingsstunde, jede Trainingsminute bringt Sie Ihrem Ziel immer näher, ausgewogener, glücklicher, stärker, schöner und gesünder zu sein. Das ist eine klare Bestärkung auf Ihrem Weg! Wer gut aussieht, wer körperlich fit ist, der wird auch in seinem Beruf mehr leisten, bekommt mehr *Selbstvertrauen,* mehr Anerkennung von den Kollegen. Halten Sie sich dies beim Training vor Augen, dann haben Sie immer eine gute Motivation.

Das Wichtigste meiner Meinung nach aber ist das, was ich ›positives Denken‹ nennen möchte. Verscheuchen Sie alle negativen Gedanken aus Ihrem Gehirn! Wenn Sie ansonsten zu einer pessimistischen Lebenseinstellung neigen sollten, so konzentrieren Sie sich halt auf positive Dinge! Denken Sie an etwas Schönes! Versuchen Sie, den ganzen Tag positiv zu denken! Man wird Ihnen das Positive ansehen. Sie gewinnen eine viel größere und angenehmere Ausstrahlung. Außerdem haben Sie viel mehr Lust zu trainieren, wenn Sie zu einer positiven, optimistischen Sicht der Dinge kommen.

Ein Trainingsziel vor Augen und eine positive Einstellung zum Leben überhaupt werden Ihnen dabei helfen, doppelt so viel Erfolg im Training, im Privatleben und im Beruf zu erreichen.

Wenn Sie die Möglichkeit haben, zu Hause oder in einer Sportschule mit einem Partner zu trainieren, ist dies auch eine gute Motivation. Versuchen Sie, stärker zu sein, schneller zu sein, besser zu sein als der Partner! Versuchen Sie, ihn bei jedem Training zu übertrumpfen – ebenfalls eine starke Motivation!

Wenn möglich, sollten Sie sich natürlich einen *Trainingspartner* aussuchen, der im Augenblick stärker ist als Sie, der leistungsfähiger ist, ein besseres Muskelgefüge aufweist als Sie, und versuchen Sie, ihn einzuholen und, wenn möglich, zu *über*holen.

Oder nehmen Sie sich (als Mann) eine Trainingspartnerin oder (als Frau) einen Trainingspartner männlichen Geschlechts! Für jeden Mann ist es ein besonderer Ansporn, sich in Gegenwart einer Frau zu steigern, während es bei einer Frau so ist, daß der Mann meistens stärker ist und sie sich an seinen Leistungen orientieren (und motivieren) kann.

Wenn Sie Bodybuilding betreiben, werden Sie ein ganz *neues Körpergefühl* entdecken, ein sehr schönes Gefühl, das Sie wahrscheinlich nicht mehr missen wollen. Sie müssen danach streben, eine bestmögliche Körperentwicklung zu erreichen. Das ist sehr wichtig! Lassen Sie sich nicht durch negative Kommentare oder Einflüsse von Außenstehenden beeindrucken! Denken

Sie immer daran, daß *Sie* selbst es besser machen, daß *Sie* etwas für *Ihre* Gesundheit tun!

Lassen Sie sich nicht von Ihrem Ziel abbringen, einen gesunden Körper zu besitzen, über gute Körperbeherrschung zu verfügen und fit zu sein. Denken Sie immer positiv und lassen Sie sich nicht durch äußere Umstände oder durch Menschen, die Ihnen nicht gut gesinnt sind, beeinflussen! Lassen Sie sich nie von Ihrem Weg abbringen, Körperertüchtigung zu betreiben! Denn glauben Sie mir: Sie sind auf dem richtigen Weg!

Über eine 25jährige Erfahrung verfüge ich, und ich habe Tausenden von Menschen schon den Weg zu einem glücklichen Leben gezeigt. Ich bin der Meinung, daß man durch Bodybuilding seelisch ausgegli-chener wird, seine Aggressionen abbaut und *wirklich* glücklicher wird.

Ich könnte mir ein Leben ohne Bodybuilding-Training überhaupt nicht mehr vorstellen. Und für Sie wird es eines Tages, wenn Sie ›bei der Stange bleiben‹ — oder besser: bei der Hantel — genauso werden. Sie steigern durch dieses Training Ihre Lebensqualität bis ins hohe Alter. Sie leben bewußter und aufgeschlossener gegenüber allen anderen Dingen.

Halten Sie sich all dies, jedesmal wenn Sie Ihr Training beginnen, vor Augen, und Sie werden viel mehr beim Training leisten! Sie werden schwerere Gewichte stemmen, und Sie werden stärker werden. Sie sind dadurch immer wieder, täglich aufs neue, motiviert, und das ist wichtig!

*Mit
Arnold Schwarzenegger,
dem siebenfachen
›Mr. Olympia‹*

Gesunde Lebensweise

Wenn Sie nun mit dem Training beginnen, sollten Sie natürlich auch Ihre *Lebensweise* etwas umstellen. Das heißt aber nicht, daß Sie Ihren ganzen Lebensstil verändern sollten. Das wäre nicht Sinn der Sache. Beginnen wir einmal mit dem *Schlaf:* Sie sollten als erwachsener Mensch mindestens 7–8 Stunden in der Nacht schlafen. Als junger Mensch (etwa bis 21 Jahre) sollten Sie, wenn Sie in der Aufbauphase sind, also an Muskeln zunehmen und körperlich stärker werden wollen, oder — falls Sie eine Frau sind — körperlich mehr fit werden wollen, mindestens 8–9 Stunden Schlaf haben.

Die *Zeit,* zu der Sie schlafen, ist natürlich wichtig. Wenn Sie z. B. in Schicht arbeiten, sollten Sie wenigstens, wenn Sie nachts nicht schlafen können, etwas länger schlafen und dadurch den versäumten Nachtschlaf ausgleichen. Daß der Schlaf vor Mitternacht der beste ist, kann ich nicht sagen. Meiner Meinung nach schläft man in den frühen Morgenstunden am tiefsten und am besten, etwa von 6 bis 9 Uhr in der Früh.

Der *Raum,* in dem Sie schlafen, sollte natürlich ruhig sein und nicht großem Lärm ausgesetzt sein. Ruhe beim Schlaf ist sehr wichtig. Frischluftfanatiker, die auf Kosten der Ruhe ihre Fenster aufreißen, sind nicht so gut beraten. Versuchen Sie, in einem möglichst ruhigen Zimmer zu schlafen! Wenn Sie in der Großstadt wohnen und viel Lärm von draußen hereindringt, schließen Sie die Fenster! Falls Sie in einer ruhigen Gegend wohnen, ist es natürlich besser, wenn Sie die Fenster öffnen, zumindest im Sommer, während es im Winter nicht unbedingt zu empfehlen ist.

Bevor Sie ins Bett gehen, sollten Sie nicht viel essen. Also *nicht mit vollem Magen* schlafen gehen! Gut ist es, vor dem Schlafengehen ein Glas Milch oder einen guten Beruhigungstee zu trinken. Dann wird Ihr Schlaf um so ruhiger, intensiver und gesünder sein.

Versuchen Sie auch, vor dem Einschlafen Ihre negativen Gedanken zu zerstreuen! Dann werden Sie weniger Gefahr laufen, Alpträume zu haben, und viel besser schlafen. Wenn Sie nun ausgeschlafen haben und am Morgen aufstehen, sollten Sie *nicht* sofort aus dem Bett springen, das Fenster aufreißen und etwa mit Ihrem Training anfangen! All das wäre grundverkehrt.

Sammeln Sie zuerst einmal Ihre Gedanken, bleiben Sie ruhig noch ein paar Minuten im Bett liegen. Stehen Sie dann langsam auf! Machen Sie, wenn Sie wollen, ein paar Dehn- und Streckübungen, aber nur kurz! Begeben Sie sich ins Bad, und machen Sie sich frisch! *Körperpflege* gehört zum Bodybuilding nicht weniger als das Training. Sie sollten sich mit einer guten Seife waschen, gründlich die Zähne putzen. Ihre Haut mit einer Feuchtigkeitscreme pflegen. Pflegen Sie Ihre Haare, tragen Sie einen vernünftigen Haarschnitt! Einfach gesund, sportlich und gepflegt sein! Das wird Ihnen helfen, wieder erfolgreich zu trainieren und Anerkennung bei den Mitmenschen und damit wieder Motivation für Ihre Lebensweise und für Ihr Training zu bekommen.

Ich habe noch keinen Spitzensportler im Bodybuilding gesehen, der ungepflegt war und sich in der Körperpflege gehen ließ; dann könnte er niemals einen Titel gewinnen. Etwa bei der Wahl zum *Mr. Universum* oder zum *Mr. Germany* achtet die Jury auch auf solche vermeintlich kleinen Äußerlichkeiten wie gesunde Zähne und gepflegte Haare. Wenn Sie dann mit der Morgentoilette fertig sind, sollten Sie sich ohne Eile zum *Frühstück* begeben. Ruhig frühstücken und nicht schon in der Früh hetzen! Wie auch schon das Sprichwort zu Recht sagt: ›Frühstücke wie ein Kaiser, iß mittags wie ein Fürst und iß abends wie ein Bettelmann!‹ Sie brauchen nämlich in der Früh die meisten Kräfte. Sie müssen gut und überlegt am Morgen essen, da Ihr Körper meist schon seit über 8 Stunden keine Nahrung bekommen hat. Er wird auch in den nächsten Stunden bis zum Mittag weitgehend auf Nahrung verzichten müssen. In der Früh wird der Körper auch am meisten gefordert. Deshalb gut und *in Ruhe frühstücken!* Sie werden dann Ihren Tag, Ihre Anforderungen im Beruf, viel besser meistern können.

Die Auswahl Ihrer *Kleidung* ist natürlich Ihnen selbst überlassen, aber Sie sollten *schon* versuchen, als Bodybuilder ordentlich und sauber gekleidet zu sein. Sie müssen nicht ständig nach dem neuesten Modetrend gekleidet sein. Meiner Meinung nach ist es jedoch sehr wichtig, ein gepflegtes Äußeres zu besitzen, auch was die Kleidung anbelangt, und vor allem hygienische, saubere Kleidung zu tragen. Wenn Sie nun ins Büro oder zur Arbeit fahren, *vermeiden Sie* wiederum *Hetze!* Hetze und Streß sind ein großes Übel unserer Zeit, und man sollte versuchen, diesem aus dem Wege zu gehen, wo immer es möglich ist. Stehen Sie lieber eine halbe Stunde früher auf, aber hetzen Sie nicht am Tage!

Natürlich muß man heutzutage hart arbeiten, und auch ein Bodybuilder arbeitet hart an seinen Geräten. Aber er hetzt nicht. Er *läßt* sich vor allen Dingen nicht hetzen. Er bestimmt sein Tempo selbst. Er bestimmt es so, wie er gerade fit ist, wie er gerade in Form ist. Und so sollten Sie auch im täglichen Leben Ihr Tempo *selbst* bestimmen. Wenn Sie gut in Form sind, mehr leisten, wenn Sie weniger in Form sind, weniger leisten!

Falls Sie rauchen oder Alkohol trinken, würde ich an Ihrer Stelle natürlich damit aufhören. *Rauchen* ist etwas sehr Ungesundes. Versuchen Sie, sich dies langsam, aber sicher abzugewöhnen, oder zumindest einzuschränken. Das Training kann Ihnen dabei helfen.

Alkohol ist natürlich auch etwas, was der Gesundheit nicht besonders zuträglich ist. Damit soll natürlich nicht gesagt sein, daß Sie ab und zu nicht ein gutes Glas Wein, ein Glas Bier oder ein Schnäpschen trinken könnten. Aber es sollte nicht zur Gewohnheit werden und vor allem nicht in größeren Mengen sein. Mehr als ein Glas Wein am Tag würde ich Männern niemals empfehlen, außer vielleicht bei einer Party oder einem Geburtstagsfest. Für Frauen ist Alkohol besonders schädlich, da speziell ihre inneren Organe Alkohol schlecht vertragen.

Bei der Auswahl Ihrer *Freunde* und Bekannten sollten Sie sehr sorgfältig vorgehen. Versuchen Sie, Leute, die eine negative Einstellung zu Ihnen haben, zu meiden und nehmen Sie diese – natürlich niemals in Ihren Bekannten- oder gar Freundeskreis auf! Leute, die an Ihnen herumnörgeln, vermiesen Ihnen nur die Freude an Ihrem eigenen Leben. Ziehen Sie lieber unter so eine Bekanntschaft so schnell wie möglich einen Schlußstrich und versuchen Sie nicht, allzu gutmütig weiter mit diesen Leuten zusammenzusein! Da gibt es wiederum ein Sprichwort: ›Schau Dir Deine Freunde an, und Du weißt, wer Du bist!‹ Suchen Sie sich also Freunde in Ihrem Sportlerkreis, die eine ähnliche Einstellung zum Leben haben! Das gleiche gilt in den Freundschaften mit einem *Partner* des anderen Geschlechts. Wenn Sie einen Partner bzw. eine Partnerin haben, der (die) ewig an Ihnen herumnörgelt, wenn Sie Sport treiben, ist das, auf die Dauer gesehen, ein Partner, der Sie nicht liebt. Deshalb ist er kein geeigneter Partner für Sie. Natürlich kann man Sport auch übertreiben und den Partner dadurch vernachlässigen. Das allerdings sollten Sie unterscheiden können. Sie sollten Sport treiben und Ihren Partner *trotzdem* nicht vernachlässigen. Versuchen Sie, Ihren Partner auch zum Sport zu bewegen! Das ist zwar manchmal nicht ganz einfach; aber wenn man gute Argumente hat, schafft man auch dies.

Zur idealen Lebensweise gehört auch, daß Sie *kein Einzelgänger* sein sollten. Sie sollten Kontakt zu anderen Menschen pflegen. Natürlich muß das nicht übertrieben werden, aber Sichabkapseln ist nicht gut. Keiner ist eine ›Insel‹!

Sich *geistig weiterzubilden,* gehört natürlich auch zu einer gesunden Lebensweise. Ab und zu – oder besser: nicht nur ab und zu! – ein gutes Buch lesen, ein Theaterstück ansehen, gehört ebenso dazu wie Ihr Training.

Zu einer ausgeglichenen Lebensweise gehört natürlich auch ein *gesundes Sexualleben.* In der Vergangenheit verboten Trainer ihren Sportlern vor großen Wettkämpfen Sex. Das ist meiner Meinung nach grundverkehrt, weil sie aus ihrem gewohnten Lebensrhythmus herausgerissen werden und außerdem nicht mehr genügend *Hormone,* die zum Beispiel zum Muskelaufbau gebraucht werden, produzieren. Diese Hormone hängen sehr eng mit den Sexualhormonen zusammen. Das heißt also: Behalten Sie Ihre Sexualgewohnheiten trotz des Trainings bei! Sie werden Ihr Sexualleben dadurch, daß Sie immer gesünder werden, höchstwahrscheinlich sogar verbessern. Wenn Sie ein junger Mensch sind, haben Sie keine Angst vor Onanie! Das ist eines der normalsten Dinge, die es auf der Welt gibt! Also unterdrücken Sie nicht Ihre sexuellen Bedürfnisse!

Ein bekannter Arzt und aktiver Bodybuilder sagte einmal zu mir, als wir uns über unsere Sexualgewohnheiten unterhielten, daß ein täglicher Geschlechtsverkehr sogar Ersatz sei für Anabolika. Dadurch werden nämlich die männlichen Hormone, die man zum Muskelaufbau braucht, immer wieder neu angeregt. Ein guter Tip: Lieber anstatt Anabolika einmal mehr Sex! Sex ist also auf alle Fälle ratsam!

Versuchen Sie auch, mindestens zweimal im Jahr 2–3 Wochen *Urlaub* zu machen, also auszuspannen von Beruf und Training. Das ist sehr wichtig, um Spannkraft und Lebenskraft lange zu erhalten. Lassen Sie sich nicht durch Streß vorzeitig ›kaputtmachen‹ und achten Sie darauf, daß Ihr Körper nicht vorzeitig altert! Versuchen Sie also, eine gesundheitsbewußte Lebensweise an den Tag zu legen.

Es empfehlen sogar zum Beispiel große Fluggesellschaften und besonders die ›IAPA‹ (International Airlines Passengers Association) den Passagieren immer mehr, Sport zu treiben.

Große Fluggesellschaften wie British Airways oder Lufthansa bieten Kunden sogar ›fitness training in the air‹ und in den angeschlossenen Hotels *Fitness-Programme* in gut ausgestatteten Fitness-Centern. All das gehört zu einer gesunden Lebensweise.

Vernünftige Ernährung

Als ich 1962, nachdem ich Zweiter bei der Mr.-Universum-Wahl geworden war, von einer bekannten deutschen Fachzeitschrift für Hantelsport in einem Interview gefragt wurde, was denn wohl wichtiger sei, hartes Training oder *richtige Ernährung,* um ein Champion zu werden, sagte ich schon damals, daß meiner Meinung nach zu 40% richtiges Training und zu 60% richtige Ernährung den wahren Meister ausmachen würde.

Ich bin auch noch heute dieser Meinung, vor allen Dingen heute, da unsere Umwelt immer mehr verschmutzt wird und dadurch natürlich auch unsere *Nahrungsmittel.* Heute müssen wir in noch größerem Maße darauf achten, uns richtig zu ernähren. Nur *so* können wir gesund werden, gesund bleiben. Fast alle Nahrungsmittel, die heute in den Supermärkten (die leider überhand genommen haben) angeboten werden, sind Massenprodukte. Sie werden in Massen produziert und mit Schädlingsbekämpfungsmittel besprüht. Sämtliche Früchte und Gemüse werden mit diesen Chemikalien besprüht. Sie dringen tief in die Nahrungsmittel ein, und wir nehmen sie beim Essen mit in unseren Körper auf. Daß diese *Giftstoffe,* die ja Schädlinge abtöten sollen, unserem Körper nicht gut

bekommen, ist wohl eine Selbstverständlichkeit.

Den Futtermitteln für Geflügel, Schweine und Rinder werden künstliche Mittel beigegeben. Man geht sogar so weit, daß man gesunden Kälbern Hormone spritzt, damit sie schneller wachsen. All diese Substanzen nehmen wir mit der Nahrung in unseren Körper auf. Gerade deshalb muß man sorgfältig auswählen. Man sollte darauf achten, daß man so wenig wie möglich gespritzte und künstlich behandelte Lebensmittel zu sich nimmt. Auf alle Fälle muß man alle Nahrungsmittel sehr sorgfältig waschen, säubern und so frisch wie möglich – das ist sehr wichtig – zu sich nehmen.

Es gibt jetzt schon einige Spezialgeschäfte, unter anderem *Reformhäuser* und ›Ökoläden‹, die natürliche Nahrungsmittel anbieten. Diese sind immer etwas teurer als die aus den großen Supermärkten. Dafür sind sie aber viel gesünder, weil sie natürlich gewachsen sind. Man kann aber nicht immer, da der Geldbeutel meistens nicht so groß ist, in diesen Reformhäusern einkaufen. Aber man sollte die *wichtigsten* Nahrungsmittel möglichst dort einkaufen. Meiner Meinung nach gehören dazu Milch, Kartoffeln, Brot, ab und zu Gemüse und Obst. Diese Produkte sollte man auf jeden Fall in Reformhäusern besorgen.

Ein sehr guter Weg ist es auch, sich sein Getreide (etwa Weizen oder Hafer), das man zu *Müsli* verarbeiten kann und das ein hervorragendes Frühstück ergibt, im Reformhaus zu kaufen. Man kauft sich vielleicht sogar eine Getreidemühle, mahlt frühmorgens sein eigenes Müsli, mischt es mit zerschnittenen Bananen und etwas Milch, evtl. mit etwas Protein in Pulverform, und hat ein sehr natürliches und sehr gesundes Frühstück.

Wir kommen dadurch wieder ›zurück zur Natur‹, denn die natürlich lebenden Völker mahlten und mahlen heute noch ihr Getreide mit Steinmühlen. Schon die römischen Legionäre, die über die Alpen zogen und fast ganz Europa eroberten, hatten ihre Steingetreidemühlen dabei und bereiteten sich aus Hafer oder Weizen und frischem Wasser einen Brei, den sie auf einer großen Pfanne über offenem Feuer etwas anbrieten, und aßen jeden Tag davon etwa 800 g. Sie nahmen sonst nichts zu sich außer Wasser. Sie waren gesund, ausdauernd und stark. Wenn sie einmal keinen Naturbrei bekamen und selbsterlegtes Wild essen mußten, murrten sie. Sie wußten, daß sie den nächsten Tag mit langen Märschen und Kämpfen nicht so gut überstehen würden. Ihre Kräfte waren nicht so gut wie an den Tagen, an denen sie ihren Haferbrei bekamen.

Wenn Sie nun Ihren Tag beginnen, sollten Sie, wie schon im Kapitel ›Gesunde Lebensweise‹ angesprochen, gut frühstücken. Achten Sie darauf, daß Sie Ihrem Körper genügend *Eiweiß* zuführen. Eiweiß ist der Baustein des Lebens. Eiweiß baut Ihnen neues gesundes Gewebe, Muskelgewebe, auf. Ohne Eiweiß gibt es kein Leben.

Bei *Frauen* sollte man die Ernährung ungefähr so einteilen: Versuchen Sie, Mischkost zu essen! Sie sollten etwa 20% Ihres täglichen Bedarfs in Eiweiß aufnehmen, etwa 70% in Kohlenhydraten und die restlichen 10% in Fett.

Bei *Männern* sieht es etwas anders aus: Ein Mann sollte zumindest die doppelte Portion Eiweiß zu sich nehmen wie eine Frau, also etwa 40% reines Eiweiß, möglichst tierisches Eiweiß (Frauen eher pflanzliches), dann 40% Kohlenhydrate und 20% Fett. Das ist für einen ›normalen‹ Menschen, der kein Spitzensportler ist, sehr ausgewogen. Wenn Sie allerdings schnell Muskeln bilden wollen, dann sollten Sie Ihre Eiweißzufuhr – wenn Sie eine Frau sind – etwa auf 30% erhöhen, die Kohlenhydrate dadurch um 10% senken und die Fettration beibehalten oder etwas schmälern. Als Mann sollte man etwa auf 50 bis 60% Eiweiß steigern; dann wären 20–30% Kohlenhydrate und der restliche Anteil Fett. Sie sollten jedoch versuchen, auf 5% Fett herunterzukommen und dafür etwas mehr Eiweiß aufzunehmen.

Als *Spitzensportler*, der einen Titel anstrebt, sollte man nicht mehr als

5% Kohlenhydrate zu sich nehmen, höchstens 1% Fett und den Rest in Form von Eiweiß. Dies gilt, wie gesagt, für Sportler, die in der Endphase der Vorbereitung sind und *Landesmeister, Mr. Germany* oder *Weltmeister* werden möchten, und man sollte dabei auch nur 4–6 Wochen strikte Diät einhalten. Das heißt also: nicht mehr als täglich 30–60 g Kohlenhydrate, etwa 700 g Eiweiß und 5 g Fett.

Nun zurück zum *Frühstück!* Sehr geeignet sind fett- und zuckerfreie Produkte aus *Joghurt* und *Magerquark* (stets auf Magerstufe achten!) sowie *Vollkornbrot.*

Sie sollten nie mehr Mischbrot, Weißbrot, Semmeln oder Brötchen zum Frühstück essen. Bei allen Nahrungsmitteln, die aus weißem Mehl hergestellt sind, handelt es sich meiner Meinung nach – zugespitzt formuliert – um Abfallprodukte: Weißes Mehl ist ein Abfallprodukt von Vollkorn. Sie sollten auf alle Fälle alles, was aus weißem Mehl oder weißem Zucker hergestellt wird, von Ihrem Speiseplan streichen.

Ebenso wenig ist Zucker zu empfehlen. Versuchen Sie, sowohl weißes Mehl als auch Zucker zu ›vergessen‹! Ihr Körper wird Ihnen dafür danken. Wenn Sie diese Nahrungsmittel von Ihrem Speisezettel streichen, haben Sie den Erfolg schon zur Hälfte in der Tasche.

Nehmen Sie zum Frühstück Vollkornbrot zu sich, am besten aus dem Reformhaus, dazu vielleicht ein Ei, mehr nicht! Lassen Sie die Marmelade weg, ›vergessen‹ Sie Ihr Toastbrot, ernähren Sie sich natürlich und vernünftig! Wenn Sie Milch trinken, sollten Sie *Milch der Magerstufe,* also mit höchstens 1,5% Fett, zu sich nehmen.

Trinken Sie frischen Orangen- oder Grapefruitsaft! Dieser ist sehr wichtig wegen des *Vitamin C,* das Sie Ihrem Körper täglich zuführen müssen. Man kann Vitamin C nicht im Körper speichern und muß daher *täglich* Vitamin C zu sich nehmen. 1 oder 2 ausgepreßte Orangen oder eine Grapefruit genügen für den täglichen Bedarf. Wenn Sie dabei *frisches Obst* essen – und nicht etwa Orangensäfte mit oft nur geringem Anteil an natürlichem Obst trinken –, ist die gesundheitsfördernde Wirkung viel größer als beispielsweise bei Konzentraten.

Vitamine sind sehr wichtig für die Gesunderhaltung des Körpers, außerdem für die Leistungsfähigkeit im Training und für die Zellfunktion. Beginnen wir mit *Vitamin A!* Es beeinflußt Gesundheit und Beschaffenheit der Haut und wirkt besonders der Austrocknung und Faltenbildung entgegen.

Vitamin C ist ein äußerst wichtiges Vitamin, das man täglich zu sich nehmen muß, da der Körper Vitamin C nicht speichern, also deponieren kann. Es beugt Infektionskrankheiten vor, strafft das Bindegewebe und verbessert die Eisenverwertung. Bei körperlicher Belastung besteht zur Erhaltung und Aktivierung der allgemeinen Leistungsbereitschaft ein erhöhter Bedarf an Vitamin C.

Der *Vitamin-B-Komplex* fördert die gesamte Umsetzung von Fremdeiweiß in körpereigenes Eiweiß: *Vitamin B1* reguliert den Kohlenhydratstoffwechsel und übt einen günstigen Einfluß auf das Zentralnervensystem aus. Es fördert seelisch-geistige Ausgeglichenheit, schützt vor Nervosität, Reizbarkeit und Ermüdung.

Vitamin B2 aktiviert die Zellatmung, hilft gegen Müdigkeit der Augen und fördert gesunde Haut, Haare und Nägel. Calciumpantothenat aktiviert den Fettabbau sowie den Stoffwechsel.

Vitamin B6 reguliert die Eisenverwertung sowie den Fettabbau und stärkt die Nervenfunktion.

Vitamin B12 wirkt bei der Bildung der roten Blutkörperchen entscheidend mit. —

Folsäure fördert die Bildung der roten Blutkörperchen und hält Haut und Haare jung.

Biotin (Vitamin H) strafft die Haut und festigt das Haar, beeinflußt den Glukosehaushalt.

Vitamin K3 ist für die Blutgerinnung von Bedeutung.

Achten Sie auch darauf, daß Ihr Körper genügend *Mineralstoffe* bekommt! (Dies ist meiner Meinung nach gerade für eine Frau sehr wichtig.) Sie sind unerläßlich für Aufbau und Kräftigung der gesamten Skelettmuskulatur und helfen vor allem auch bei Muskelverspannungen, die oft in der Rücken- und Schultergegend auftreten, sowie bei Mattigkeit:

Calcium z.B fördert die Festigkeit der Knochen, Gelenke und Sehnen, beeinflußt die Eisenverwertung und stabilisiert das Nervensystem.

Eisen ist Bestandteil der roten Blutkörperchen, beeinflußt den Stoffwechsel und die Zellatmung. Es erhöht die Widerstandskraft und beugt Müdigkeit vor. (Frauen sollten besonders darauf achten, daß der Eisenbedarf immer gedeckt ist.) —

Wenn Sie in Flaschen oder Dosen abgefüllte *Säfte* trinken, dann sollten Sie darauf achten, wie hoch in diesen Getränken der reine Fruchtgehalt ist. Es gibt Marken, in denen fast nur Wasser enthalten ist und höchstens 3 – 5% reine Fruchtmasse. Andere Säfte enthalten 30–50%, wieder andere bis zu 100% reines Fruchtfleisch.

Versuchen Sie, frühmorgens nicht zu hetzen, und ›vergessen‹ Sie Ihren Bohnenkaffee, der Ihren Körper nur künstlich aufputscht und Ihren Organismus schädigt. Ein Glas Orangensaft hilft Ihnen – jedoch auf gesunde Weise –, fit zu sein. Verwenden Sie natürliche Margarine aus dem Reformhaus, etwa Sonnenblumenmargarine. Lassen Sie morgens die Wurst weg! In der Wurst sind die meisten versteckten Fette enthalten, die Ihnen nicht gut tun. Schränken Sie zumindest Ihren Wurstverbrauch ein!

Ein *Proteindrink* mit Milch gemixt,

d. h. Milch mit ein paar Löffeln tierischen oder pflanzlichen Proteins aus dem Reformhaus, der Apotheke oder Ihrem nächsten Sportcenter, rundet das Frühstück schließlich ab, und Sie haben einen sehr guten Eiweißträger zu sich genommen.

Ein weiterer Punkt bezüglich Eiweiß: Ein Mann ohne sportliche Betätigung sollte pro kg Körpergewicht 1 g Eiweiß zu sich nehmen, aber Sie betreiben ja nun Sport, und bei sportlicher Betätigung sind 2 Gramm angezeigt. Wenn Sie also ein Körpergewicht von 70 kg besitzen, sollten Sie mindestens 140 g reines – möglichst tierisches – Eiweiß täglich zu sich nehmen. Das ist gar nicht so einfach, denn 100 g mageres Rindfleisch z. B. enthält nur 16–18 g reines tierisches Eiweiß. Daraus ersehen Sie, wieviel Fleisch Sie essen müssen, um 140 g reines tierisches Eiweiß zu sich zu nehmen.

Natürlich haben auch andere Produkte wie Vollkornbrot, Gemüse oder Obst Eiweißanteile, aber diese sind sehr gering. Ein Ei z. B., bei dem jeder einen hohen Eiweißgehalt vermutet, enthält sehr viel Fett, aber wenig Eiweiß. Am besten daran ist immer noch das Weiße des Eis; das Eigelb ist nicht zu empfehlen. Aber ein Ei zum Frühstück schadet natürlich nicht. Wenn Sie jedoch zu viele Eier essen, steigt Ihr Cholesterinspiegel zu stark an. Wenn Sie *Protein in Pulverform* zu sich nehmen, achten Sie darauf, wieviel reines Eiweiß dieses Protein enthält. Auf dem Markt werden viele verschiedene Produkte angeboten. Es gibt Proteinprodukte, die nur 10–20% pflanzliches oder tierisches Eiweiß enthalten. Dies wäre für Frauen genug, aber als Mann sollte man schon darauf achten, daß man zwischen 50 und 80% pflanzliches oder tierisches Eiweiß in Pulverform zu sich nimmt.

Sie brauchen auch keine Angst zu haben, daß diese Eiweißprodukte unnatürlich oder gar schädlich sind. Sie tun Ihrem Körper gut, denn diese Artikel werden im Falle pflanzlichen Eiweißes aus der sehr gesunden Sojabohne hergestellt, während tierisches Eiweiß aus Bestandteilen der Kuhmilch erzeugt wird.

Außerdem werden auch von Sport- und Fitness-Vertriebsfirmen ohnehin nur Produkte verkauft, die Ihrer Gesundheit gut tun. Zur schnellen Gewichtszunahme gibt es Super-Kilo-Plus.

Super 85 Protein hilft, schnellen direkten Muskelzuwachs zu erreichen. Es enthält alle 18 Aminosäuren und ist purinfrei. Letzteres ist sehr wichtig, denn dieses Präparat bildet keine Harnsäure im Stoffwechsel. Die Krefelder Firma legt auf gute Ware besonderen Wert! Wie gesagt, als Sportler männlichen Geschlechts benötigen Sie mindestens 2 g reines Eiweiß pro Tag, umgerechnet auf Ihr Körpergewicht, d. h. pro kg Körpergewicht. Bei Frauen sieht das etwas anders aus: Eine Frau braucht pro kg Körpergewicht 1 g Eiweiß, z. B. bei 50 kg nicht mehr als 50 g Eiweiß. Frauen sollten Mischkost, also Kohlenhydrate mit Eiweiß gemischt, zu sich nehmen. Achten Sie – wie bereits gesagt – auch darauf, daß Sie täglich genügend *Mineralstoffe* zu sich nehmen! Mineralstoffe sind auf natürliche Weise im Gemüse und im Obst enthalten. Wenn Sie zu wenig Mineralstoffe zu sich nehmen, z. B. Kalzium oder Magnesium, werden Sie keinen gesunden und starken Körper bekommen. Meiner Meinung nach sind Mineralstoffe und Vitamine mit am wichtigsten für den Körper. Wenn Sie genügend Gemüse und Obst essen, haben Sie meistens keinen Mangel an Mineralstoffen. Also noch einmal: Bevorzugen Sie auf alle Fälle *Mischkost,* wobei Eiweiß bei Männern überwiegen sollte! Frauen, wie bereits erwähnt, sollten nicht so viel Eiweiß einnehmen.

Zum Mittagessen geben Sie – das ist sehr wichtig – frischen *Salaten* wie grünem Salat, Tomaten-, Gurken-, Paprikasalat den Vorzug. Dazu wieder viel Eiweiß wie im Rindfleisch (natürlich mager) in magerem Geflügel, Wild oder Fisch! Vermeiden Sie Schweinefleisch! *Fisch* ist ein Nahrungsmittel, das vielleicht noch am wenigsten verseucht ist. Es gibt zwar auch im Meer Giftstoffe, doch längst nicht so viele wie in den natürlichen oder künstlichen Futtermitteln der Tiere

wie z. B. des Schweins. Ich kann allen Sportlern, die Fitnesstraining oder Bodybuilding betreiben, nur wärmstens empfehlen: Setzen Sie nicht nur einmal in der Woche Fisch auf Ihren Speiseplan!

Wenn Sie gerne Rindfleisch oder Geflügel essen, kaufen Sie in Geschäften ein, die frische Ware führen! Am ehesten bekommen Sie frisches Fleisch auf Märkten.

Vermeiden Sie Suppen als Vorspeise! Suppen sind meistens fett und machen dick. Sie haben hinterher unnötigen Ballast im Magen und keinen Appetit mehr auf gesundes Fleisch oder Geflügel.

Vermeiden Sie zu Ihren Mahlzeiten auch zu fette Soßen! Am besten verzichten Sie ganz darauf. Sie sollten viel grillen und wenig Fett beim Kochen verwenden. Es gibt spezielle Pfannen für fettfreies Braten; außerdem können Sie Ihren Backrost für fettfreies Grillen verwenden. Wenn Sie Wert darauf legen – und das sollten Sie allerdings tun! –, so viele Vitamine wie möglich in Ihrem Gemüse zu erhalten, wie z. B. in Bohnen, Blumenkohl oder Kartoffeln, sollten Sie sich einen *Schnellkochtopf* anschaffen. Darin gehen die Vitamine nicht durch langwieriges Kochen verloren wie in herkömmlichem Kochgeschirr. Sie sparen nicht nur Zeit, sondern gewinnen Gesundheit durch unverfälschte Nahrungsmittel.

Es gibt noch einen sehr guten ›Trick‹, um das Essen besser zu verdauen, besser zu verwerten.

Kauen Sie langsam und speicheln Sie das Essen im Mund ein! Also langsam essen, und gründlich kauen!

Einen weiteren ›Kniff‹ möchte ich Ihnen verraten: Sie sollten *Verdauungsenzyme* vor dem Essen oder während der Mahlzeit zu sich nehmen.

Ein sehr gutes, natürliches Verdauungsenzym stellt z. B. *Grapefruitsaft* dar (natürlich frischer Saft) oder eine frische Grapefruit. Sie werden sehen: Ihr Körper wird die Nahrung doppelt so gut verarbeiten! Sie setzen nicht so schnell Fett an, sondern lassen alles dem Muskelaufbau zugute kommen. Der Grapefruitdrink ist ohnehin etwas, das ich schon seit Jahren praktiziere. Er hilft Ihnen sehr dabei, nicht dick zu werden. Vor jeder Mahlzeit essen Sie eine Grapefruit, und Sie werden staunen, welchen Erfolg Sie damit haben.

Als Nachtisch empfehle ich *frisches Obst*. Möglichst wenig Süßigkeiten, daher auch wenig süßes Obst, also etwa keine allzu süßen Äpfel! Pflaumen, saure Kirschen oder ein zuckerfreier Nachtisch wie Joghurt oder Pudding sind viel besser.

Essen Sie nicht zu viel auf einmal, sondern verteilen Sie Ihre Nahrungsaufnahme auf *mehrere kleine Mahlzeiten* pro Tag! Vier bis sechs kleine Mahlzeiten sind gesünder als drei große Mahlzeiten. Essen Sie auch nicht zu viel vor dem Schlafengehen, also zum Abendbrot! Zwischen Mittag- und Abendessen sollten Sie etwas Obst essen, etwas Gemüse, einen Becher Joghurt oder einen Milchshake. Zum Abendessen empfehle ich leichte Kost wie Fisch, mageres Kalbfleisch, Truthahnbrust oder gekochtes Gemüse. Sehr zu empfehlen sind auch *Innereien,* besonders Rinds- oder Kalbsleber und Herz. Hervorragende Mahlzeiten für den Bodybuilder stellen auch Hühnerbrust und *Wild* wie Reh oder Hase dar.

Wie man beim Fleisch Schweinefleisch und anderes fettes, durchwachsenes Fleisch meiden sollte, gibt es bei den kohlenhydratreichen Nahrungsmitteln gute und schlechte *Kohlenhydrate.* Nudeln z. B. enthalten schlechte Kohlenhydrate, während Kartoffeln gute Kohlenhydrate aufweisen, die gesünder sind und nicht so dick machen. Das gleiche gilt für Obst.

Ein Apfel der Sorte ›Golden Delicious‹ enthält schlechte Kohlenhydrate, ein saurer wie ›Granny Smith‹ gute. Beim *Gemüse* sind Tomaten und Gurken empfehlenswert, nicht dagegen Bohnen und Zucchini. Diese enthalten viele Kalorien.

Achten Sie bei der Ernährung darauf, daß Sie nicht zu viel Salz zu sich nehmen! Salz bindet Wasser im Körper. Verwenden Sie Kräutersalz aus dem Reformhaus oder aber Meersalz!

Wie ich schon oben ausgeführt habe, kann der Körper Vitamine nicht selbst produzieren und auch etliche davon nicht speichern. Sie müssen ihm daher täglich aufs neue Vitamine zuführen. Essen Sie deshalb viel frisches Gemüse (möglichst roh wie Tomaten, Gurken oder Salat, Mohrrüben) und frisches Obst!

Damit Ihr Stoffwechsel in Ordnung bleibt, achten Sie stets auf *gute Verdauung!* Legen Sie dazu pro Woche *einen* Obsttag ein! Trinken Sie an diesem Tag viel Mineralwasser und essen Sie ausschließlich Obst! Dadurch wird Ihr Magen- und Darmtrakt entschlackt, und Ihr Stoffwechsel wird besser.

Wenn Sie abnehmen, d. h. *weniger Körperfett* bekommen wollen, sollten Sie eine ganz einfache Regel beachten, die da lautet: Sie müssen am Tag *mehr* Energie verbrauchen – durch Arbeit oder Training – als Sie Kalorien zu sich nehmen. Ich habe z. B. bei meiner letzten Vorbereitung zur *Mr. Germany*-Wahl 1981 in den letzten 6 Wochen nur noch 1000 Kalorien täglich zu mir genommen; davon waren es höchstens 10 Kalorien an Fett, 60 Kalorien an Kohlenhydraten und der Rest an Eiweiß. Mein Körperfett schmolz auf ein Minimum, nämlich auf etwa 6–8%. Vorher, bei meinem normalen Gewicht, hatte ich etwa 15–22% Körperfett, und ein sog. normaler Durchschnittsbürger weist etwa 20–25% auf. Ich habe damals außerdem etwa 2–3 Stunden pro Tag hartes, schnelles Training hinter mich gebracht. Außerdem bin ich viel gelaufen, täglich 5 Kilometer, und habe nebenbei noch Gymnastik betrieben. Dadurch habe ich innerhalb von 6 Wochen mein Körpergewicht von 86 kg auf 74 kg reduziert.

Das war natürlich eine Radikalkur, die nur Spitzensportler aushalten. Sie als Normalverbraucher sollten etw 1000–1500 Kalorien täglich zu sich nehmen und normales Training bevorzugen. Dabei werden Sie ›langsam, aber sicher‹ von Ihrem bisherigen Körpergewicht herunterkommen, vor allem von Ihrem Körperfett, und Sie werden neues Muskelgewebe bilden. Wenn Sie an Muskeln zunehmen wollen, d. h. *mehr Muskelmasse* haben möchten, dann sollten Sie die gleiche Nahrung zu sich nehmen wie jemand, der abnehmen möchte.

Es gibt jedoch hier einige kleine Unterschiede: Vor allen Dingen müssen Sie *mehr* essen, aber eben auch *gute* Nahrungsmittel, *gute* Kohlenhydrate, *gutes* Eiweiß. Gutes Fett gibt es fast gar nicht. Durch Fett werden Sie halt nur fett und bekommen keine Muskeln.

Muskeln bekommen Sie durch ausgewogene Mischkost, 60% Eiweiß, 35% Kohlenhydrate und nur 5% Fett. Vor allem öfters am Tag essen, 5–6mal mindestens, und mit schweren Gewichten trainieren! Trainieren Sie nicht zu schnell, aber mit *schweren* Gewichten!

Nun kommen wir zu den *Getränken.* Der Mensch muß nicht rauchen, aber er muß trinken. Deshalb muß er noch lange keinen Alkohol trinken! *Alkohol,* in Maßen genossen, ist allerdings der Verdauung förderlich: Ein Glas Wein pro Tag hat noch keinem geschadet. Aber die *Kalorien* . . . die sind das große Problem beim Alkohol. Schnäpse, haben sehr viele Kalorien und sollten auf alle Fälle gemieden werden. Bier und süßer Wein enthalten ebenfalls sehr viele Kalorien, desgleichen natürlich Liköre. Weniger Kalorien haben herbe Weine wie Frankenwein oder aber trockener Sekt.

Wenn Sie Alkohol trinken, sollten Sie unbedingt auf guter Qualität bestehen, etwa gutem Weißwein oder Sekt! Auf keinen Fall sollten Sie sich auf ›Fusel‹ einlassen. Achten Sie auf gute Weinlagen und geben Sie ruhig etwas mehr Geld aus! Reiner französischer Wein ist meist empfehlenswert.

Der Mensch braucht etwa 3 Liter Flüssigkeit pro Tag. Diesen Bedarf sollten Sie am besten mit natürlichem *Mineralwasser,* das möglichst wenig Kohlensäure enthält, decken. In Fruchtsäften ist meistens sehr viel Zucker enthalten, außerdem viele Kohlenhydrate. Beides macht dick. Sämtliche Orangenlimonaden (außer Diätlimonaden) sind mit Zucker gesüßt.

Für die Verdauung am besten ist meiner Meinung nach frühmorgens ein Glas lauwarmes Leitungswasser. Das schmeckt zwar nicht besonders gut, aber es regt den Stoffwechsel und die Verdauung an.

An warmen oder heißen Tagen ist ungezuckerter *Eistee* eine hervorragende ›Waffe‹ gegen den Durst; man nimmt außerdem genügend Mineralstoffe und Spurenelemente zu sich. Falls Sie süßen wollen, dann mit Süßstoff, nie mit Zucker! Wenn Sie nach dem Training sehr viel geschwitzt haben und dadurch sehr viel Mineralstoffe verloren haben, empfiehlt es sich zum Ausgleich Ihres Mineralstoffhaushalts entweder *Salztabletten* einzunehmen oder aber *Elektrolyten.* Letztere sind wesentlich besser. Es gibt diese im Reformhaus oder in Fitness-Centern. Verlangen Sie Vitamin-Mineral-Drink einer Krefelder Firma. Diese Mineralstoffe haben Pulverform, werden in Wasser aufgelöst und sollten nicht eiskalt getrunken werden. Trinken Sie in kleinen Schlucken! So werden Ihnen diese Drinks besser bekommen. *Während* des Trainings sollen Sie natürlich nicht essen und nicht übermäßig viel trinken.

Wenn man seinen Beruf überwiegend sitzend ausübt und wenig Sport treibt, sollte man nicht mehr als 2300 Kalorien pro Tag zu sich nehmen. Wenn Sie abnehmen wollen, sollten Sie jedoch etwa 800 Kalorien weniger einnehmen. Wenn Sie in Ihrem Beruf meistens stehen und zusätzlich etwas Sport betreiben, liegt Ihr *täglicher Kalorienbedarf* bei ca. 2500 Kalorien. Um abzunehmen, muß die Kalorienzahl um 1000 — natürlich wiederum pro Tag — gekürzt werden.

Bei mittelschwerer Belastung im Beruf können Sie bis 3000 Kalorien zu sich nehmen; zur Gewichtsabnahme reduzieren Sie dann um 1400 Kalorien.

Wenn Sie täglich oder auch nur 3mal pro Woche Bodybuilding betreiben, können Sie damit rechnen, daß Sie pro halber Stunde konzentrierten Trainings etwa 400 Kalorien verbrauchen. Bei halbstündigem Dauerlauf verbrauchen Sie etwa 370 Kalorien, beim Kanufahren etwa 245 Kalorien, beim Radfahren etwa 220, beim Tanzen ca. 170 und beim Aufräumen zu Hause ungefähr 50. Sie sehen daran, daß Sie durch konzentriertes Hanteltraining sehr viele Kalorien verbrauchen.

Ich gebe Ihnen anschließend eine *Nährwerttabelle* von meiner Meinung nach sehr wichtigen Lebensmitteln. Sie haben dadurch einen guten Überblick und können sich die Kalorien ausrechnen, die Sie täglich zu sich nehmen. Sie sehen daran, wie viel oder wie wenig Sie essen, je nachdem, ob Sie zu- oder abnehmen wollen.

Einen großen *Diätplan* zusammenzustellen, wäre meiner Meinung nach unsinnig, denn heutzutage hat man ja meist gar nicht genügend Zeit, am Herd zu stehen und zu kochen. Warum ich Ihnen trotzdem einen 6-Tage-Diätplan ausgearbeitet habe? Nun, Sie können ihn einmal ausprobieren, wenn Sie im Urlaub sind oder zu Hause Zeit haben. Ansonsten stellen Sie sich Ihre Kost selbst zusammen und achten Sie stets darauf, daß Sie gute kohlenhydrat- und eiweißhaltige Produkte essen und eine angemessene Anzahl von Kalorien zu sich nehmen. Ich stelle Ihnen mit Absicht einen 6-Tage-Diätplan zusammen, da ein Tag pro Woche immer Obsttag sein sollte.

Nährwerttabelle

Abkürzungen:

E	= Eiweiß	X	= Fruchtsäure
F	= Fett	Y	= Alkohol
K	= Kohlenhydrate	Z	= Extrakt
Ka	= Kaloriengehalt		
i. D.	= Durchschnittswert		

Anmerkung: 1 Kalorie entspricht 4,1868 Joule
(Angaben bezogen auf 100 Gramm)

FLEISCH U. FLEISCHWAREN	E	F	K	Ka
Schweinefleisch, mager	19,0	7,0	—	143
Schweinefleisch, fett	9,6	36,5	—	389
Rindfleisch, mager	15,2	11,1	—	173
Rindfleisch, fett	13,9	24,4	—	293
Hackfleisch (halb und halb)	20,0	14,0	—	210
Kalbfleisch, mittelfett	15,6	7,5	—	140
Hammelfleisch, mittelfett	12,5	20,1	—	246
Herz (i. D.)	11,6	5,4	0,5	117
Leber (i. D.)	18,6	3,7	3,7	135
Niere (Kalb)	14,7	5,6	0,7	121
Roher Schinken	15,7	29,0	—	344
Gekochter Schinken	18,9	20,0	—	274
Fetter Speck	1,6	90,0	—	844
Durchwachsener Speck	8,4	59,8	—	605
Blutwurst	13,9	43,6	0,2	463
Bratwurst	8,8	49,0	—	492
Fleischwurst	12,0	22,0	—	254
Leberwurst	12,2	40,4	0,9	440
Mettwurst	11,7	50,9	—	530
Cervelatwurst	17,4	41,1	—	454
Frankfurter Würstchen	13,1	20,8	—	250
Corned beef	21,7	6,0	—	153
Hase	21,0	5,0	—	153
Reh	20,0	6,0	—	138
Ente	14,5	13,8	—	194
Gans	21,0	30,0	—	364
Brathuhn	15,2	4,1	—	107
Suppenhuhn	20,2	12,6	—	200

FISCH UND FISCHWAREN	E	F	K	Ka
Aal, geräuchert	13,7	19,3	0,6	246
Heilbutt	14,0	3,9	—	98
Hering (Bismarckhering)	17,4	13,3	—	203
Kabeljau	9,5	0,2	—	44
Rotbarsch	10,2	1,6	—	61
Schellfisch	10,2	0,1	—	46
Seelachs, geräuchert	18,9	1,0	—	87
Forelle	9,6	1,1	—	52
Hecht	10,1	0,3	—	44
Karpfen	10,4	3,9	3,9	83
Ölsardinen (abgetropft)	24,1	13,9	1,3	240
Thunfisch in Öl	23,8	20,9	—	304

EIER	E	F	K	Ka
Hühnereigelb	16,1	31,9	0,3	377
Hühnereiweiß	11,1	0,2	0,7	55
Hühnerei (100 Gramm)	11,4	9,9	0,6	147
Hühnerei, Stück ca. 57 Gramm	6,5	5,6	0,3	84

MILCH UND MILCHERZEUGNISSE	E	F	K	Ka
Trinkmilch (3% Fett)	3,1	3,0	4,9	61
Magermilch	3,5	0,1	4,8	35
Buttermilch	3,5	0,5	4,0	36
Kondensmilch (10% Fett)	8,5	10,0	12,5	179
Vollmilchpulver	25,2	26,2	38,1	502
Trinkmilch – Joghurt	4,8	3,8	4,5	74
Butter	0,7	81,0	0,7	755
Käse (i. D.)	25,0	24,0	1,5	350
Sahnequark (40% Fett i. T.)	9,1	17,0	3,0	208
Schichtkäse (10% Fett i. T.)	16,0	4,0	3,0	115

FETTE UND ÖLE	E	F	K	Ka
Margarine	0,5	78,0	0,4	729
Sonst. pflanzl. Fette u. Öle (i. D.)	—	99,6	0,2	927

SÜSSWAREN	E	F	K	Ka
Zucker	—	—	99,9	409
Vollmilchschokolade	9,1	32,8	54,7	563
Kakaopulver	18,0	14,0	51,0	413
Bienenhonig	0,4	—	81,0	334
Marmelade	0,7	—	65,2	274

GETREIDEERZEUGNISSE	E	F	K	Ka
Vollreis	7,4	2,2	75,4	371
Haferflocken	13,8	6,6	66,2	402
Nudeln, Spaghetti u. a.	13,0	2,9	72,4	390
Puddingpulver	5,1	1,7	80,4	366
Roggenbrot	6,4	1,0	51,2	253
Roggen-, Weizenbrot	6,9	1,0	52,4	252
Weizenvollkornbrot	7,0	1,4	48,0	239
Knäckebrot	10,1	1,4	77,2	383
Brötchen	6,8	0,5	57,5	278

KARTOFFELN	E	F	K	Ka
Kartoffeln, ohne Schalen	2,0	0,2	18,9	85

GEMÜSE	E	F	K	Ka
Blumenkohl	1,5	0,2	2,4	17
Endiviensalat	1,4	0,2	1,6	13
Möhren	0,8	0,2	6,0	29
Schnittbohnen	2,1	0,2	4,7	31
Grünkohl	2,2	0,5	2,6	23
Gurken	0,4	0,2	1,0	7
Kopfsalat	0,9	0,2	1,2	10
Paprikaschoten	1,2	0,2	5,3	29
Rhabarber	0,4	0,1	3,1	16
Rosenkohl	3,6	0,5	5,8	42
Rotkohl	1,2	0,1	3,7	21
Spargel	1,4	0,1	2,2	15
Spinat	1,9	0,3	1,9	18
Tomaten	0,9	0,2	3,2	18
Weißkohl	1,1	0,2	3,3	19
Sauerkraut	1,4	0,3	2,8	20
Pilze (i. D.)	2,2	0,3	3,0	22

OBST	E	F	K	Ka
Äpfel	0,3	0,3X	11,1	48
Aprikosen	0,8	—	11,5	50
Birnen	0,5	0,3X	12,5	55
Kirschen	0,7	0,6X	12,5	57
Pfirsiche	0,7	0,7X	9,7	42
Pflaumen	0,7	0,9X	11,6	50
Weintrauben	0,7	0,8X	17,3	77
Ananas	0,3	0,4X	7,5	32
Apfelsinen	0,7	0,9X	6,6	39
Bananen	0,8	—	14,3	61
Pampelmusen	0,6	4,1X	3,4	30
Zitronen	0,6	3,2X	4,5	18

OBSTSÄFTE	E	F	K	Ka
Apfelsaft	0,1	0,8X	11,2	47
Johannisbeersaft	0,1	0,9X	12,0	55
Orangensaft	0,8	1,3X	10,2	47
Traubensaft	0,5	0,8X	14,0	65

ALKOHOLISCHE GETRÄNKE	E	F	K	Ka
Weißwein	—	7,6Y	2,4Z	61
Rotwein	—	8,5Y	2,7Z	69
Schankbier	0,5	3,6Y	4,3Z	45
Trinkbranntwein (i. D.)	—	26,4Y	—	185

42

6-Tage-Diätplan

1. Tag
Morgens: 1 saurer Apfel, 100 g Magerquark mit Schnittlauch,
1 Tasse Kaffee oder 1 Glas Mineralwasser
Mittags: 200 g Steak, 1 Grapefruit, 1 Glas Mineralwasser
Abends: 100 g Thunfisch (ohne Öl), 2 harte Eier, 1 Glas Mineralwasser

2. Tag
Morgens: 2 weiche Eier, 1 Grapefruit, 2 Scheiben Vollkornbrot,
1 Tasse Tee (schwarz)
Mittags: 200 g Fischfilet, grüner Salat (1 kleine Schüssel),
1 Joghurt (ohne Fett)
Abends: 1 Joghurt mit Apfelsinenstücken

3. Tag
Morgens: 1 Glas Tomatensaft, 150 g Schinken, 2 Scheiben Vollkornbrot
Mittags: 1 halbes Huhn vom Grill mit Gemüse, 1 Glas Milch
Abends: 2 Grapefruits

4. Tag
Morgens: 100 g Hüttenkäse mit Schnittlauch, 2 Scheiben Vollkornbrot,
1 Glas Gemüsecocktail (fertig zubereitet)
Mittags: 200 g Tatar, 1 Scheibe Vollkornbrot, 1 Glas Buttermilch,
1 Apfel
Abends: 1 Schälchen geriebene Möhren und Äpfel

5. Tag
Morgens: 2 Scheiben Vollkornbrot, 100 g Roastbeef, 2 weiche Eier,
1 Glas Grapefruitsaft
Mittags: 200 g Kalbsschnitzel natur mit Spargel, 2 Äpfel, 1 Glas Mineralwasser
Abends: 100 g Magerquark, 1 Glas Milch

6. Tag
Morgens: 100 g Tatar, 2 Scheiben Vollkornbrot, 1 Ei gekocht,
1 Glas Orangensaft
Mittags: 200 g Kalbsleber, 1 Portion Blumenkohl, 1 Grapefruit,
1 Glas Milch
Abends: 100 g Magerquark mit 1 Apfel, 1 Glas Mineralwasser

Dopingmittel (speziell Anabolika) und unbedenkliche Stärkungsmittel

In der ersten Hälfte der 60er Jahre, als ich an Wettbewerben teilnahm, an *Deutschen Meisterschaften, Europa-* und *Weltmeisterschaften,* kannte man noch keine *Anabolika.* Das Thema ›Anabolika‹ kam erst etwa 1965 auf die Tagesordnung. Es ist eine leidige Angelegenheit, und ich werde sehr oft in meiner Sportschule darauf angesprochen. Die meisten Menschen wissen noch nicht einmal, was Anabolika sind. Manche verwechseln sie sogar mit Eiweiß. Dabei wird Eiweiß auf natürliche Weise aus der Kuhmilch gewonnen, während Anabolika *künstliche männliche Hormone* sind. Normalerweise erhält man Anabolika nur auf Weisung des Arztes in Apotheken. Sie sind z. B. unter der Bezeichnung *Dianabol,* in Form von Tabletten, oder *Primobolan* als Injektion bekannt. Es gibt natürlich viele Firmen, die Anabolika herstellen und vertreiben. Die beiden genannten Produkte sind die bekanntesten.

Problematisch sind Anabolika aus folgendem Grund: Jeder männliche und weibliche Körper stellt ›automatisch‹ von Natur aus die darin enthaltenen Hormone her. Sie helfen, das Protein im Körper auf natürliche Art zu verarbeiten, und ermöglichen damit stärkere Muskelbildung. Jeder Mensch hat diese natürlichen Hormone in sich. Nun haben Wissenschaftler herausgefunden, daß man den Muskelaufbau etwas beschleunigen kann, indem man dem Körper *künstliche* Hormone zuführt, zusätzlich zu den *natürlichen* Hormonen, die er selbst produziert. Dies wird durch orale Einnahme oder Injektion von Anabolika erreicht.

Man glaubt, daß durch diese zusätzlichen, künstlichen Hormone die Proteinverarbeitung verbessert und dadurch die Muskelzunahme beschleunigt wird. Ich persönlich bin nicht dieser Meinung, habe ich doch niemals Anabolika genommen und bin trotzdem *Deutscher Meister, Europameister* und *Vize-Mr.Universum* geworden.

Zwar mögen die Muskeln durch Anabolika etwas größer werden, dafür enthalten sie aber auch sehr viel Wasser, weil sie nicht mehr so formschön und hart austrainiert sein können.

Wie gesagt, wir wurden damals mit diesem Thema noch gar nicht konfrontiert, weil Anabolika zu dieser Zeit noch gar nicht auf dem Markt waren. Und als Anabolika dann angeboten wurden, beendete ich ohnehin meine erste Karriere als Bodybuilder.

Vielleicht hatte ich im Unterbewußtsein auch eine *gewisse Abneigung* gegen diese neue Entwicklung, denn ich wollte keine ›künstlichen‹ Muskeln und keine ›unnatürliche‹ Kraft. Ich empfinde das als nicht gut und nicht fair gegenüber dem Körper. Außerdem konnte man damals noch nicht wissen, wie die *Spätschäden* aussehen würden, und auch heute noch streiten sich darüber die Ärzte.

Das Hauptproblem liegt darin, daß durch die Einnahme dieser künstlichen Hormone der Körper mit der Zeit von selbst die Produktion seiner eigenen natürlichen Hormone einstellt, da er sich gewissermaßen darauf verläßt, jeden Tag künstliche Hormone zu bekommen. Wenn dann eines Tages die Anabolika abgesetzt werden, da man sie ja nicht ständig nehmen kann — es werden die Leber und andere Organe geschädigt — fehlen plötzlich Hormone, die zur Entwicklung der Muskeln beitragen. Dadurch verlieren die Muskeln sofort an Substanz, sie werden kleiner und fallen fast zusammen wie ein Ballon, dem die Luft ausgeht.

Ich habe das schon bei vielen Spitzensportlern erlebt, die in Höchstform waren (dank Anabolika in Verbindung mit hartem Training und guter Ernährung) und die ich einige Wochen nach ihrem Wettkampf gar nicht wiedererkannte, da sie plötzlich nur noch geringe Muskeln hatten. Genau das ist der Effekt der Anabolika: Muskeln verschwinden dann sehr schnell, wenn sie nicht natürlich aufgebaut worden sind.

Bei *natürlichem* Muskelaufbau, wie ich ihn betrieben habe, kann man über Jahre hinaus, sein ganzes Leben lang, eine gute, athletische Figur haben. Und das habe ich auch bewiesen, indem ich 21 Jahre nach meinem ersten *Mr. Germany*-Sieg, obwohl ich 16 Jahre lang keinen Wettkampfsport betrieben hatte, mit 41 Jahren noch einmal in eine ›Superform‹ gekommen bin. In dieser Zeit habe ich nur nebenbei etwas Bodybuilding-Training betrieben, allerdings verschiedene Sportarten wie Skifahren, Tennis, Jogging und Windsurfen sehr aktiv ausgeübt.

Das Titelfoto und die Bilder im Text dürfte dies beweisen; sie wurden alle aufgenommen, als ich schon 41 Jahre alt war, also 21 Jahre nach meinem ersten Sieg. Ich habe auch zur Vorbereitung zur *Mr. Germany*-Wahl 1981 nie Anabolika genommen, sondern mich ganz natürlich ernährt und dabei hart trainiert. Meine Muskeln sind also auf natürliche Weise entstanden, d. h. durch viel Schlaf, seelische Ausgeglichenheit, eine gute Motivation, *gesunde Ernährung* und vor allen Dingen durch *hartes, richtiges Training.* Es gibt natürlich — außer den Anabolika — noch viele andere Aufputschmittel, um die Leistungen zu erhöhen. Beim heutigen Trend zur ›Definition‹ (zur ›Ausgemeißeltheit‹ des Körpers), wo wenig Körperfett verlangt wird, arbeitet man etwa mit *harntreibenden Mitteln.* Auch dies stellt eine künstliche Beeinflussung des Körpers dar, die ich ablehne und die auch Sie nicht in Betracht ziehen sollten. (Wenn Sie wirklich einmal etwas mehr Wasser verlieren wollen, nehmen Sie Wacholdertee zu sich, er wirkt harntreibend.) Ich empfehle allen meinen Schülern — und jetzt den Lesern dieses Buches —, sich *nie* auf solche Pharmaka einzulassen. Sie schaden nur dem Körper und bringen auf Dauer keinen Gewinn.

Gegen die zusätzliche Einnahme von *Vitaminen,* wie A und C und den Vitaminen der B-Gruppe, ist bei vernünftiger Dosierung nichts einzuwenden. Man nimmt sie in Tablettenform oder läßt sie sich vom Arzt von Zeit zu Zeit injizieren. Verwenden Sie aber auch diese Vitamine, etwa bei körperlicher oder seelischer Überbelastung, maßvoll! Vitamine sind sämtlich Mittel, die nicht auf der internationalen Dopingliste stehen.

Wenn Sie sich jedoch natürlich und gesund ernähren, werden Sie diese Vitamine nicht zusätzlich einnehmen müssen. (Vitamin C bekommen Sie genügend im Obst wie Zitronen oder Kiwis, Vitamin B_{12} z. B. in Innereien wie Leber.) Abschließend sei dazu gesagt: Die medizinischen Bedenken gelten natürlich besonders für Frauen, die umstrittene Pharmaka *niemals* nehmen sollten, da ihr Körper noch viel empfindlicher darauf reagieren würde.

R. Smolana mit seinem Freund Brad Harris, Hollywoodstar und Stuntman

Trainingssysteme

Es gibt vielerlei Arten von *Trainingssystemen,* die in den letzten Jahrzehnten erfunden wurden.

Dynamisches Training (Atlas-Methode)

Eines der ältesten und ersten Trainingssysteme ist jenes von *Charles Atlas,* jenem — schon erwähnten — Italiener, der nach Amerika auswanderte, dort drüben aber mit seiner schmächtigen Figur Probleme im Beruf und Privatleben hatte und deshalb eine Trainingsmethode ersann, die man fast ohne Geräte und Hanteln ausüben konnte. Er wurde durch diese Methode athletisch und stark, bekam einen sehr gut durchtrainierten Körper.

Die Methode beruht auf *dynamischem Training,* d. h. *Widerstandstraining* gegen die eigene Körperkraft. Stellen Sie sich z. B. in Gedanken ein Kletterseil vor, an dem man hochklettern kann — so wie es beim Schulturnen verwendet wird! Sie können dieses Tau gerade mit den Händen umfassen. Stellen Sie sich nun also vor, dieses Tau hänge genau vor Ihrem Körper, umfassen Sie es fest mit beiden Händen über Ihrem Kopf und ziehen Sie dieses imaginäre Seil nun mit aller Kraft dicht am Körper, an der Nase vorbei, herunter bis zum Bauch! In Ihrer Vorstellung ziehen Sie also das Seil über Ihren Kopf, an der Nase, am Mund, am Hals, an Ihrer Brust vorbei bis zum Bauch. Dies wiederholen Sie 10 bis 15mal, bis Sie leicht ermüden.

Dies ist eine Übung der *Atlas-Methode* zur Stärkung der Brust- und Armmuskulatur, hauptsächlich jedoch der Brustmuskulatur. Es gibt bei dieser Methode noch viele andere Übungen ›gegen‹ die eigene Körperkraft. Sie alle haben eines gemeinsam: Sie gehören einer der natürlichsten Methoden, um Muskeln und Kraft zu entwickeln, an, die es gibt.

Irgendwo ist jedoch einmal ›Schluß‹! Sie können ja bei der *Atlas-Methode* immer nur gegen die eigene Körperkraft ankämpfen. Diese wird zwar immer stärker, aber eine Hantel, ein Gewicht, ein Gerät, dessen Gewicht Sie ziehen müssen, fordert Sie doch mehr, und letzten Endes können Sie Ihre Kraft an solchen Geräten doch mehr steigern als auf diese Weise. Ich persönlich habe auch einmal mit der *Atlas-Methode* angefangen, und ich glaube, daß sie eine sehr gute Vorstufe für ein späteres Hanteltraining ist.

Isometrisches Training

Eine zweite Vorstufe für ein Hanteltraining – wenn man es so bezeichnen will – wäre *isometrisches Training.* Es wurde vor etwa 20 Jahren eingeführt und ist eine Trainingsmethode, bei der auch keine Hanteln gebraucht werden.

Hier sehen die Übungen wie folgt aus: Man stellt sich z. B. zwischen einen Türrahmen, drückt in Schulterhöhe je eine Hand links und rechts gegen die Türrahmen und versucht nun mit aller Kraft, den Rahmen auseinanderzudrücken (was natürlich nicht möglich ist, da die Mauern ja nicht nachgeben). Diese höchste Belastung Ihrer Muskeln im Schulter- und Armbereich, die mindestens 6–8 Sekunden anhalten sollte (was bei unserem Beispiel einen 6–8 Sekunden andauernden Druck Ihrer Hände auf den Türrahmen bedeutet) übt auf Ihre Muskulatur Stärkungs- und Wachstumsimpulse aus.

Man kann mit dem *isometrischen Training* viele Muskeln trainieren, im Büro, zu Hause, im Urlaub. Es wurde früher öfters angewandt, aber auch heute noch behelfe ich mir manchmal mit dieser oder einer anderen Übung. Aber auch hierbei handelt es sich nur um eine Vorstufe zum Hanteltraining, zum *eigentlichen* Bodybuilding.

Eigentliches Bodybuilding-Training

Im Bodybuilding-Training selbst wurden viele *verschiedene Trainingsmethoden* erfunden, wie Split-Training, Supersätze, Negativübungen, Vorermüdungssystem und Heavy-Duty-Training.

Split-Training
Fangen wir einmal mit dem *Split-Training* an: Wie das Wort schon sagt, ›splittet‹ man ›auf‹, teilt man sein Trainingsprogramm auf. In den Anfangsjahren des Bodybuilding-Trainings versuchte man, an einem Trainingstag seinen ganzen Körper von Kopf bis Fuß, d. h. sämtliche Muskeln zu trainieren. Dies war natürlich recht schwierig, und man brauchte, um es richtig zu machen, sehr viel Zeit – die man oft gar nicht hatte –, oder man war am Schluß des Trainings zu müde, um die letzten Übungen auszuführen. Wenn man mit dem Beintraining anfing, fehlte am Schluß nicht selten die Kraft, um beispielsweise die Schultern konzentriert zu trainieren. Man kam auf die Idee, das Training einfach aufzuteilen, zu splitten, d. h. man trainierte an einem Tag z. B. Brust-, Bizeps- und Bauchmuskeln und am nächsten Tag Schulter-, Rücken- und Beinmuskeln. So wiederholte man den Trainingsrhythmus immer von neuem. Man konnte auch noch mehr splitten, indem man täglich trainierte,

was zuerst die Profis in den Staaten machten. Die Muskeln, die sich am schlechtesten entwickelten, wie Waden- oder Bauchmuskeln – sie haben einen geringen Bewegungsradius –, wurden jeden Tag trainiert. Das Programm sah z. B. so aus: Bauch, Waden, Oberschenkel; Brust, Bizeps. Am nächsten Tag wieder Bauch, Waden, Rückenmuskeln, also Latissimus, Schultern, Deltoidus, Trizeps, also die hintere Armmuskulatur, dann Unterarme.

Heutzutage geht man noch intensiver vor. Ich z. B. habe ›Super-Split-Training‹ in den letzten Wochen der Vorbereitung zur *Mr. Germany*-Meisterschaft 1981 bevorzugt. Das bedeutete dreimal täglich Training: frühmorgens Waden, Bauch, Unterarme; mittags nach etwa 5–6 Stunden Ruhe – so lange braucht der Körper, um sich wieder zu erholen – Rücken, Schultern, Trizeps; dann nach ungefähr 5–7 Stunden erneuter Erholung, am späten Abend, die schweren Übungen wie Oberschenkel, Brust, Bizeps und Trapezius. Dazu kam noch etwas Halsmuskulaturtraining. Dies ist meiner Meinung nach die höchste Vollendung des Split-Systems: Ich nenne es ›Super-Split‹.

Supersätze

Jetzt kommen wir zu den ›Supersätzen‹. Dies ist ein System, das etwa seit 20 Jahren besteht. Stellen wir uns einmal *Bizepstrai-*

ning vor: Früher machte man Curls mit der Langhantel, 5 Sätze à 10 Wiederholungen, ruhte sich etwa 1 Minute aus, machte den nächsten Satz mit 10 Wiederholungen, immer so weiter, bis man die 5 Sätze à 10 Wiederholungen zusammen hatte. Dann ging man zur nächsten Bizepsübung über, wenn man noch genügend Kraft hatte. Man machte z. B. mit der Kurzhantel Konzentrationscurl, den 1. Satz wieder mit 10 Wiederholungen, Pause, erneut 10 Wiederholungen, 2. Satz, solange, bis man wiederum 5 Sätze hinter sich gebracht hatte. So setzte sich das fort. Dazu brauchte man natürlich eine gewisse Zeit.

Als *Arnold Schwarzenegger* nach Deutschland kam und mir einmal beim Training zusah, hatte ich *Poldi Merc* in meiner Sportschule als Gast. *Merc* war anläßlich einer *Mr. Germany*-Wahl, die ich veranstaltete, zu mir nach München gekommen und trat als Stargast auf. Er war damals Mr. Universum.

Wir trainierten schon seit Jahren etwas anders: Wir wollten einfach Zeit sparen, legten uns z. B. zum Bizepstraining eine Langhantel für unsere Langhantelcurls zurecht, daneben eine Kurzhantel für unsere Konzentrationscurls, ein Stück weiter stellten wir 2 Kurzhanteln neben eine Sitzbank hin. Wir begannen zuerst unsere Curls mit der Langhantel zu machen und zwar 1 Satz à 10 Wiederholungen, gingen *sehr schnell* und *ohne Pause* zur nächsten Kurzhantel, die ja schon 1 m daneben bereitlag, und machten unsere Konzentrationscurls, auch wieder 1 Satz à 10 Wiederholungen. Danach gingen wir sofort zur nächsten Übung über – zu den beiden Kurzhanteln – setzten uns auf die Bank und machten mit den Kurzhanteln im Sitzen beidarmige Bizepscurls, auch wieder 10 Wiederholungen. Erst dann legten wir eine Pause von etwa 1 Minute ein, um danach sofort wieder mit der Langhantel usw. anzufangen. Dadurch ›pumpten‹ wir nicht nur ganz konzentriert und schnell unseren Bizeps auf, sondern sparten auch sehr viel Zeit.

Natürlich braucht man sehr viel Kondition, um dieses Training durchzuhalten. Es ist nur ratsam für Sportler, die schon länger Bodybuilding betreiben und dadurch genügend Ausdauer besitzen.

Schwarzenegger kannte dieses Training noch nicht, und er wunderte sich, warum wir so schnell von einer Übung zur anderen liefen, als ob wir unter Zeitdruck wären. Er glaubte zuerst, wir würden dadurch sehr unkonzentriert und hastig trainieren und nicht den richtigen Trainingseffekt erzielen.

Neugierig und wißbegierig, wie er war, probierte er dieses Training aus und merkte, daß es ein *optimales* Training ist, da man dabei nicht nur Zeit spart, sondern auch genügend große, formschöne Muskeln bildet, weil ja 3 verschiedene Übungen in 1 Einheit zusammengefaßt

werden. Der Pumpeffekt war einzigartig.

Ich glaube, abschließend sagen zu können, daß *Poldi Merc* und ich diese Supersätze mit erfunden haben. In seinem Buch ›*Die Karriere eines Bodybuilders*‹ – es hatte in den USA eine Auflage von fast 1 Million – beschrieb auch *Schwarzenegger* dieses Training. Genau kann man den ›Erfinder‹ vielleicht nicht bestimmen, da ja sehr viele Menschen sich gerade in den Anfangszeiten des Bodybuilding besonders intensiv mit diesem Sport befaßten, in Frankreich, Großbritannien, in den USA. Möglicherweise haben etliche Spitzensportler damals diese Trainingsart ›entdeckt‹. In Deutschland jedenfalls waren – bei aller Bescheidenheit – *Poldi Merc* und ich die Miterfinder.

Negativübungen

In neuester Zeit haben sich noch einige andere Trainingssysteme entwickelt. Dazu gehören ›*Negativübungen*‹.

Nehmen wir einmal an, Sie machen normale Klimmzüge, ziehen sich gleichmäßig mit beiden Armen hoch, bis das Kinn an die Klimmstange reicht, lassen sich wieder herunter, ziehen sich wieder hoch, alles in gleichmäßigem Tempo. Nun kam ein Bodybuilder auf die Idee, sich nicht nur ein übliches Gewicht an seinen Körper – das machten wir früher auch schon –, sondern ein äußerst schweres Gewicht anzuhängen, sich ›abfälschend‹, d. h.

sehr schnell, mit dem Körper hochzuschwingen und dann ganz langsam den Körper in ›Negativbelastung‹ millimeterweise herunterzulassen, abermals mit Schwung schnell hochzuziehen (also nicht korrekt) und dann wieder ganz langsam herunterzulassen. Dieses *Negativtraining* kann man natürlich beim Bizepstraining, beim Brusttraining, mit Kurz- wie auch mit Langhanteln durchführen. Negativtraining soll sehr große Muskelmasse bilden.

Vorermüdungssystem
Das ›*Vorermüdungssystem*‹ hat — wie die Bezeichnung schon aussagt — die Aufgabe, einige Muskeln bereits zu ermüden, *bevor* das Haupttraining beginnt. Nehmen wir als Beispiel Brusttraining mit der Langhantel! Sie drücken die Hantel ja nicht nur mit der Brustmuskulatur nach oben, sondern in hohem Maße auch mit dem Trizeps, dem hinteren Armmuskel. Es wird Ihnen also der Trizeps sehr viel Arbeit abnehmen, bevor die Brustmuskulatur überhaupt eingesetzt wird.

Dieses *Vorermüdungssystem* beinhaltet nun, daß Sie durch Trizepsübungen Ihren Trizeps vorher schon ermüden. Eventuell machen Sie vorher bereits 10 Sätze Oberarmübungen, bevor Sie mit dem Bankdrücken beginnen. Beim Bankdrücken wird Ihnen dann der Trizeps nicht mehr so viel Arbeit beim Empordrücken der Hantel abnehmen, und Ihre Brustmuskulatur muß ›hundertprozentig‹ arbeiten.

Heavy-Duty-Training
Dann gibt es noch, von einem Amerikaner kreiert, das ›*Heavy-Duty-Training*‹, bei dem man schwere Gewichte nimmt.

Intensivtraining
Wir kommen nun zum Intensivtraining. Intensives Trainieren setze ich an und für sich bei jedem Trainingsprogramm voraus. Deshalb möchte ich mich nur kurz mit diesem System befassen: Es handelt sich um kurzes, schnelles, intensives Training, d. h. einfach schneller und konzentrierter trainieren.

Trainingsbedingungen

Nun gehen wir über zu den Trainingsbedingungen: Wann und wo sollten wir trainieren?

Das ›Wann‹

Es kommt natürlich vor allem darauf an, wann Sie *Zeit* dafür haben. Nicht jeder hat die Möglichkeit, immer zu der ›vorgeschriebenen‹ Zeit zu trainieren. Außerdem reagiert auch jeder Körper anders auf bestimmte Trainingszeiten und Trainingstage. Es gibt Leute, die vormittags gut trainieren können und auch die Zeit dazu haben, anderen liegt eher der Nachmittag oder Abend. Die meisten Sportler werden natürlich am Abend trainieren (müssen), nach der Arbeit.

Von einem möchte ich Ihnen auf alle Fälle *abraten:* von hartem Training gleich frühmorgens nach dem Aufstehen. Der Körper ist dann noch nicht richtig wach und durchblutet. Man fühlt sich zwar ausgeruht (was auch im weiteren Sinne stimmt), der Kreislauf ist jedoch noch nicht genügend angeregt, und daher kann man sich dabei leicht verletzen. Wenn Sie *unbedingt* in der Früh trainieren wollen: keine schweren Übungen machen, sondern vielleicht Bauchtraining, leichte Gymnastik, Unterarmübungen, aber nie mit großen, schweren Gewichten!

Ein wichtiger Punkt ist auch, daß Sie *nie* gleich nach Mahlzeiten trainieren. Wenigstens 1 1/2 Stunden sollten Sie nach dem Essen warten, bevor Sie mit dem Training beginnen. Durch die Nahrungsaufnahme benötigt Ihr Magen sehr viel Blut zur Nahrungsverwertung. Wenn Sie nun trainieren, verbrauchen Ihre Muskeln ebenfalls viel Blut, das Herz wird doppelt belastet, Sie können sich nicht richtig konzentrieren. Kurzum: Es ist nicht gesund.

An Tagen, an denen Sie sich nicht wohlfühlen, lassen Sie Ihr Training entfallen, etwa *bei starkem Wetterumschwung,* wie er häufig in Deutschland auftritt, oder bei Föhneinbruch. Unter solchen Bedingungen sollten Sie nicht trainieren. Auch bei zu großer Hitze ist es nicht ratsam.

Viele Frauen betätigen sich während ihrer Menstruation körperlich wenig. Auch rieten Ärzte früher von Sport während der *kritischen Tage* ab. Heute weiß man aber, daß das nicht ganz richtig war, denn viele Frauen erbringen während der Zeit ihrer monatlichen Regel körperliche Höchstleistungen. Richten Sie sich nach Ihrem eigenen ›Instinkt‹! Sie wissen aus eigener Erfahrung am besten, wie Sie sich bei sportlicher Betätigung während der Menstruation fühlen. Trainieren Sie dann, wenn Sie es für richtig halten!

Das ›Wo‹

Nun zum ›Wo‹ des Trainings. Wenn Sie in einer Stadt wohnen, in der sich eine *Sportschule* oder ein *Fitness-Center* befindet (evtl. auch ein Sportverein, der geeignete Geräte hat), und Sie außerdem gern Kontakt zu anderen Menschen haben, würde ich Ihnen auf alle Fälle raten, dort hinzugehen.

Sie sollten darauf achten, daß die Leitung dieses Vereins oder Clubs in *fachlichen* Händen liegt, daß also die Gesamtleitung jemand hat, der eine jahrelange *Erfahrung* auf dem Gebiet des Fitness- und Bodybuilding-Trainings aufweist. Bei dem heutigen ›Boom‹ in dieser Sportart gibt es natürlich Clubs, in denen die Chefs oder Leiter einfach nur ans Geldverdienen denken und gar nicht die sportliche Qualifikation haben, um anderen Leuten diesen schwierigen Sport beizubringen. Sie sind in Sportschulen gut aufgehoben, in denen der Leiter selbst Bodybuilder ist oder gar schon zu Meisterehren kam oder eben eine langjährige Erfahrung im Bodybuilding besitzt, nicht aber im Boxen oder Judo. Diese Sportarten haben mit unserem Sport nichts zu tun.

Gute Fitness-Center werden auch die richtigen *Hanteln und Geräte* zur Verfügung haben. Nicht immer ist das Neueste auch das Beste. Es gibt Geräte und Hanteln, die schon einige Jahre alt sind, indes eine sehr gut durchdachte Funktion haben. Es gibt auf der Welt zahlreiche Firmen, die Trainingsgeräte herstellen. Deutsche, britische, amerikanische Firmen wetteifern miteinander. Am stärksten vertreten sind amerikanische Firmen. In den USA gibt es einige Dutzend Hersteller, die ihre Geräte als die besten anpreisen. Was das Beste ist, ist individuellem Urteil unterworfen. Man sollte vorsichtig sein. Meiner Meinung nach ist es nicht gut, sich nur auf *eine* Herstellerfirma zu verlassen. Von jedem System das beste Gerät: Das würde ich als Idealfall bezeichnen: Genauso wie ein Bodybuilder nicht alle Muskeln gleich stark entwickeln kann, sondern jeder seine Stärken und Schwächen hat, so ist es auch bei der Herstellung von Trainingsgeräten. Jede Firma hat einige Spitzengeräte und einige weniger gute.

Herauszufinden, welche gut und welche nicht so gut sind, ist die Aufgabe des Leiters einer Sportschule. Er ›pickt‹ die besten Geräte heraus. Gehen Sie deshalb immer zu einem Fitness-Center, das einen erfahrenen Leiter hat!

Wenn Sie nur die Möglichkeit haben, *zu Hause* zu trainieren, dann sollten Sie darauf achten, daß Sie einen Raum benutzen, der nicht in der Nähe Ihres Arbeitsplatzes (Büro – falls Sie zu Hause arbeiten – oder Küche) ist. Sie sollten sich nämlich konzentrieren und nicht ständig an Ihre Arbeit denken! Auf keinen Fall dürfen Sie ›zwischendurch‹ Ihre Pflichten erledigen!

53

Suchen Sie sich also einen *ruhigen Raum,* wo Sie konzentriert trainieren können und wo Sie keiner ablenkt, seien es Familienangehörige oder Nachbarn. Gegen sanfte, verhaltene Begleitmusik zur Untermalung des Trainings ist nichts einzuwenden. Ich allerdings bevorzuge nur das Geräusch von Hanteln und Anstrengung, des Atmens also, wenn ich trainiere. Aber manche Leute sagen ja, mit Musik ginge alles besser.

Trainingskleidung

Hinsichtlich der *Trainingskleidung* möchte ich Ihnen zu folgendem raten: Im Sommer, wenn es warm ist, tragen Sie am besten eine kurze Hose, ein paar feste Turn- oder Tennisschuhe, ein T-Shirt oder ein kurzes Trägerhemd. Im Winter soll-

ten Sie allerdings einen Trainingsanzug aus Frottee oder einen Jogginganzug anziehen, damit Ihre Muskulatur warm bleibt und Ihr Schweiß aufgesogen wird.

Nach dem Training

Wenn Sie das Training beendet haben, sollten Sie auf alle Fälle *duschen.* Es ist eine der angenehmsten Empfindungen beim Bodybuilding, nach dem anstrengenden konzentrierten Training unter der Dusche zu stehen und das Gefühl zu haben, daß sich der Körper neu belebt, daß man einfach wie neugeboren ist.
Nach dem Duschen sollten Sie einen *Proteindrink* oder ein *gutes Essen* zu sich nehmen, da der Körper dies sehr schnell in Muskeln umsetzen wird.

Trainingsprogramm für Männer

Training für Anfänger

Zu Hause

Ich habe Ihnen hier ein *Trainingsprogramm* zusammengestellt, das Sie, wenn Sie ein paar Kurzhanteln besitzen, jederzeit und überall ausführen können. Es ist meiner Meinung nach das kürzeste und beste Trainingsprogramm für Anfänger. Es stellt ein *Grundprogramm* nach der *Ganzkörpermethode*, d. h. dem Ganzkörpertraining, dar. Sie trainieren an *einem* Tag Ihren ganzen Körper durch: Dabei handelt es sich um die bewährteste und älteste Bodybuilding-Methode, sicherlich aber auch um eine der besten Grundmethoden.

Zuvor möchte ich noch zwei wichtige Begriffe erklären, die bei jeder Übung auftauchen werden, und zwar ›*Satz*‹ und ›*Wiederholung*‹. Eine ›*Wiederholung*‹ ist z. B. bei der Wadenübung das Herablassen und das Heraufrichten des Fußes. Ein ›*Satz*‹ bedeutet, daß man dies 10mal oder 15mal oder öfter wiederholt; also eine Zusammenfassung von mehreren Wiederholungen hintereinander. Eine Wiederholung hingegen ist eine einmalige, vollkommene Ausführung einer Übung.

Übung M 1
Liegestütze *(Fotos 1 und 2)*
Stützen Sie sich mit beiden Händen etwas mehr als schulterbreit auf den Boden. Achten Sie darauf, daß Ihre Füße auch etwa in der gleichen Breite wie Ihre Hände auf dem Boden abgestützt werden, und zwar auf den Zehenspitzen. Hängen Sie nicht mit dem Körper nach unten durch, sondern versuchen Sie, Ihren ganzen Körper und Ihre Beine durchgestreckt zu halten. Ihre Hände zeigen mit den Fingerspitzen nach vorne. Nun knicken Sie langsam mit den Armen seitlich nach hinten ein. Gehen Sie zum Anfang mit Ihrem Oberkörper nur so tief herunter, daß Sie mindestens 10 Wiederholungen im 1. Satz schaffen.

Wenn Sie sich nach oben drücken, atmen Sie aus und drücken die Arme wieder ganz gestreckt durch. (Die *Atemtechnik* ist beim Bodybuilding sehr wichtig!) Bei der Kraftanstrengung immer ausatmen, nicht preßatmen. Das heißt: Beim Herunterlassen des Oberkörpers atmen Sie tief ein und beim Herauf-

drücken des Körpers mit den Armen atmen Sie aus. Sie atmen also ein, wenn Sie sich herunterlassen, und atmen aus, wenn Sie sich nach oben drücken:
Beginnen Sie diese Übung mit 2 Sätzen à 10 Wiederholungen. Zwischen den Wiederholungen machen Sie etwa eine Pause von 1 Minute, d. h. Sie pausieren so lange, bis Sie wieder völlig normal atmen. Dann erst beginnen Sie mit dem 2. Satz. So steigern Sie sich von Trainingstag zu Trainingstag auf 3 Sätze à 10 Wiederholungen, dann auf 4 Sätze à 10 Wiederholungen und zum Schluß auf 5 Sätze mit jeweils 10 Wiederholungen. Wenn Sie so weit sind, daß Sie leicht 5 Sätze à 10 Wiederholungen bewältigen, können Sie anfangen, die Wiederholungszahl zu steigern, aber nicht mehr als auf 25 Wiederholungen. Über 25 Wiederholungen bedeutet kein Bodybuilding-Training mehr, sondern aerobes Training. (Unter aerober Kapazität versteht man die – bei sportlichen Leistungen ansteigende – Fähigkeit, innerhalb einer Minute eine bestimmte Sauerstoffmenge aufzunehmen.)
Versuchen Sie statt dessen lieber, so tief wie möglich mit der Brust herunterzugehen, ganz kurz den Boden zu berühren und dabei das

Foto 1

Foto 2

Gesäß ziemlich weit oben zu lassen. Üben Sie die Wiederholungen möglichst langsam aus; um so schwerer wird die Übung.

Übung M 2
Kurzhanteldrücken auf der Flachbank *(Fotos 3 und 4)*
Setzen Sie sich auf eine *Flachbank* (oder ähnliches) und nehmen Sie links und rechts eine *Kurzhantel* in die Hand. Wählen Sie das Gewicht selbst, je nach Ihrer körperlichen Verfassung. Nun legen Sie sich mit dem Oberkörper rückwärts auf die Bank und halten die Arme rechtwinklig eingeknickt (die Handinnenflächen nach vorne zu den Zehenspitzen zeigend), die Oberarme waagerecht in Brusthöhe. Atmen Sie nun tief ein, drücken Sie beide Arme mit den Hanteln gleichzeitig nach oben und atmen Sie dabei aus. Drücken Sie die Arme so weit nach oben, bis sie ganz durchgedrückt sind. Dann lassen Sie die Hanteln wieder herunter und wiederholen den Vorgang.

Hier fangen Sie wieder mit 2 x 10 Wiederholungen an und steigern sich dann bis auf 5 x 10 Wiederholungen, also 5 Sätze à 10 Wiederholungen. Wenn Ihnen dies als zu

Foto 3

Foto 4

58

leicht erscheint – beginnen Sie, die Gewichte zu steigern. Bleiben Sie jedoch bei 5 x 10 Wiederholungen. Ebenso wie die Übung 1 stellt auch die Übung 2 ein hervorragendes Training für die *Brustmuskulatur* dar.

Übung M 3
Dips oder Barrendrücken
(Foto 5)

Zu dieser Übung brauchen Sie entweder einen *Barren* mit 2 Holmen oder aber, was wohl einfacher für Sie ist, 2 *Stühle*.
Stützen Sie sich nun mit den Armen so auf die oberen Stuhllehnen, daß die Arme durchgestreckt sind. Ihren Oberkörper beugen Sie leicht nach vorne und Ihre Füße ziehen Sie an. Nun lassen Sie sich langsam herunter, indem Sie die Arme einknicken und atmen Sie dabei ein. Gehen Sie am Anfang noch nicht zu weit herunter. Später lassen Sie sich so weit herunter, daß der Unterarm mit dem Oberarm einen rechten Winkel bildet. Nun drücken Sie sich nach oben, bis die Arme wieder völlig durchgestreckt sind und atmen dabei aus.
Machen Sie 2 x 10 Wiederholungen am 1. Tag und dann steigern Sie

Foto 5

59

sich wie bei den anderen Übungen, bis auf 5 x 10 Wiederholungen. Dies ist eine sehr gute Übung für die *Brust-* und *Trizepsmuskulatur.*

Übung M 4
Abwechselndes Kurzhantelcurl
(Foto 6)
Stellen Sie sich aufrecht hin, Füße in Schulterbreite, nehmen Sie 2 mittelschwere *Kurzhanteln* rechts und links in die Hand, lassen Sie die Arme ganz ausgestreckt dicht neben dem Körper hängen und pres-

Foto 6

sen Sie die Oberarme ganz dicht an den Körper. Nun heben Sie abwechselnd die Unterarme in einer halbkreisförmigen Bewegung nach oben, bis die Hantel fast die Schulter berührt. Dann lassen Sie die Hantel wieder nach unten und heben gleichzeitig die andere Hantel nach oben.

Atmen Sie einfach gleichmäßig normal ein und aus. Atmen Sie immer so schnell, wie Sie trainieren. Bei langsamem Training atmen Sie langsam; wenn Sie schnell trainieren, atmen Sie schneller.

Machen Sie auch hiervon – sich steigernd – bis zu 5 Sätze à 10 Wiederholungen. Später erhöhen Sie das Gewicht. Dies ist eine gute Übung für den Bizeps.

Übung M 5
Kurzhantel-Trizepsdrücken
(Fotos 7 und 8)

Nehmen Sie eine *Kurzhantel* so in die Hand, daß Ihre Handinnenfläche nach vorne zeigt. Stützen Sie sich nun mit einer Hand auf einem *Stuhl* oder einer *Flachbank* ab und stellen Sie sich so hin, daß Ihr Körper einen rechten Winkel bildet, d. h. daß Ihr Oberkörper nach vorne gebeugt ist. Dann lehnen Sie Ihren Oberarm dicht an Ihren Körper und achten darauf, daß Ihr Oberarm waagerecht und Ihr Unterarm senkrecht ist, daß Sie also miteinander einen rechten Winkel bilden. Nun heben Sie die Hantel nach hinten hoch, bis der

Foto 7

Foto 8

Arm durchgestreckt ist. Achten Sie aber darauf, daß Ihr Oberkörper nicht nach oben geht, sondern waagerecht eingeknickt bleibt. Dann lassen Sie die Hantel wieder langsam herunter und wiederholen den ganzen Vorgang.

Bei dieser Oberarmübung wieder 2 bis 5 Sätze – also mit 2 Sätzen anfangen, bis auf 5 Sätze à 10 Wiederholungen steigern, abwechselnd einmal links, einmal rechts. Bei der Kraftanstrengung, also beim Hochheben der Hantel, müssen Sie ausatmen.

Übung M 6

Einarmiges Kurzhantel-Latziehen *(Foto 9)*

Stellen Sie sich wieder so hin, daß Ihr Körper ein Rechteck bildet, also Ihr Oberkörper nach vorne gebeugt ist, d. h. sich in waagerechter Position befindet. Stützen Sie sich mit einer Hand auf einem *Stuhl* ab und fassen Sie mit der anderen eine ziemlich schwere *Hantel* so an, daß die Handinnenfläche zum Körper zeigt. Knicken Sie ganz leicht mit den Beinen ein und ziehen Sie nun die Hantel leicht nach hinten führend nach oben bis in Bauchhöhe. Dabei atmen Sie aus. Nun lassen Sie die Hantel wieder herunter, bis der Oberarm durchgestreckt ist.

Foto 9

Achten Sie aber darauf, daß Ihr Oberkörper waagerecht bleibt und daß die Hantel nicht zwischen den einzelnen Wiederholungen am Boden abgesetzt wird.

Nun wiederholen Sie die Übung 10mal, fangen Sie wiederum mit 2 Sätzen an und steigern Sie allmählich bis auf 5 Sätze. Diese Übung ist hervorragend geeignet für die *Rückenmuskulatur*. Sie trägt dazu bei, einen breiten, V-förmigen Rücken zu erreichen.

Übung M7
Kniebeugen mit Kurzhanteln
(Fotos 10 und 11)
Diese Übung ist die ›Krönung‹ der Bodybuilding-Übungen. Sie fördert nicht nur Kraft und Muskulatur Ihrer *Oberschenkel,* sondern stärkt auch Ihre *Herzmuskulatur* und Ihren *Kreislauf.* Bei dieser Übung werden Kondition und Kraft gleichzeitig gefördert. Außerdem sagt man ihr nach, daß man durch sie schnell an Körpergewicht (Muskelmasse) zunimmt.

Nehmen Sie 2 *Kurzhanteln* in Schulterhöhe; die Handinnenflächen zeigen zum Körper. Sie können die Hanteln auch leicht auf den Schultern absetzen. Stellen Sie sich nun in Schulterbreite aufrecht hin, Zehenspitzen zeigen nach vorne. Am Anfang können Sie sich als Hilfe einen Gegenstand, der etwa 3 bis 5 cm hoch ist (z. B. ein Brett),

Foto 10

Foto 11

63

unter die Fersen legen, damit Sie nicht beim Kniebeugen die Balance verlieren. Atmen Sie ein und gehen Sie tief in die Hocke, bis die Oberschenkel zumindest waagerecht sind. Achten Sie darauf, daß Ihr Oberkörper aufgerichtet bleibt und daß Sie keinen krummen Rücken machen. So vermeiden Sie Rückenverletzungen. Schauen Sie geradeaus und nicht nach unten. Nun drücken Sie sich wieder mit Ihren Oberschenkeln nach oben und atmen dabei aus, bis Sie wieder aufrecht stehen.

Fangen Sie wieder mit 2 x 10 Wiederholungen an und steigern auf 5 Sätze à 10 Wiederholungen. Wenn Ihnen das zu leicht wird, erhöhen Sie das Gewicht.

Übung M 8
Wadenheben mit der Kurzhantel
(Foto 12)
Stellen Sie sich mit den Fußballen auf ein *Brett* (o. ä.), das etwa 5 – 10 cm hoch sein kann, und nehmen Sie die schwere *Kurzhantel* in die Hand. Die Handinnenfläche zeigt zum Körper. Nun lassen Sie den Arm ausgestreckt dicht am Körper. Halten Sie sich mit der anderen Hand an irgendeinem festen Gegenstand wie etwa einer Türklinke fest und lassen Sie den Oberkörper ganz aufrecht und durchgestreckt. Drücken Sie auch Ihr Standbein ganz durch. Das andere Bein knikken Sie leicht ein. Nun machen Sie wippende Bewegungen. Sie gehen

also mit den Fersen so tief zum Boden herunter wie möglich und drücken nun mit dem Ballen Ihren Körper möglichst weit nach oben. Lassen Sie aber Ihre Beine, Ihre Knie durchgedrückt. Dann wieder heruntergehen und so weiter.

Machen Sie anfangs 2 Sätze zu 10 Wiederholungen und steigern Sie auf 5 Sätze à 10 Wiederholungen, abwechselnd mit beiden Beinen. Sie sollten auch Ihre Fußstellung von Übung zu Übung so verändern, daß einmal die Zehenspitzen nach vorne zeigen, einmal seitlich rechts und einmal seitlich links nach vorne zeigen. Diese Übung ist hervorragend geeignet zum Training der *Wadenmuskulatur.*

Foto 12

Übung M 9
Beinstrecken auf der Flachbank
(Fotos 13 und 14)
Diese Übung eignet sich ausgezeichnet für Ihre *Bauchmuskulatur,* und Sie können sie — ganz nach Belieben — auf einem *Stuhl,* einer *Flachbank* oder sogar auf dem *Boden* ausführen.
Setzen Sie sich also etwa auf eine Flachbank, halten Sie sich links und rechts mit den Händen an der Bank

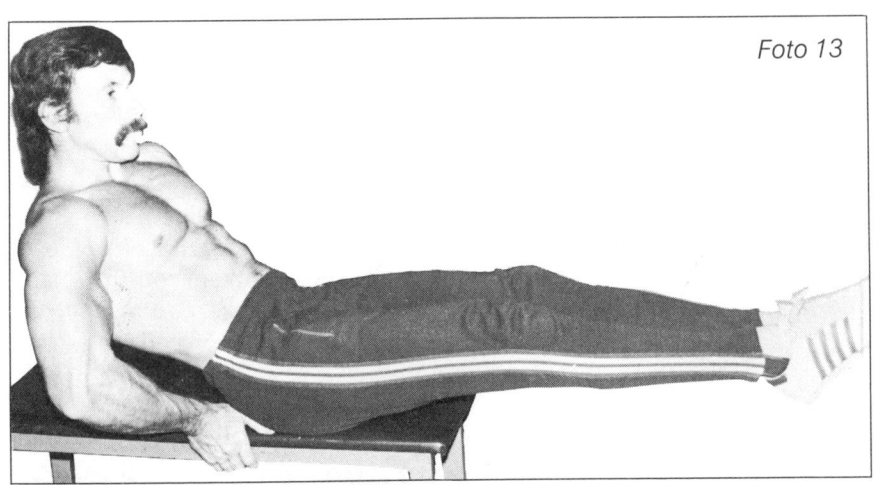

Foto 13

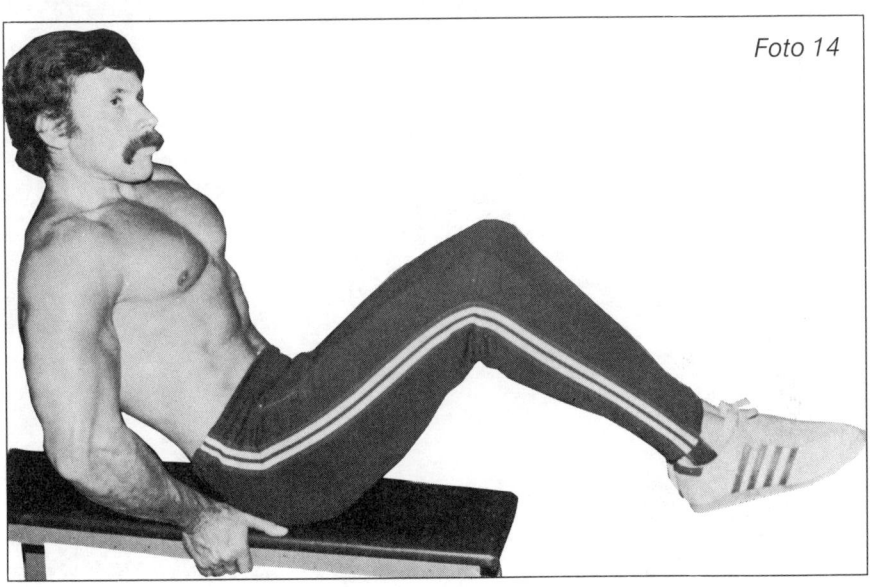

Foto 14

fest und lehnen Sie Ihren Oberkörper leicht nach hinten. Ziehen Sie jetzt beide Beine gleichzeitig zum Bauch an, lassen Sie die Beine dicht zusammen und strecken Sie nun beide Beine nach vorne waagerecht aus, bis sie durchgedrückt sind. Achten Sie darauf, daß Ihre Fußspitzen nach vorne zeigen. Jetzt ziehen Sie die Beine wieder bis zum Bauch an und atmen bei der Kraftanstrengung, also beim Nachvornedrücken, aus.

Davon machen Sie am 1. Tag 2 x 10 Wiederholungen, später steigern Sie bis auf 5 x 10 Wiederholungen und dann bis auf 5 x 25 Wiederholungen.

In der Sportschule

Übung M 10
Langhanteldrücken sitzend, aus dem Genick
(Fotos 15 und 16)
Für diese *Schulter- und Rückenübung* brauchen Sie eine mittelschwere *Langhantel* sowie eine *Bank,* auf die Sie sich setzen.
Fassen Sie die Stange − mit ziemlich großem Abstand zwischen den Händen − an, wobei die Innenflächen nach vorne zeigen. Heben Sie sie nun mit Schwung nach oben, wie auf dem Foto ersichtlich. Setzen Sie sich zu dieser Übung auf die Vorderkante der Flachbank. Nun

Foto 15

Foto 16

lassen Sie die Stange langsam ins Genick herunter und drücken Sie sie – ausatmend – wieder nach oben, bis Ihre Arme durchgestreckt sind. Achten Sie darauf, daß Ihr Oberkörper ruhig bleibt.
Machen Sie von dieser Übung 5 Sätze à 10 Wiederholungen.

Übung M11
Bankdrücken auf der Flachbank
(Fotos 17 und 18)
Für diese für die *Brustmuskulatur* hervorragende Übung benötigen Sie entweder eine *Flachbank mit*

Hantelständer, eine sogenannte *Benchpreßbank,* oder einen *Partner,* der Ihnen hilft, die Hantel auf die Brust zu heben.
Legen Sie sich mit dem Rücken auf die Flachbank und fassen die Stange ziemlich breit an (etwa 1 m bis 1,20 m Abstand). Die Handinnenflächen zeigen nach vorne. Lassen Sie die Stange langsam auf die Brust herunter, während Sie einatmen. Nun berühren Sie kurz die Brust mit der Stange und drükken gleichmäßig in einem Zug die Stange wieder nach oben, bis die Arme durchgedrückt sind. Dabei atmen Sie aus. Machen Sie bitte nicht den Fehler, das Gesäß beim

Foto 17

Foto 18

Hochdrücken der Hantel anzuhe-
ben. Lassen Sie während der ganzen Übung Ihren Rücken und Ihr
Gesäß flach auf der Bank liegen.
Machen Sie auch hiervon 5 Sätze à
10 Wiederholungen.

Übung M 12
**Fliegende Bewegungen mit den
Kurzhanteln auf der Flachbank**
(Fotos 19 und 20)
Zu dieser ausgezeichneten *Brust-
übung* – Ihre Brust wird dadurch
breiter – brauchen Sie 2 *Kurz-
hanteln* und eine *Flachbank.*

Foto 20

Foto 19

Setzen Sie sich auf die vordere Kante der Flachbank und nehmen Sie die 2 Kurzhanteln links und rechts in die Hand; die Handinnenflächen zeigen seitlich zum Körper. Heben Sie die Kurzhanteln mit einem Schwung zur Brust hoch und lassen Sie sich langsam nach hinten mit dem Rücken auf die Flachbank nieder. Nun drücken Sie die Hanteln nach oben, bis die Arme beinahe ausgestreckt sind, aber nicht ganz ausgestreckt. Die Arme sollten ganz leicht angewinkelt sein. Jetzt lassen Sie die Arme links und rechts seitlich neben dem Körper in einer halbkreisförmigen Bewegung herunter, bis die Hanteln sich auf der Höhe des Brustkastens befin-

den. Dann heben Sie die Hanteln ausatmend in einer halbkreisförmigen Bewegung von neuem nach oben, bis sie fast wieder zusammen sind.

Diese Übung wiederholen Sie in 5 Sätzen je 10mal.

Übung M 13
Bizepscurl mit der Langhantel
(Fotos 21 und 22)
Zu dieser Grundübung des *Bizepstrainings* nehmen Sie eine *Langhantel* in Schulterbreite; die Hand-

Foto 21

70

Foto 22

innenflächen zeigen nach vorne. Stellen Sie sich aufrecht hin, Brustkasten herausgestreckt, den Körper gerade. Heben Sie nun die Unterarme in einer halbkreisförmigen Bewegung zur Brust ungefähr in Kinnhöhe hoch. Achten Sie aber darauf, daß Ihre Oberarme dicht am Körper bleiben und Ihr Oberkörper sich nicht nach hinten beugt. Bleiben Sie ruhig und aufrecht stehen und lassen Sie nur die Unterarme arbeiten. Dadurch wird nur der Bizeps beansprucht. Lassen Sie das Gewicht wieder herunter und atmen Sie dabei ein, bis die Arme ausgestreckt sind.

Auch hiervon 5 Sätze à 10 Wiederholungen.

Übung M 14

Trizepsziehen an der Latmaschine *(Fotos 23 und 24)*

Für diese *Trizepsübung* brauchen Sie eine *Latissimuszugmaschine*. Stellen Sie sich aufrecht davor hin. Fassen Sie nun die Latstange fest und sehr eng mit beiden Händen – Handinnenflächen nach unten zeigend – an. Ziehen Sie die Stange herunter, drücken Sie Ihre Oberarme dicht an den Körper und ziehen Sie die Stange so weit herunter, bis Ihre Arme durchgedrückt sind. Achten Sie aber darauf, daß der Oberkörper ruhig und gerade bleibt. Nun lassen Sie die Stange wieder nach oben, bis Ihre Unterarme völlig durchgedrückt sind. Bitte passen

71

Foto 23

Foto 24

72

Sie auf, daß Ihr Oberkörper ruhig bleibt. Nun lassen Sie die Unterarme wieder langsam nach oben, aber nur so weit, bis sie in der Waagerechten sind, und dann drücken Sie sie wieder herunter, bis Ihre Arme durchgestreckt sind.

Vergessen Sie nicht, auf die Atemtechnik zu achten. Beim Herunterdrücken, also bei der Kraftanstrengung, müssen Sie ausatmen, beim Hochlassen einatmen.

Hiervon wiederum 5 Sätze à 10 Wiederholungen.

Übung M 15
Latziehen an der Latissimusmaschine *(Fotos 25 und 26)*
Für diese sehr gute *Rückenübung,* die Ihnen zu einer männlichen V-Form verhilft, brauchen Sie eine *Zugmaschine.*

Fassen Sie die Zugstange breit an — Handinnenflächen nach vorne zeigend — knien Sie sich mit beiden Knien auf den Boden und lassen die Arme noch nach oben ausgestreckt. Nun atmen Sie aus und ziehen gleichzeitig die Stange tief ins Genick. Berühren Sie es kurz mit ihr. Nun lassen Sie die Stange wieder nach oben und atmen dabei ein, bis die Arme ausgestreckt sind.

Achten Sie darauf, daß Ihr Körper bei dieser Übung ganz ausgestreckt bleibt und sich nicht bewegt. Ziehen Sie nur mit der Armmuskulatur die Stange herunter.

Machen Sie hiervon wieder 5 Sätze à 10 Wiederholungen.

Foto 25

Foto 26

73

Foto 27

Übung M 16
Kniebeugen mit der Langhantel
(Fotos 27 und 28)
Auch diese Übung könnte man als
›Krönung‹ des Bodybuilding bezeichnen. Sie brauchen dafür einen
Kniebeugenständer oder aber
2 Partner, die Ihnen die *Langhantel*
ins Genick legen. Diese Übung, die
Ihre Oberschenkelmuskeln vergrößert, ist auch außergewöhnlich gut
für die Kondition und die Muskelmasse des gesamten Körpers.
Nehmen Sie also die Hantelstange
auf den Rücken, fassen zur Unterstützung mit den Händen – Handinnenflächen nach vorne zeigend –

Foto 28

74

die Stange breit an und gehen nun langsam in die Hocke. Achten Sie darauf, daß Ihre Füße etwa schulterbreit auseinanderstehen.

Legen Sie sich zu Beginn vielleicht ein Brett oder 2 Hantelscheiben unter die Fersen, damit Sie nicht nach vorne kippen. Gehen Sie tief in die Hocke, bis die Oberschenkel mindestens waagerecht sind, drücken Sie sich dann wieder nach oben und atmen Sie nun aus. Während Sie in die Hocke gegangen sind, haben Sie tüchtig eingeatmet. Achten Sie darauf, daß Sie keinen runden Rükken machen und daß Sie das Gewicht nicht mit dem Rücken und dem Körper hochheben, sondern nur mit den Oberschenkeln. Also: Oberkörper aufrecht lassen, ›Brust raus‹, möglichst nach oben schauen, dann die Übung ausführen. 5 Sätze à 10 Wiederholungen.

Übung M 17
Sit-Ups auf dem Bauchmuskelbrett *(Fotos 29 und 30)*
Zu dieser ausgezeichneten *Bauchmuskelübung* stellen Sie das *Sit-Up-Brett* etwa in 45°-Position, stecken Sie Ihre Füße unter die Schlaufe, ziehen die Knie an, nehmen die Hände ins Genick und ma-

Foto 29

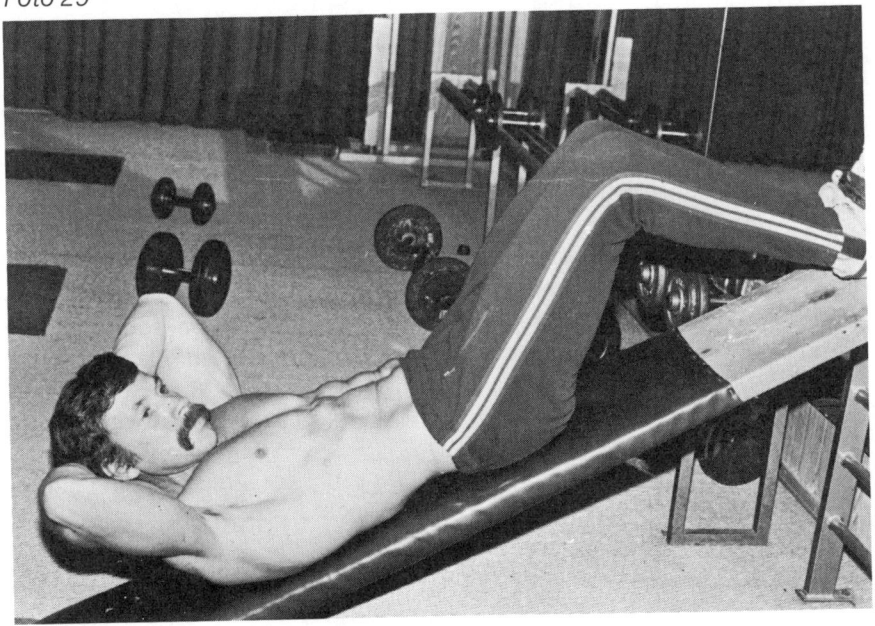

75

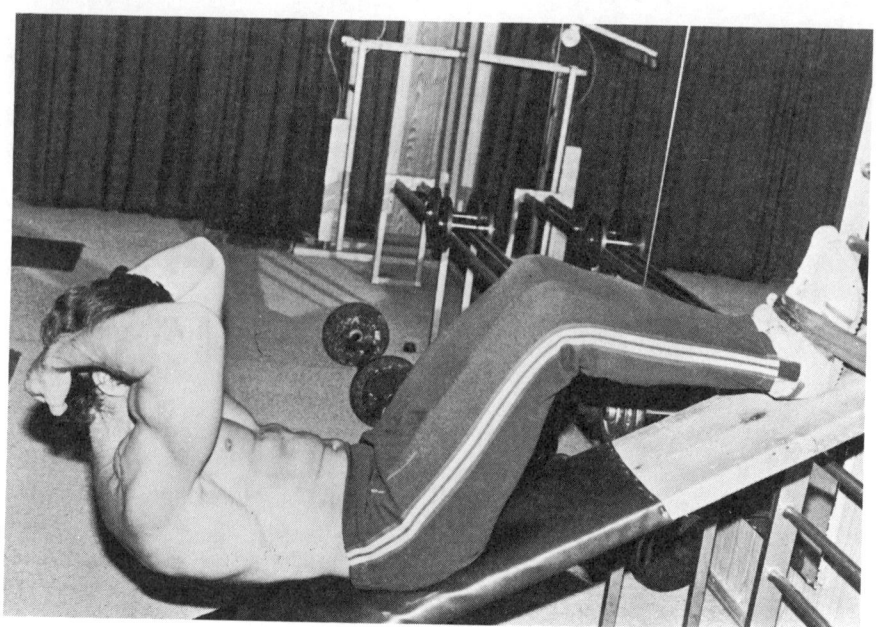

Foto 30

chen einen ›Katzenbuckel‹. Nun lassen Sie den Oberkörper langsam nach hinten herunter, bis Sie mit dem Rücken kurz das Brett berühren. Kommen Sie jetzt wieder hoch, behalten Sie aber den runden Rükken bei, da das die Wirbelsäule und die Bandscheiben entlastet, und atmen Sie beim Hochkommen aus. Machen Sie davon 15 bis 25 Wiederholungen, insgesamt 5 Sätze.

Abschlußbemerkung zum Anfängertraining

Dieses *Ganzkörper-Trainingsprogramm für Anfänger* sollten Sie 2 bis 3mal pro Woche in der Sportschule bzw. zu Hause absolvieren. Zwischen den einzelnen Trainingstagen legen Sie immer einen Ruhetag ein. Dieses Grundprogramm für Bodybuilder sollten Sie etwa 2–3 Monate durchführen; erst dann sollten Sie Ihre Übungen wechseln.

Während der ersten Trainingsmonate achten Sie bitte darauf, daß Sie so oft wie möglich das *Trainingsgewicht erhöhen,* allerdings immer nur um so viel, daß Sie auch 5 Sätze zu

10 Wiederholungen schaffen. Sie sollten sich bei der letzten Wiederholung zu 85 bis 90% Ihrer Kraft verausgaben, also bei der 10. Wiederholung fast an Ihre Höchstgrenze gehen, und das in jedem Satz. Wählen Sie im 1. Trainingssatz ein etwas leichteres Gewicht und erhöhen Sie dann von Satz zu Satz das Gewicht. Am Ende des Trainings sollte immer das schwerste Gewicht genommen werden.

Training für Fortgeschrittene (Split-Training)

Dieses Trainingsprogramm ist ausschließlich für *fortgeschrittene Bodybuilder* gedacht. Sie können es zu Hause, in einem Heimstudio, oder in einer Sportschule absolvieren.
Wie das Wort ›*Split-Training*‹ schon sagt: Wir splitten das Training auf, d. h. wir machen nicht mehr an einem Trainingstag Übungen für den ganzen Körper, sondern wir teilen es in 2 Teile. Wir spezialisieren uns mehr und mehr.
Ich würde Ihnen empfehlen, Teil 1 montags und donnerstags durchzuführen und Teil 2 an einem Mittwoch und einem Samstag. Wenn Sie allerdings noch härter trainieren wollen, z. B. für eine Meisterschaft, sollten Sie Teil 1 am Montag, Teil 2 am Dienstag usw. bis zum 6. Tag hin trainieren. Den 7. Tag der Woche sollten Sie sich auf jeden Fall als Ruhetag reservieren.

Teil 1

Übung M 18
Sit-Ups am Bauchmuskelbrett
(Fotos 31 und 32)

Stellen Sie sich das *Bauchmuskelbrett* mit einer Neigung von 45° an die Wand, legen Sie sich mit dem Rücken auf das Brett, hängen Sie die Füße in die Schlaufe ein, winkeln Sie die Beine leicht ein und legen Sie beim 1. Satz die Hände ins Genick. Machen Sie einen runden Rücken, gehen Sie nun mit dem Oberkörper langsam zurück, ohne das Brett zu berühren. Kurz vor dem Brett gehen Sie wieder mit dem Oberkörper hoch, so weit wie möglich nach oben; davon machen Sie 25 Wiederholungen im 1. Satz.

Ab dem 2. Satz gestalten Sie die Übung schwerer, indem Sie eine kleine *Kurzhantel* vor die Brust nehmen und ebenfalls 25 Wiederholungen ausführen.

77

Foto 31

Foto 32

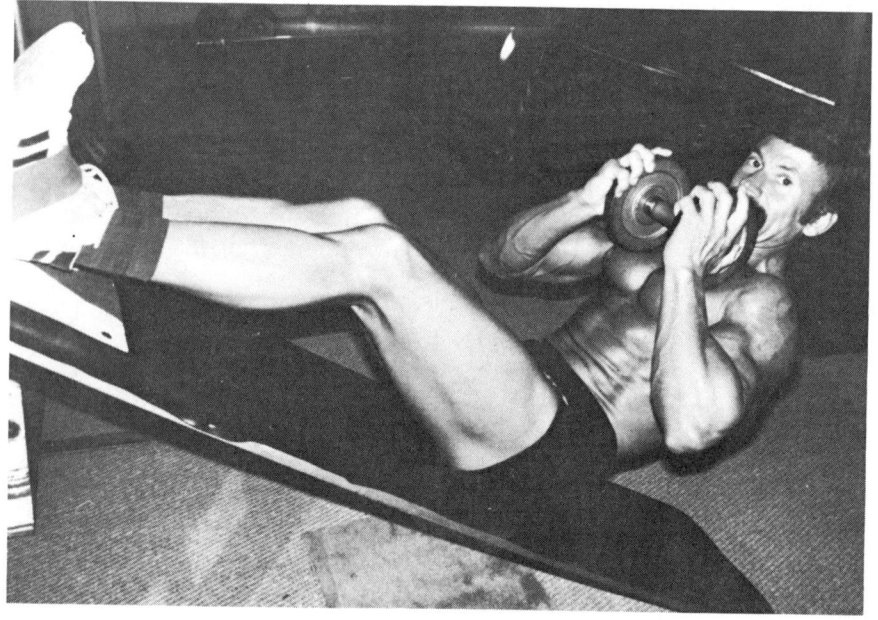

Insgesamt machen Sie von dieser Übung für die Bauchpartie 5 Sätze à 25 Wiederholungen. Ihre Pausen zwischen den Übungen halten Sie so kurz wie möglich. Je ›komprimierter‹ Ihr Training ist, um so erfolgreicher werden Sie sein. Achten Sie auch darauf, daß Sie stets bei der Kraftanstrengung ausatmen.

Übung M 19
Beinheben am Schrägbrett
(Fotos 33 und 34)
Nachdem wir bei den *Sit-Ups* die obere und mittlere Bauchmuskelpartie trainiert haben, konzentrieren wir uns bei diesem Beinheben nun auf die *untere Bauchpartie.*
Wir legen uns mit dem Rücken auf das etwa 45° schräg eingestellte *Bauchmuskelbrett,* halten uns oben mit den Händen an der Sprossenwand oder an der Schlaufe des Brettes fest und lassen den Körper und die Beine ganz durchgestreckt. Nun heben wir die Beine – sie bleiben stets durchgedrückt – nach oben, bis sie fast senkrecht sind. Dann lassen wir sie langsam herunter. Kurz bevor sie das Brett berühren, heben wir sie wieder nach oben.
Achten Sie darauf, daß Sie die Übung nicht mit Schwung machen

Foto 33

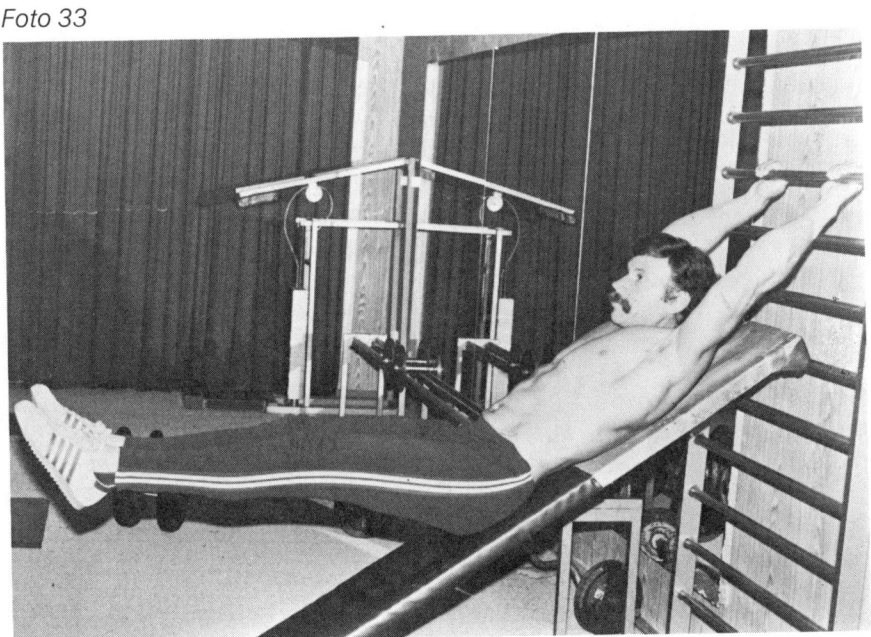

79

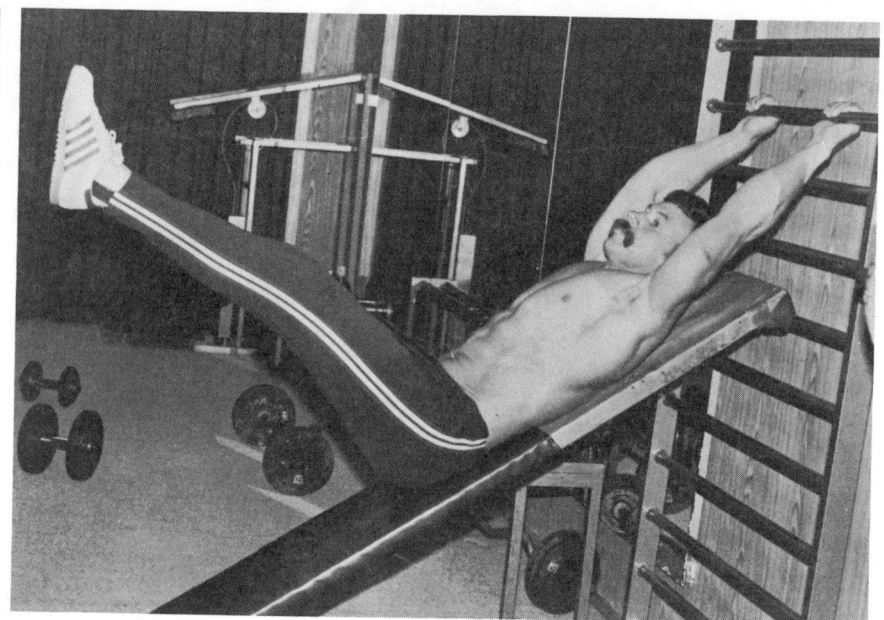

Foto 34

und daß Sie nur die Beine anheben und senken.

Wir machen davon wieder 5 Sätze à 25 Wiederholungen.

Übung M 20
Seitliches Oberkörper-einknicken mit dem Stab
(Foto 35)
Bei dieser *Taillenübung* stellen Sie sich aufrecht hin und nehmen einen *Stab* oder ein Besenstielende zur Hand. Mit beiden Händen fassen Sie den Stab an; die Handinnenflä-chen zeigen nach vorne. Legen Sie den Stab nun ins Genick, bleiben Sie ganz aufrecht stehen und knik-ken Sie nur mit dem Oberkörper seitlich nach links und rechts so weit wie möglich ein.

Achten Sie bei dieser Übung darauf, daß Ihre Hüften und Beine ruhig bleiben und die Bewegung des Oberkörpers nicht mitmachen. Diese Übung hilft Ihnen, eine aus-trainierte Taille zu bekommen.

Machen Sie von jeder Übung 5 Sätze à 50 Wiederholungen.

Übung M 21

Bankdrücken *(Fotos 36 und 37)*
Für diese *Brustübung* legen Sie sich mit dem Rücken auf die *Benchpreßbank*. (Erschwerend ist das Anziehen der Beine, wie auf dem Foto ersichtlich. Dadurch arbeiten Sie mit Ihrer Brustmuskulatur noch konzentrierter.) Nehmen Sie nun die *Hantel* aus dem Ständer, fassen Sie außen an – die Handinnenflächen nach vorne zeigend –, lassen Sie nun die Hantel zur Brust herunter und berühren Sie kurz mit der Hantel den Brustkasten. Jetzt stemmen Sie die Hantel nach oben, bis die Arme wieder völlig durchgedrückt sind.

Achten Sie auch darauf, daß Ihr Körper ruhig auf der Bank liegen bleibt und daß Sie nicht Ihr Gesäß anheben.
Hiervon machen Sie wieder 5 Sätze à 10 Wiederholungen.

Übung M 22
Schrägbankdrücken mit der Langhantel
(Fotos 38 und 39)
Nehmen Sie eine *Langhantel* auf die Brust. (Greifen Sie dazu etwas

Foto 38

Foto 39

mehr als schulterbreit.) Entweder lassen Sie sich von 2 Trainingspartnern die Hantel hochheben oder Sie setzen sie selbst um auf die Brust. Jetzt drücken Sie die Hantel von der Brust nach oben — und zwar senkrecht nach oben —, atmen Sie dabei aus und drücken Sie die Hantel so weit hoch, bis Ihre Arme völlig durchgestreckt sind. Achten Sie wieder darauf, daß Ihr Gesäß fest auf der *Schrägbank* bleibt. Nun lassen Sie das Gewicht wieder herunter und atmen dabei ein. Die Ellbogen bleiben leicht seitlich vorn. Machen Sie hiervon auch wiederum 10 Wiederholungen und 5 Sätze. Diese Trainingsaufgabe stellt eine hervorragende Übung für die *obere Brustpartie* dar.

Übung M 23
Pull-Over mit der Kurzhantel
(Fotos 40 und 41)
Zu dieser Übung legen Sie sich quer über eine *Flachbank,* nehmen Sie eine *Kurzhantel* und fassen mit den Handinnenflächen an die Kurzhantelscheibe, mit leicht angewinkelten Armen rückwärts vom Boden auf. Oder Sie lassen sich von einem Partner die Hantel so in Ihre Hände geben. Nun ziehen Sie die Hantel

Foto 40

84

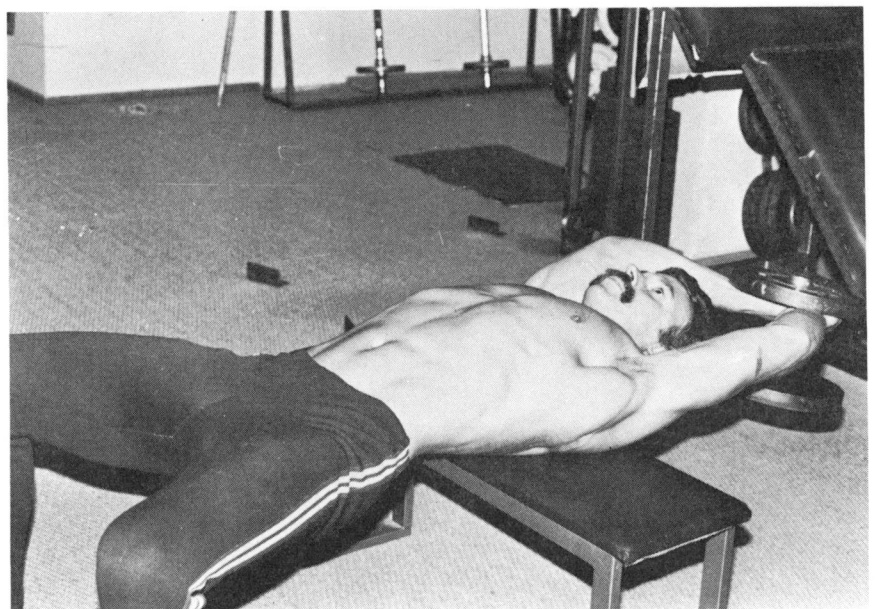

Foto 41

mit weitgehend ausgestreckten Armen über den Kopf, halbkreisförmig nach oben auf die Brust. Dabei knicken Sie natürlich mit den Armen ein. Wenn Sie nach hinten gehen, strecken Sie die Arme wieder annähernd aus, und wenn Sie dann die Hantel nach oben ziehen, knicken Sie langsam ein.

Wichtig ist dabei, daß Ihre Hüfte weit unten bleibt, Ihr Brustkasten also gewölbt über der Flachbank liegt. Diese Übung hilft Ihnen, einen *breiten Brustkasten* zu bekommen und Ihre *Sägemuskeln* (unterhalb der Brustmuskeln) gut herauszubilden. Hiervon machen wir 10 Wiederholungen und insgesamt 5 Sätze.

Übung M 24

Fliegende Bewegungen auf der Flachbank *(Fotos 42 und 43)*
Für diese *Brustübung* legen Sie sich rückwärts auf die *Flachbank* und nehmen *2 Kurzhanteln* so in die Hände, daß die Handinnenflächen zum Körper zeigen. Nun lassen Sie – bei ausgestreckten Armen – die Hanteln langsam seitlich herunter, bis die Arme etwa waagerecht sind, und atmen dabei ein. Nun heben Sie die Hanteln wieder nach oben, lassen die Arme aber ganz leicht eingeknickt und atmen dabei aus. Kommen Sie oben mit den Hanteln fast wieder zusammen. Lassen Sie den Körper ruhig auf der Bank lie-

Foto 42

Foto 43

86

gen und arbeiten Sie nur mit den Armen.

Machen Sie davon wiederum 10 Wiederholungen, insgesamt 5 Sätze.

Übung M 25
Kniebeuge mit der Langhantel
(Fotos 44 und 45)
Heben Sie mit den Schultern die *Langhantel* aus dem *Kniebeugenständer,* fassen Sie dabei zur Unterstützung links und rechts mit den Händen die Hantelstange an — wobei die Handinnenflächen nach vorne zeigen — und treten Sie nun einen Schritt zurück. Stellen Sie Ihre Beine etwa schulterbreit auseinander, gehen Sie nun in die Hokke, wobei Sie den Oberkörper aufrecht lassen, schauen Sie geradeaus nach oben, gehen Sie so weit herunter, bis die Oberschenkel mindestens waagerecht sind, und richten Sie sich nun wieder auf.

Foto 44

Achten Sie bitte darauf, daß Sie keinen runden Rücken machen und das Gewicht auch nur mit den Oberschenkeln und nicht mit dem Rücken nach oben drücken. Bei der Kraftanstrengung, beim Hochkommen, atmen Sie auf natürliche Weise aus.

Machen Sie von dieser hervorragenden Oberschenkelübung 10 Wiederholungen, insgesamt 5 Sätze.

Foto 45

87

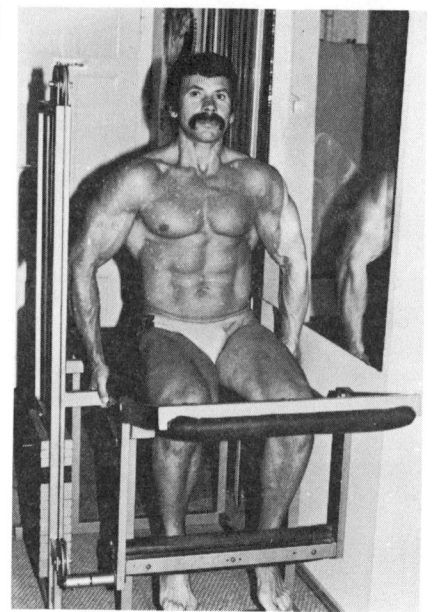

Foto 46

Foto 47

Übung M 26
Beinheben an der Maschine
(Fotos 46 und 47)
Setzen Sie sich auf die *Beinmaschine*, mit den Füßen unter dem Brett. Halten Sie sich seitlich auf dem Sitzbrett mit den Händen fest und heben Sie nun den Unterschenkel so weit wie möglich nach oben, bis Ihre Beine durchgestreckt sind. Dann lassen Sie die Unterschenkel wieder zu Ihrer Ausgangsposition zurückkehren.
Machen Sie davon 5 Sätze à 10 Wiederholungen; das wird Ihre *vordere Oberschenkelmuskulatur* sichtbar ausarbeiten.

Übung M 27
Beincurls an der Maschine
(Fotos 48 und 49)
Legen Sie sich mit dem Bauch auf die *Beinmaschine*. Gehen Sie nun mit den Fersen unter das Brett, halten Sie sich vorne mit den Händen an der Maschine fest und ziehen Sie nun die Unterschenkel rückwärts zum Rücken nach oben, so weit, bis die Unterschenkel in senkrechter Position sind. Dann lassen Sie sie wieder bis zur Waagerechten herunter.
Dies ist eine hervorragende Übung für den hinteren Oberschenkelmuskel, *Beinbizeps* genannt.
Machen Sie hiervon 10 Wiederholungen, insgesamt 5 Sätze.

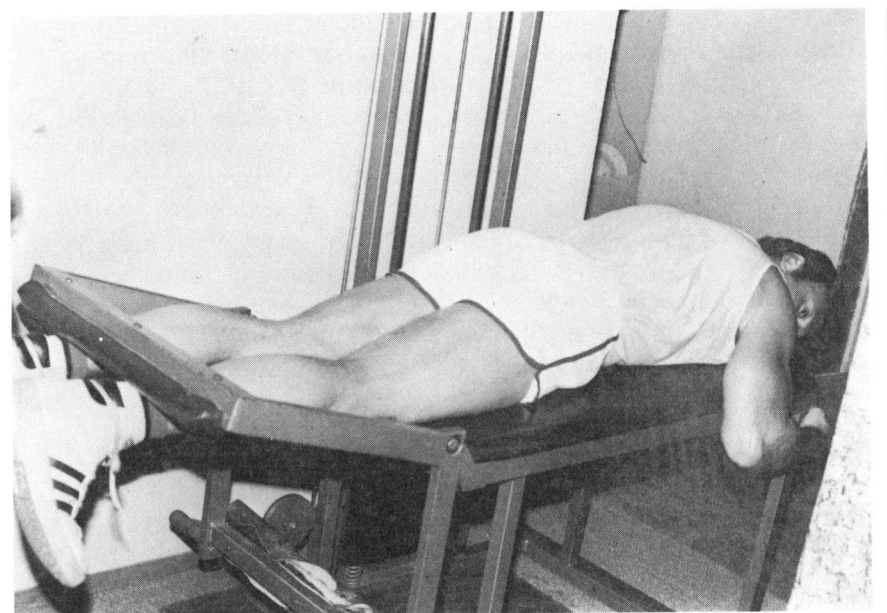

Foto 48

Foto 49

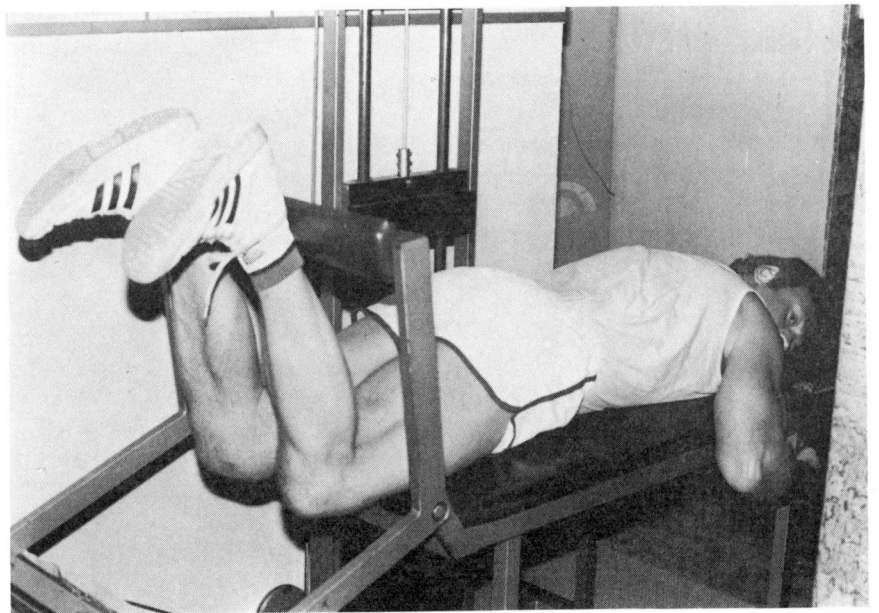

Übung M 28
Bizepscurls mit der SZ-Stange
(Fotos 50 und 51)
Nehmen Sie die *SZ-Stange* im Untergriff, stellen Sie sich aufrecht hin, lassen Sie die Oberarme dicht am Körper und heben Sie, ohne Körperschwung zu nehmen, die Unterarme nach oben, bis die Hantel sich kurz unter dem Kinn befindet. Atmen Sie dabei aus. Lassen Sie nun die SZ-Stange wieder herunter und atmen Sie dabei ein, bis die Arme wieder ausgestreckt sind.
Dies ist eine gute Übung zur Entwicklung eines *hohen Bizepskopfs.*
Auch hiervon sind wieder 5 Sätze à 10 Wiederholungen angezeigt.

Übung M 29
Kurzhantelcurl einarmig, sitzend *(Fotos 52 und 53)*
Setzen Sie sich auf eine *Flachbank,* nehmen Sie eine *Kurzhantel* in die Hand — Handinnenfläche nach vorne zeigend — und lassen Sie den Oberarm dicht am Körper. Heben Sie nun den Unterarm so weit nach oben, bis die Kurzhantel die Schulter berührt, und atmen Sie dabei aus. Dann atmen Sie ein, lassen die Hantel herunter, bis der gesamte Arm richtig ausgestreckt ist.

Machen Sie nicht den Fehler, die Hantel schon wieder hochzuheben, bevor der Arm richtig durchge-

Foto 50

Foto 51

90

Foto 53

Foto 52

streckt ist. Lassen Sie Ihren Oberkörper bei dieser Übung ruhig.

Bei dieser reinen Bizepsübung führen Sie – pro Arm – wiederum 5 Sätze à 10 Wiederholungen aus.

Übung M 30
Konzentrationscurl mit der Langhantel *(Fotos 54 und 55)*
Für diese Übung, die zur Ausbildung eines *hohen Bizepskopfs* führt, fassen Sie eine *Langhantel* ziemlich eng; Ihre Handinnenflä-

91

Foto 54

Foto 55

chen zeigen nach vorne. Beugen Sie Ihren Oberkörper nach vorn, gehen Sie leicht in die Hocke, stützen Ihre Ellbogen zwischen die Knie und heben nun bei ausgestreckten Armen die Unterarme nach oben. Die Unterarme müssen dabei leicht nach oben angewinkelt sein. Beim Ausatmen heben Sie die Hantel wieder hoch.

Achten Sie darauf, daß Ihr Körper ruhig bleibt und keine Pendelbewegung macht.
Davon wieder 5 Sätze à 10 Wiederholungen.

Foto 56

Achten Sie dabei auf Ihre Atemtechnik. Immer beim Hochheben, also bei der Belastung, ausatmen.

Foto 57

Übung M 31
Konzentrationscurl mit der Kurzhantel, sitzend
(Fotos 56 und 57)
Diese Übung fördert ebenfalls die Entwicklung eines großen, *vollen* Bizepskopfs.

Sie setzen sich auf eine *Flachbank* und nehmen eine *Kurzhantel* in die Hand, so daß die Handinnenflächen nach vorne zeigen. Lehnen Sie den unteren Teil des Trizeps des Oberarmes an die Innenfläche des Oberschenkels und heben nun den Unterarm mit der Kurzhantel nach oben, bis die Kurzhantel die Schulter berührt. Dann lassen Sie die Hantel wieder herunter, bis der Arm ganz ausgestreckt ist.
Davon machen Sie wieder 5 Sätze à 10 Wiederholungen.

Übung M 32
Wadenheben an der Maschine
(Foto 58)
Treten Sie für diese *Wadenübung* mit Ihren Fußballen auf den Balken der *Wadenmaschine,* heben Sie nun mit Ihren Schultern die Gewichte nach oben, und zwar soweit, daß Ihre Beine ganz durchgedrückt sind. Nun lassen Sie sich langsam mit den Füßen nach unten wippen und heben mit Ihren Fußballen Ihren Körper wieder nach oben. Stellen Sie Ihre Fußballen bei jeder Übung einmal gerade hin, einmal schräg nach außen zeigend und

einmal schräg nach innen zeigend. Dadurch trainieren Sie den gesamten *Wadenkopf.*

Achten Sie darauf, daß beim Hochheben die Knie immer durchgedrückt bleiben und daß Sie so weit wie möglich nach unten kommen. Machen Sie davon 10 Wiederholungen, insgesamt 5 Sätze.

Dieser erste Teil des Fortgeschrittenentrainings umfaßte Bauchmuskel-, Taillen-, Brust-, Oberschenkel-, Bizeps- sowie Wadentraining. Es ist ratsam, Bauchmuskel- und

Foto 58

94

Wadentraining an *jedem* Trainingstag zu absolvieren; denn das sind
Muskeln, die sehr oft trainiert werden müssen.

Außerdem können Sie die einzelnen Übungen, z. B. Brusttraining, in
›Supersätzen‹ ausführen, d. h. Sie
können Bankdrücken mit Schrägbankdrücken in einem Satz kombi-
nieren. Dadurch werden Sie natürlich viel schneller und härter trainieren und Ihr Training schneller voll-
enden.

Teil 2

Wenn Sie Teil 1 des Split-Trainings
am Montag und am Donnerstag betreiben, dann können Sie Teil 2 am
Mittwoch und am Samstag durchführen.

Übung M 33
Beinheben am Turm
(Foto 59)
Bei dieser für die *untere Bauchmuskelpartie* hervorragend geeig-
neten Übung stützen Sie sich mit
den Ellbogen auf den Polsterungen

Foto 59

95

so ab, daß das Hauptgewicht auf Ihren Ellbogen liegt. Halten Sie sich mit den Händen vorne an den Halterungen fest, lassen Sie den Oberkörper aufrecht und heben Sie nun – ohne Schwung – Ihre Beine mit durchgestreckten Knien bis in die Waagerechte an. Dann lassen Sie Ihre Beine wieder langsam herunter, bis Sie in der Senkrechten sind. Danach ohne Schwung wieder nach oben.

Zu empfehlen sind von dieser Übung 5 Sätze zu 25 Wiederholungen.

Übung M 34

Anziehen und Strecken der Beine am Schrägbrett

(Fotos 60 und 61)

Bei dieser Übung, die für die *mittlere und untere Bauchmuskelpartie* in Frage kommt, stellen Sie sich das *Schrägbrett* in 45°-Position, legen sich mit dem Rücken – Kopf nach oben – auf das Schrägbrett, halten Sie sich mit beiden Händen hinten an der *Sprossenleiter* (o. ä.) fest und ziehen nun die Beine fast bis zum Bauch an. Dann strecken Sie die Beine wieder gerade aus, bis sie durchgedrückt sind. Nun ziehen Sie sie wieder an.

Absolvieren Sie davon 5 Sätze zu 25 Wiederholungen, ohne mit den Füßen das Brett zu berühren.

Foto 60

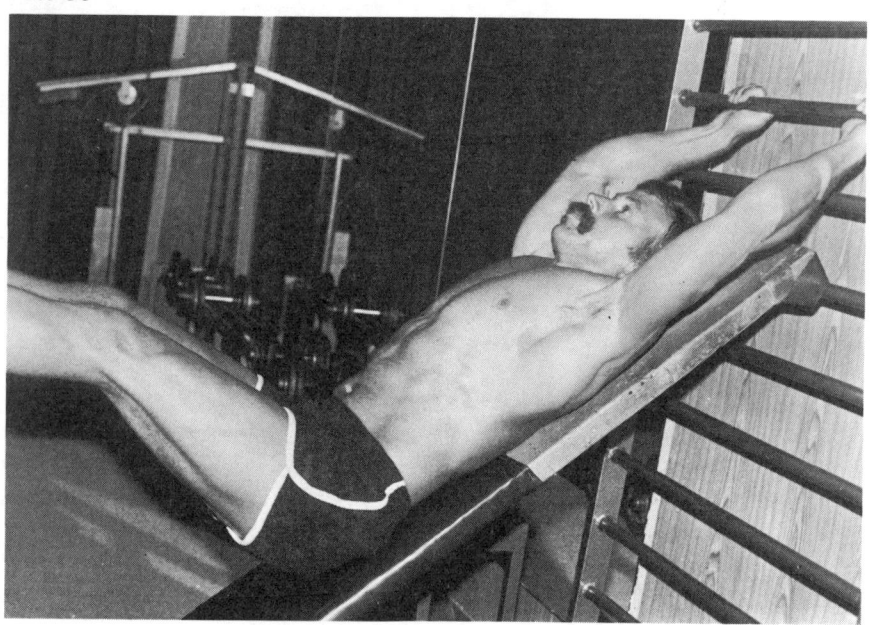

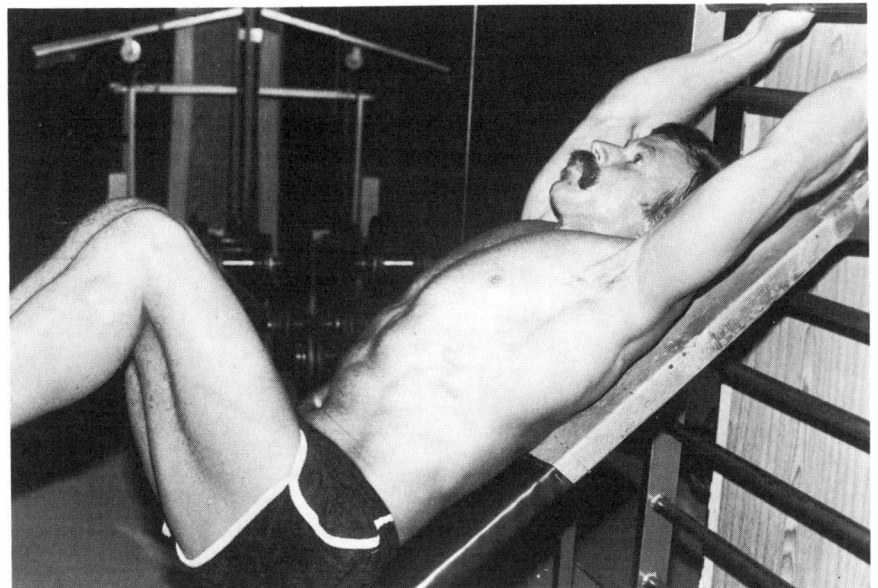

Foto 61

Übung M 35

Gebeugtes Drehen mit dem Stab
(Foto 62)

Foto 62

Diese Übung für die *Taillenmusku-latur* führen Sie folgendermaßen aus: Nehmen Sie sich einen langen *Stab* auf den Rücken, fassen Sie ihn mit beiden Händen – Handinnenflächen nach vorne zeigend – außen an und knicken Sie mit dem Oberkörper nach vorne ein. Dann drehen Sie links und rechts seitlich nach unten ab.

Achten Sie darauf, daß die Hüfte unbewegt bleibt und daß sich nur der Oberkörper nach links und rechts dreht.

Von dieser Übung machen Sie auch wieder pro Seite 25 Wiederholungen, und im ganzen 5 Sätze.

Foto 64   Foto 63

Übung M 36
Latziehen an der Zugmaschine
(Fotos 63 und 64)
Zu dieser Übung für die *Rückenmuskulatur* fassen Sie mit beiden
Händen — die Innenflächen zeigen
nach vorne — ziemlich breit die
Stange der *Zugmaschine* an. Nun
setzen Sie sich auf eine Bank oder
knien sich (mit beiden Knien) auf
den Boden. Achten Sie darauf, daß
Ihr Oberkörper gerade und durchgestreckt ist. Nun ziehen Sie sich
die Stange von der Position der

ausgestreckten Arme, ohne den Körper zu bewegen und zu beugen oder damit zu pendeln, nur mit den Armen ins Genick. Berühren Sie kurz das Genick und lassen Sie das Gerät wieder langsam nach oben. Beim Herablassen ausatmen, beim Hochlassen einatmen.
Wiederholen Sie die Übung 10mal und machen Sie davon 5 Sätze.

Übung M 37
Klimmzüge nach vorn
(Fotos 65 und 66)
Bei dieser Übung trainieren wir hauptsächlich den *vorderen Latissimusmuskel.*

Foto 66

Foto 65

Wir fassen, mit den Handinnen-flächen nach vorne zeigend, die *Klimmzugstange* ziemlich breit an und ziehen nun unseren Körper so weit nach oben, bis die Kinnspitze sich in Höhe der Reckstange befin-det. Dabei atmen wir aus. Versu-chen Sie nicht, ruckartig nach oben zu kommen oder mit dem Körper stark zu pendeln. Dann lassen Sie sich langsam herunter, bis Ihre Arme wieder völlig ausgestreckt sind. Sie sollten auch zwischen den einzelnen Wiederholungen nicht mit den Füßen auf die Erde kom-men.

Hiervon erneut 5 Sätze à 10 Wie-derholungen.

Übung M 38
Einarmiges Kabelziehen an der Latmaschine *(Fotos 67 und 68)*
Diese Übung verhilft Ihnen zu einem *langen Latissimus.*

Umfassen Sie mit einer Hand den Griff des Kabels, so daß die Hand-innenfläche zum Körper zeigt. Knien Sie sich nun mit einem Knie auf den Boden und halten Sie sich mit der anderen Hand an einem Ge-rät oder einem anderen ›Fixpunkt‹ fest. Beugen Sie den Körper leicht nach vorn und ziehen Sie nun bei ausgestreckten Armen das Kabel mit dem Gewicht so weit an den Körper heran, daß sich der Griff in Bauchhöhe befindet, und atmen Sie

Foto 67

Foto 68

Foto 69

dabei aus. Jetzt lassen Sie das Gewicht wieder nach unten und kehren langsam mit Ihrem Rumpf und Ihren Armen zur Ausgangsposition zurück.
Wiederholen Sie dies 10mal und machen Sie davon 5 Sätze.

Übung M 39
Einarmiges Latziehen mit der Langhantel *(Fotos 69 und 70)*
Für diese *Rückenübung* stellen Sie sich aufrecht neben die *Langhantelstange* hin, die nur einseitig belastet ist, knicken nun mit dem Oberkörper nach vorne ein, fassen mit

Foto 70

muskels also, stärkt, setzen Sie sich auf die Vorderkante einer *Bank* oder, wie auf dem Foto, auf einen *Schemel* und fassen die *Stange* des Gerätes (mit den Handinnenflächen nach vorne zeigend) ziemlich breit, etwas mehr als Schulterbreite also, an. Nun lassen Sie sich das Gewicht mit der Stange langsam ins Genick und atmen dabei ein. Berühren Sie kurz mit der Stange das Genick oder gehen Sie so tief herunter, daß sich die Hände etwa in Schulterhöhe befinden. Drücken Sie nun das Gewicht nach oben und atmen Sie dabei aus.

Achten Sie darauf, daß Ihr Oberkörper aufrecht bleibt, und daß Sie keine ruckartigen Pendelbewegungen machen.

Hiervon wieder 5 Sätze à 10 Wiederholungen.

einer Hand – wobei deren Innenfläche zum Körper zeigt – fest die Stange an und lassen das Standbein dicht an der Hantelstange durchgedrückt, das andere leicht eingeknickt. Ziehen Sie nun, ohne den Oberkörper zu bewegen, nur mit dem Arm die Stange wieder zur Ausgangsposition zurück. Wiederholen Sie das Ganze 10mal und bewältigen Sie insgesamt 5 Sätze.

Übung M 40
**Drücken aus dem Genick,
im Sitzen** *(Fotos 71 und 72)*
Zu dieser Übung, die den Hauptteil des *Deltamuskels,* des Schulter-

Übung M 41
**Seitliches Schulterheben mit
der Kurzhantel** *(Fotos 73 und 74)*
Für diese Übung, die hauptsächlich den *seitlichen Deltoidus* vergrößert, setzen Sie sich auf eine *Bank,* nehmen *2 Kurzhanteln* so in die Hand, daß die Innenflächen der Hände zum Körper zeigen, lassen den Oberkörper wiederum aufrecht und heben nun seitlich die Oberarme so weit gehoben, daß sie etwa waagerecht sind. Lassen Sie dabei die Arme leicht eingeknickt. Nun gehen Sie wieder langsam zur Ausgangs-

Foto 72

103

Foto 73

Foto 74

104

position zurück, lassen also die Arme wieder nach unten, bis sie seitlich am Körper sind.

Achten Sie wieder darauf, daß die Übung nicht ruckartig ausgeführt wird und daß der Körper ruhig bleibt.

5 Sätze à 10 Wiederholungen hiervon.

Übung M 42

Vornübergebeugtes Heben mit der Kurzhantel *(Fotos 75 und 76)*

Für diese *Schulterübung,* die sich auf den Bereich des *hinteren Deltoidus* bezieht, nehmen Sie *2 Kurzhanteln* in die Hand – Handinnenflächen zeigen zum Körper –, setzen sich auf eine Kante der *Flachbank* und beugen den Körper nach vorne. Schließen Sie die Knie, lassen Sie die Arme seitlich neben dem Körper hängen und heben Sie nun die Hanteln seitlich nach vorne hoch, bis sie sich etwa in Kopfhöhe befinden.

Achten Sie darauf, daß die Hanteln eher nach vorne als zur Seite gehoben werden.

Hiervon wieder 5 Sätze à 10 Wiederholungen.

Foto 75

Foto 76

Übung M 43

Trapeziusheben

(Fotos 77 und 78)

Fassen Sie zu dieser Übung eine *Langhantel* oder *SZ-Stange* mit

sehr engem Griff, stellen Sie sich aufrecht hin, greifen Sie so, daß die Handinnenflächen zur Brust zeigen, und heben Sie nun Ihre Arme dicht am Körper so weit, daß sich die Hantelstange kurz vor dem Kinn befindet. Dann lassen Sie die Stange wieder in die Ausgangsposition zurückkehren, also bis zum gestreckten Arm.

Wichtig ist bei dieser Übung, daß Sie die Hantel tatsächlich zur Ausgangsposition zurücklassen und daß Sie die Arme wirklich kurz durchgestreckt lassen und dann erst wieder hochheben. Achten Sie hier auch, vor allen Dingen beim Hochheben, auf aufrechte Haltung des Oberkörpers.

Foto 77

Foto 78

Hiervon empfehle ich wieder 5 Sätze à 10 Wiederholungen.

Übung M 44
Trizepsziehen an der Lat-maschine *(Fotos 79 und 80)*
Für diese Übung, die den *äußeren Trizepsmuskel* betrifft, stellen Sie sich aufrecht vor die *Latmaschine,* umfassen mit den Händen – die In-nenflächen zeigen nach unten – die Stange, lassen die Oberarme dicht am Körper und ziehen nun das Ge-wicht nach unten, dicht am Körper vorbei, bis die Arme ausgestreckt sind. Nun lassen Sie die Unterarme

Foto 79

Foto 80

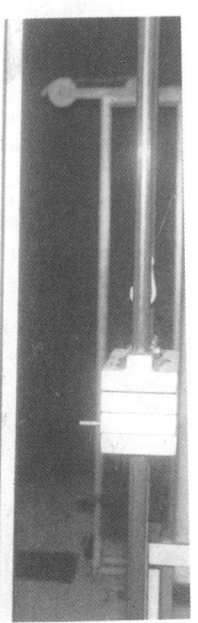

107

wieder nach oben kommen, ohne die Oberarme zu bewegen, bis die Unterarme in waagerechter Position sind.

Achten Sie darauf, daß Sie den Brustkasten heben und keinen runden Buckel machen.

Hiervon wieder 5 Sätze à 10 Wiederholungen.

Übung M 45

Trizepsheben mit der Kurzhantel *(Fotos 81 und 82)*

Für diese *Oberarmübung* nehmen Sie eine *Kurzhantel* in eine Hand, so daß die Handinnenfläche seitlich zum Körper zeigt, und beugen Ihren Körper so weit vor, bis er waagerecht ist. Halten Sie sich mit der an-

Foto 81

Foto 82

deren Hand irgendwo fest, lassen Sie Ihren Oberarm dicht am Körper, drücken Sie nun Ihren Unterarm nach hinten aus, bis der Oberarm gestreckt ist, und lassen Sie wiederum den Unterarm so weit herunter, bis Ihr Oberarm dazu einen rechten Winkel bildet.

Machen Sie hiervon wieder 5 Sätze à 10 Wiederholungen und achten Sie darauf, daß Ihr Körper ruhig bleibt. Schenken Sie auch der Atemtechnik Beachtung: Atmen Sie während der Kraftanstrengung aus.

Foto 83

Foto 84

Übung M 46
Trizepsdrücken im Stehen mit der Kurzhantel *(Fotos 83 und 84)*
Nehmen Sie zu dieser Übung eine *Kurzhantel* — die Innenfläche der Hand zeigt dabei zum Körper —, heben Sie sie über den Kopf hoch und knicken Sie nun mit dem Unterarm langsam nach hinten ein. Versuchen Sie aber, den Oberarm dabei ruhig zu halten, und atmen Sie dabei ein. Drücken Sie die Hantel wieder nach oben, bis der Oberarm ganz ausgestreckt ist.

Hiervon machen Sie pro Arm 5 Sätze mit jeweils 10 Wiederholungen.

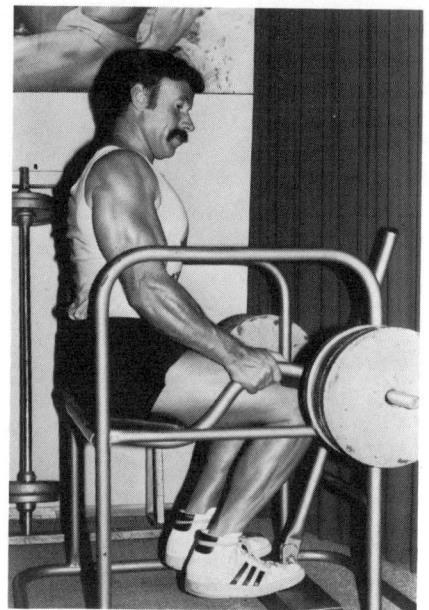

Foto 85

Foto 86

Übung M 47

Wadenheben an der Maschine, im Sitzen *(Fotos 85 und 86)*

Zu dieser *Wadenübung* setzen Sie sich, wie auf dem Foto zu erkennen, auf die Bank der *Maschine*. Schieben Sie Ihre Knie unter das Gerät und heben Sie nun mit dem Druck Ihrer Fußballen das Gerät so weit wie möglich hoch. Nun gehen Sie mit dem Fußballen wieder langsam herunter, möglichst tief. Wechseln Sie auch von Übung zu Übung die Position Ihrer Füße, so daß einmal die Zehenspitzen gerade nach vorne, einmal zur Seite und einmal nach innen zeigen.

Bei dieser Übung belasten Sie nur Ihre Waden, nicht aber Ihren Rücken oder Ihren Wirbelsäulenapparat – und Ihre Bandscheiben. Es ist eine hervorragende Alternativübung für Leute, die Probleme mit ihrem Rücken haben.

Machen Sie 5 Sätze mit jeweils 10 Wiederholungen.

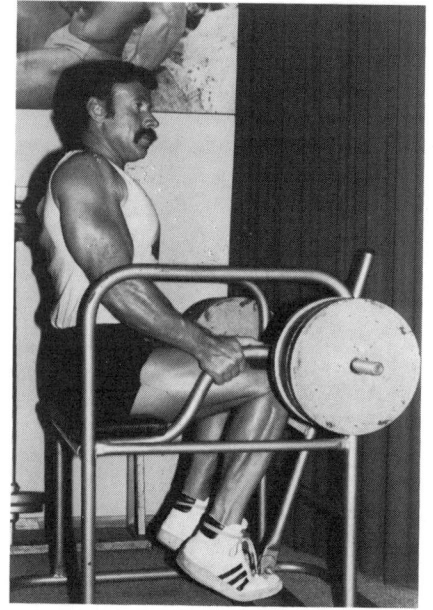

Bodybuilding für Frauen

Allgemeines

Was ist das eigentlich? Es ist im Grunde nichts anderes als Bodybuilding für Männer, nur mit dem Unterschied, daß Frauen niemals so eine große Muskelmasse wie Männer entwickeln können — und dies natürlich auch nicht wollen. Außerdem haben Frauen viel mehr Körperfett, weit *mehr Fettzellen,* als die Männer. Das kommt durch den *Hormonhaushalt* der Frau. Wenn Sie als Frau mit Bodybuilding beginnen, brauchen Sie also keine Angst zu haben, riesige Muskelpakete zu bekommen.

Im Gegenteil: Sie werden schlanker, und zwar dadurch, daß Sie Fettgewebe durch richtiges Training und richtige Ernährung abbauen. Ihr Gewebe wird gestrafft, weil Sie ja Ihre Muskulatur *unter* dem Gewebe trainieren. Außerdem festigen Sie durch dieses Training Ihr Bindegewebe und dadurch bekommen Sie eine feste und schlanke Figur.

Das Schöne am Bodybuilding ist ja auch, daß Sie sich einem *gezielten Training* unterwerfen können. Sie schauen Sich vorher im Spiegel an und suchen sich die Stellen aus, die Ihnen nicht mehr gefallen, bei denen Sie glauben, Sie müßten dort etwas abnehmen oder das Gewebe müßte dort fester und nicht so schlaff sein. Nun beginnen Sie gezielt Ihre Übungen, speziell für Ihre eigenen Figurprobleme.

Bodybuilding umfaßt den *ganzen* Körper, und Sie können trainieren, wie Sie es für richtig halten. Sie werden durch Bodybuilding nicht nur eine festere, bessere und natürlich schlankere Figur bekommen, sondern Sie werden sich nach dem Training auch sehr wohl fühlen, Ihre Agressionen abgebaut haben und dadurch seelisch viel ausgeglichener — ja glücklicher — sein. Ihre *Kondition* und *Konzentration* und auch Ihre *Kraft* werden von Tag zu Tag wachsen. Sie werden einfach ein ›neuer Mensch‹ sein. Und wenn Sie länger Bodybuilding betrieben haben, werden Ihre Freunde und Bekannten überrascht sein über die positive Veränderung, die Ihnen äußerlich und innerlich anzumerken ist.

Die Trainingsprogramme, die ich aufgrund langjähriger Erfahrung für Sie zusammengestellt habe, sind speziell auf Sie, meine verehrten Damen, zugeschnitten.

Gesunde Ernährung und gezielte Gewichtsabnahme

Gerade als Frau sollten Sie den Fragen der Ernährung, auf die ich bereits im allgemeinen Teil (S. 32 ff.) eingegangen bin, große Beachtung schenken.
Wenn Sie gezielt abnehmen wollen, gibt es einen einfachen Weg: Sie dürfen nicht mehr Kalorien zu sich nehmen als Sie verbrauchen. Wenn Sie Ihrem Beruf nachgehen, also durch körperliche und geistige Arbeit Kalorien verbrennen, außerdem zu Hause oder in einer Sportschule trainieren und dort sehr viel Kalorien verbrauchen, sollten Sie keineswegs durch falsche Ernährung (sprich: durch übermäßiges Essen) sämtliche verbrauchten Kalorien am selben Tage wieder zu sich nehmen. Das wäre ganz falsch! Sie müssen vielmehr darauf achten, daß Sie mehr Kalorien verbrauchen als Sie zu sich nehmen. So werden Sie durch Bodybuilding gezielt abnehmen!
Kurz noch ein Wort zum Eiweiß: Eiweiß ist der Baustein des Lebens, ob nun in Lebensmitteln wie Steak oder Fisch enthalten oder in konzentrierter Pulverform. Jugendlich elastische Zellen eines sportlichen Körpers benötigen zur Erhaltung ihrer Spannkraft besonders viel Eiweiß. Bodybuilding führt zu bis zu 20mal stärkerer Durchblutung des Körpergewebes! Eiweiß, nach dem Sport aufgenommen, wird vom derart angeregten Körper geradezu ›aufgesogen‹ und sorgt dann für straffe festere Formen und für langanhaltende Energie. Eiweiß erleichtert oftmals anstrengendes Fitness-Training und vermehrt die Freude an körperlicher Aktivität. Richtige eiweißbetonte Ernährung und Bodybuilding lassen die überflüssigen ›Fettpölsterchen‹ verschwinden. Störendes Unterhautfettgewebe, das sich an Oberschenkeln und anderen Körperteilen aufgebaut hat, verschwindet. Schlanke Beine und eine jugendlich-straffe Figur sind die Belohnung für den sport- und ernährungsbewußten Fitnesssportler.
Gute Erfolge erzielen Sportlerinnen meines Fitness-Centers mit ›Bio-Shape 50‹ einer bekannten Krefelder Firma sowie ›Top Form‹ einer Hamburger Firma.

Bodybuilding und Kondition

Früher glaubte man, daß man nebenbei unbedingt Konditionstraining machen müßte, wenn man in einem Bodybuilding-Studio oder zu Hause diesen Sport betrieb. Ich bin der Meinung, daß das nicht uneingeschränkt richtig ist. In jedem gut ausgestatteten Bodybuilding-Center stehen Ergometer, Heimfahrräder, an denen man immer etwas für die Kondition tun kann.
Dies empfehle ich jedoch nur ›echten‹ Anfängerinnen (oder Anfän-

gern). Diese sollten vor Beginn des Trainings, um die Kondition zu stärken, etwa 10 bis 12 Minuten auf dem Ergometer fahren und dabei etwa 120 bis 140 Pulsschläge in der Minute erreichen.

Wenn Sie allerdings schon länger trainieren, einige Monate oder länger, dann sind sie soweit, daß Sie Ihr Konditionstraining beim Bodybuilding selbst ausführen können, und zwar mit einem ganz einfachen ›Trick‹. Sie trainieren einfach *schneller* als gewöhnlich und halten dadurch Ihren Puls etwas höher als normal; beim normalen Training hat man etwa 90 bis 100 Pulsschläge pro Minute; Sie trainieren nun etwas schneller, kontrollieren zwischendurch Ihren Puls und halten ihn zwischen 110 und 130 Schlägen in der Minute. Dann machen Sie die Pausen etwas kürzer als gewöhnlich, also nicht 1/2 bis 1 Minute, sondern vielleicht nur 20 bis 30 Sekunden.

Damit erreichen Sie, daß Ihr Pulsschlag immer relativ hoch bleibt, und wenn Sie das eine ganze Stunde lang machen – so lange wie Ihr Training dauert – haben Sie auch genug für die Kondition, also vor allem für den Herzmuskel, getan.

Trainingsprogramm für Frauen

Vorbemerkung

Die Zahl der Wiederholungen und der Sätze (zu diesen Begriffen vgl. S. 55) werde ich Ihnen bei jeder Übung angeben.

Wie schwer Sie Ihre Hantel belasten, das hängt von Ihrer Körperkraft und Ihrer körperlichen Verfassung ab. Sie können und sollen dies selbst wählen. Sie sollten nur darauf achten, daß Sie sich bei Beendigung eines Satzes schon ziemlich angestrengt haben, also etwa 80 Prozent Ihrer ganzen Körperkraft eingesetzt haben.

Zwischen den einzelnen Sätzen sollten Sie natürlich eine *Pause* einlegen, als Anfängerin eine längere Pause als eine fortgeschrittene Sportlerin sie benötigen würde. In der Regel ist eine Pause von etwa 1/2 bis 1 Minute, je nach körperlicher Verfassung angezeigt.

Sehr wichtig ist beim Bodybuilding auch die *Atemtechnik.* Denken Sie immer daran: Bei der Kraftanstrengung, also wenn Sie ein Gewicht hochheben, hochziehen oder heranziehen, müssen Sie ausatmen!

Ich empfehle Ihnen, sofern Sie Anfängerin sind, 2 bis 3mal in der Woche etwa 1 Stunde zu trainieren. Wenn Sie schon länger beim Training sind, etwa nach 1 Jahr, können Sie ohne weiteres das Training verschärfen, d. h. Sie können bis zu 6mal pro Woche trainieren. Einen Tag sollten Sie sich auf alle Fälle, auch als sehr fortgeschrittene Bodybuilderin, als *Ruhetag* reservieren, aber ansonsten können Sie 4–6mal in der Woche trainieren, etwa 2 Stunden lang.

113

Training für Anfängerinnen
Zu Hause

Bei der Angabe der Sätze habe ich 5 Sätze als Endziel angesehen. Wenn Sie natürlich völlig neu mit dem Bodybuilding beginnen, sollten Sie am 1. Trainingstag mit 10 oder 20 Wiederholungen, wie es vorgeschrieben ist, aber nur mit 1 Satz beginnen; also 1 x 10 oder 20 Wiederholungen pro Übung. Am 2. Trainingstag sollten Sie sich dann steigern auf 2 Sätze pro Übung und so weiter, bis Sie 5 Sätze bewältigen. Wenn Sie mit 5 Sätzen trainieren und Ihnen das gewählte Gewicht zu leicht wird, können Sie unbedenklich das Gewicht der Hantel erhöhen.

Und nun viel Freude und Erfolg beim Bodybuilding für Anfängerinnen!

Übung F 1
Aufwärmübung für den Oberkörper *(Fotos 87 und 88)*
Stellen Sie sich gerade aufrecht hin und halten Sie die Oberarme in Schulterhöhe seitlich links und rechts vom Körper. Knicken Sie nun mit dem Unterarm nach vorne zur Brust ein und halten Sie die Hände — Handinnenfläche nach unten zeigend — etwa in Brusthöhe vor Ihrem Körper. Nun werfen Sie die Arme so weit wie möglich nach hinten zur Seite und drehen dabei die Handflächen so, daß die Innenflächen zum Schluß nach oben zeigen.

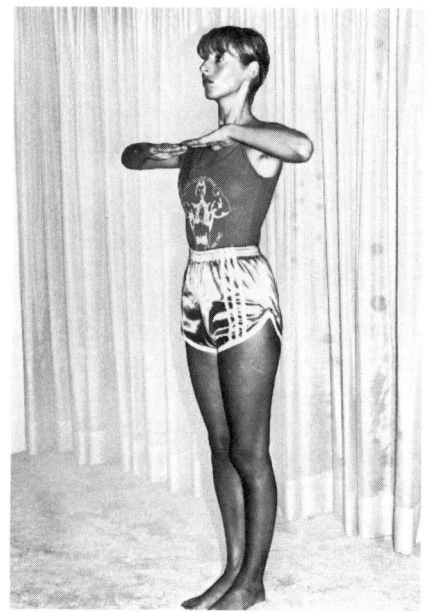

Foto 87

Schließlich wieder zurück in die Ausgangsstellung.
Diese Übung ist eine *Aufwärmübung für den Oberkörper.*
Machen Sie davon bitte 20 Wiederholungen hintereinander.

Übung F 2
Aufwärmübung für den Taillen-, Rücken- und Oberschenkelbereich
(Foto 89)
Stellen Sie sich ziemlich breitbeinig, den Oberkörper in Form eines Rechtecks nach vorne gebeugt, so daß Beine und Oberkörper zueinander einen rechten Winkel bilden. Versuchen Sie, indem Sie bei dieser Haltung des Oberkörpers zur

Foto 88

Foto 89

Seite pendeln, mit ausgestreckten Armen mit den Fingerspitzen der rechten Hand die Fußspitzen des linken Beines zu erreichen und umgekehrt.

Machen Sie auch hiervon 20 Wiederholungen.

Übung F 3
Bankdrücken mit Kurzhanteln
(Fotos 90 und 91)
Für diese hervorragende *Brust-übung* brauchen Sie eine *Bank* und *2 Kurzhanteln*.
Legen Sie sich nun mit dem Rücken so auf die Bank, daß der Kopf noch aufliegt, und nehmen Sie die beiden

115

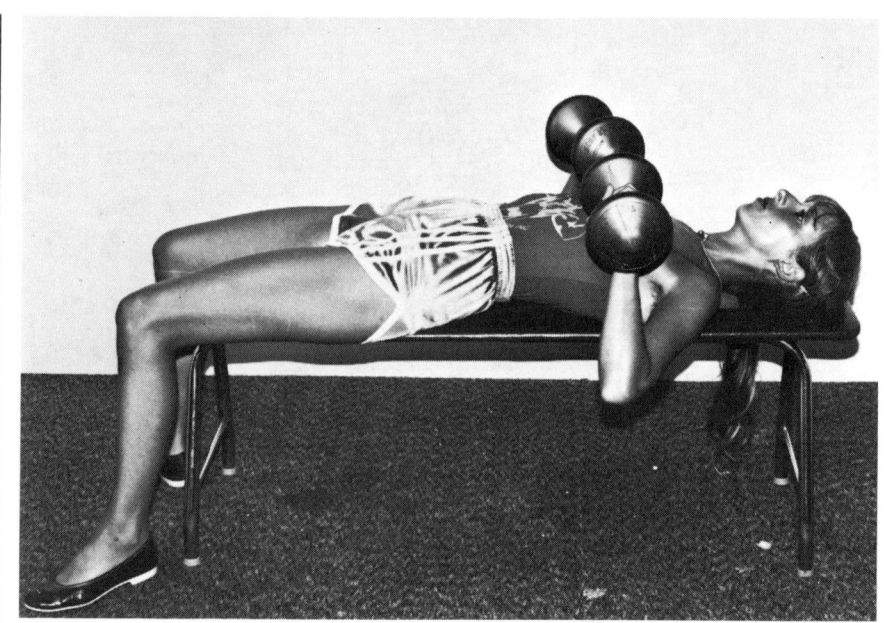

Foto 90

Foto 91

Kurzhanteln in die Hand, so daß die Handinnenflächen nach vorne zu den Füßen zeigen. Heben Sie die Hanteln nun links und rechts neben dem Körper in Brusthöhe und drücken Sie sie gerade senkrecht nach oben, bis Ihre Arme ausgestreckt sind. Nun lassen Sie die Hanteln wieder herunter.

Achten Sie darauf, daß der Rücken ruhig liegenbleibt und daß Sie das Gesäß nicht anheben. Atmen Sie bei der Kraftanstrengung, also beim Hochheben, aus.

Machen Sie davon 10 Wiederholungen und 5 Sätze.

Übung F 4
Stehend Drücken
(Foto 92)
Für diese *Schulterübung* brauchen Sie nur ein paar *Kurzhanteln*.
Stellen Sie sich aufrecht hin, Füße in Schulterbreite, und nehmen Sie die Kurzhanteln in Schulterhöhe vor dem Körper in die Hände. Die Handinnenflächen zeigen nach vorne. Drücken Sie nun abwechselnd einen Arm senkrecht nach oben, bis Ihr Arm durchgestreckt ist. Dann lassen Sie den Arm herunter und drücken dabei den anderen Arm empor.
Achten Sie bei dieser Übung darauf, daß Sie nicht ins Kreuz fallen, son-

Foto 92

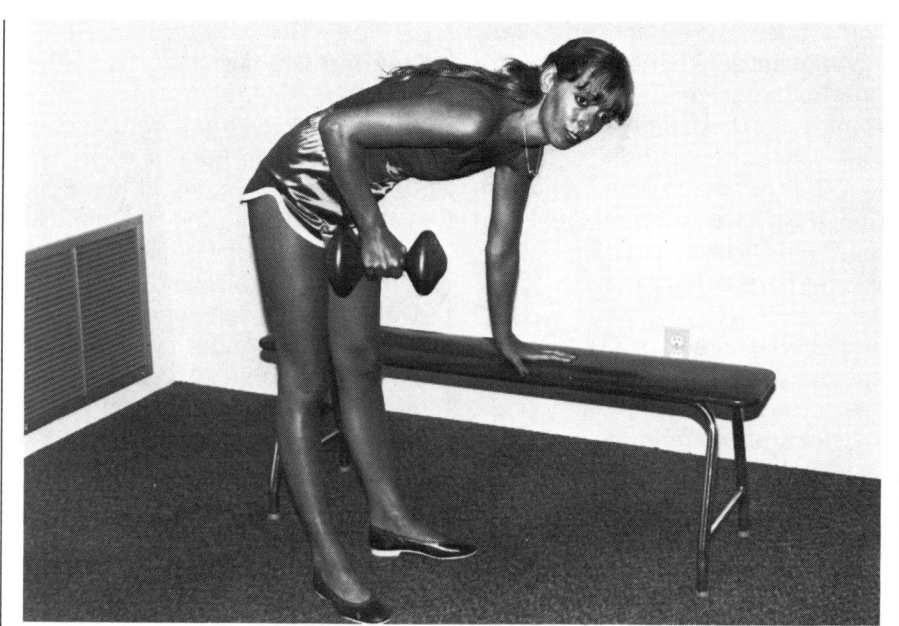

Foto 93

Foto 94

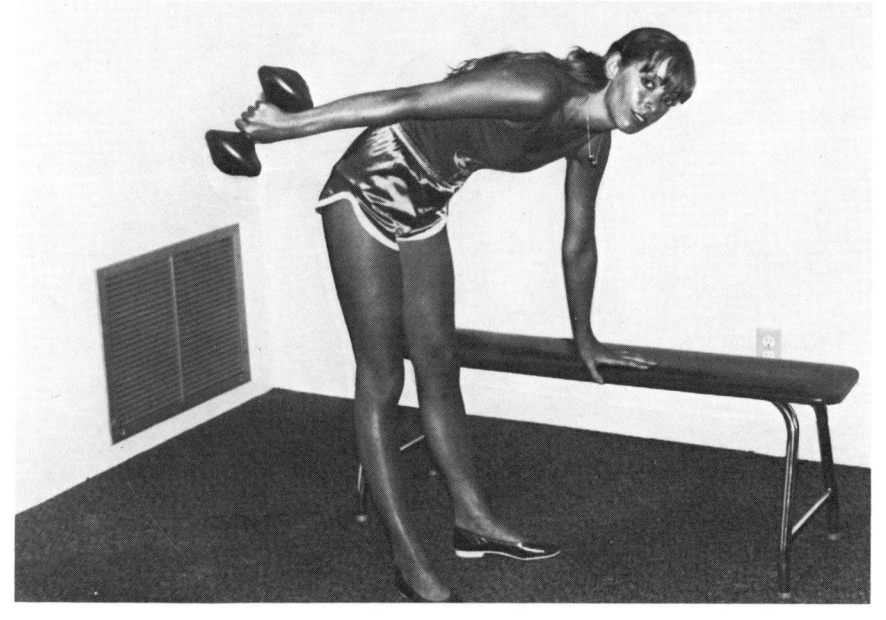

118

dern aufrecht stehen und Ihren Körper gerade halten. Die Beine bleiben dabei immer durchgedrückt. Dadurch belasten Sie Ihre Wirbelsäule weniger.

Auch hiervon wieder 5 Sätze à 10 Wiederholungen, pro Arm.

Übung F 5
Trizepsdrücken
(Fotos 93 und 94)
Für diese für den *hinteren Oberarm* gedachte Übung, wo sich bei Frauen oft ›Fettpölsterchen‹ ansetzen, brauchen Sie eine *Kurzhantel* und einen *Stuhl* oder eine *Bank,* an der Sie sich festhalten können.

Nehmen Sie nun die Hantel in die Hand – die Handinnenfläche zeigt zum Körper –, beugen Ihren Oberkörper so weit nach vorne, daß er etwa waagerecht ist, und halten sich vielleicht mit der anderen Hand an Stuhl oder Bank fest. Nun drücken Sie Ihren Oberarm dicht an den Körper, so daß er genauso waagerecht ist wie Ihr Oberkörper. Ihr Unterarm bleibt senkrecht. Der Oberarm bildet also mit dem Unterarm einen rechten Winkel. Halten Sie nun Ihren Oberarm ganz ruhig an Ihrem Körper und bewegen nur den Unterarm nach oben hinten, bis der Oberarm völlig ausgestreckt, also durchgedrückt ist. Dann führen Sie den Unterarm wieder zurück.
Machen Sie wiederum pro Arm 5 Sätze à 10 Wiederholungen.

Übung F 6
Hüftknicken
(Foto 95)
Für diese *Taillenübung* brauchen Sie gar kein Gerät.

Sie stellen sich aufrecht in Schulterbreite hin, verschränken die Arme im Genick und halten Ihren Oberkörper anfangs ganz aufrecht.

Nun knicken Sie seitlich ein, aber nur mit dem Oberkörper, und achten darauf, daß Ihre Hüfte ruhig stehenbleibt. Oberkörper soweit wie möglich seitlich einknicken und

Foto 95

119

entgegengesetzt, zur anderen Seite, so weit herunter wie möglich.

Machen Sie hiervon zu jeder Seite 10 Wiederholungen, also insgesamt 20 Wiederholungen, davon 5 Sätze.

Übung F7
Beinheben

(Fotos 96 und 97)
Für diese hervorragende *Bauchmuskelübung* – vor allem betrifft sie den Unterbauch – brauchen Sie wiederum kein Gerät.
Legen Sie sich ausgestreckt auf den Boden, Beine durchgestreckt,

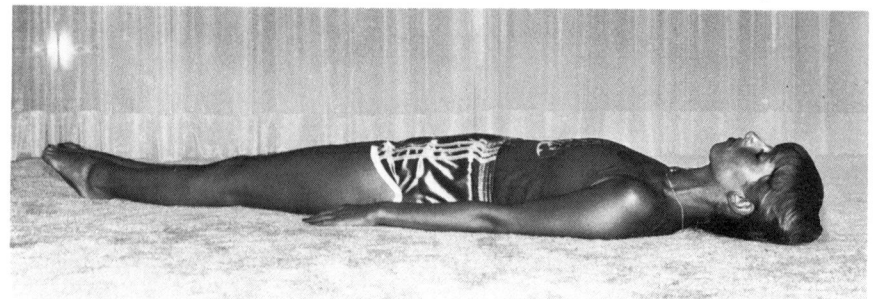

Foto 96

Foto 97

120

Arme dicht am Körper, so daß die Handflächen auf den Boden zeigen. Nun heben Sie mit völlig durchgestreckten Knien und ausgestreckten Füßen Ihre Beine etwa einen halben Meter nach oben. Jetzt lassen Sie Ihre Beine langsam wieder nach unten, berühren nur ganz kurz mit Ihren Fersen den Boden und heben die Beine wiederum nach oben.

Machen Sie davon 20 Wiederholungen und wiederum 5 Sätze.

Übung F 8
Beinheben, seitlich
(Fotos 98 und 99)
Diese Übung ist hervorragend geeignet, um die *Fettpölsterchen,* die sogenannten ›Reiterhöschen‹ an

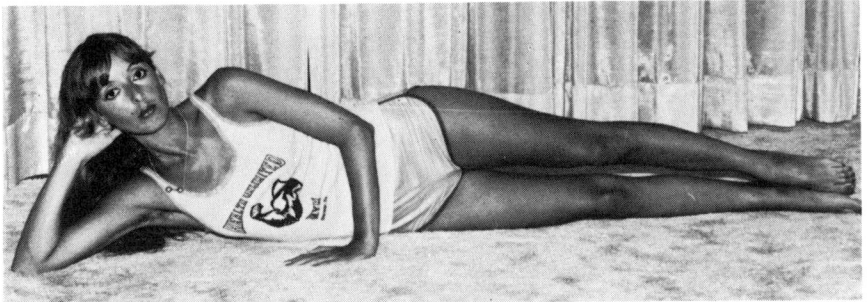

Foto 98

Foto 99

den äußeren Oberschenkeln zu beseitigen.

Legen Sie sich auf der Seite ausgestreckt auf den Fußboden, stützen Sie Ihren Kopf auf eine Hand, halten Sie mit der anderen Hand vor Ihrem Körper das Gleichgewicht, drücken Sie Ihre Beine ganz durch und heben Sie nun das obere Bein etwa 1 Meter nach oben. Achten Sie aber darauf, daß Ihr Bein durchgestreckt bleibt. Nun lassen Sie das Bein wieder langsam herunter, aber ohne das andere zu berühren, und heben es wieder nach oben.

Machen Sie auch hiervon pro Bein 20 Wiederholungen und 5 Sätze.

Übung F 9
Beinstrecken mit Kurzhantel
(Fotos 100 und 101)
Zu dieser Übung für die Oberschenkel, vor allen Dingen für die *vorderen und inneren Oberschenkel,* brauchen Sie einen *Stuhl* oder eine *Flachbank* und eine *Kurzhantel.*
Setzen Sie sich nun auf die Bank, so daß Ihre Kniekehlen an deren Kante sind, nehmen Sie die Hantel zwischen die Füße, und halten Sie sich hinten oder seitlich mit den Händen an der Bank fest. Jetzt heben Sie nur die Unterschenkel vom Boden hoch, bis Ihre Beine ganz durchgedrückt sind. Ober- und Unterschenkel müssen eine gerade, waage-

Foto 100

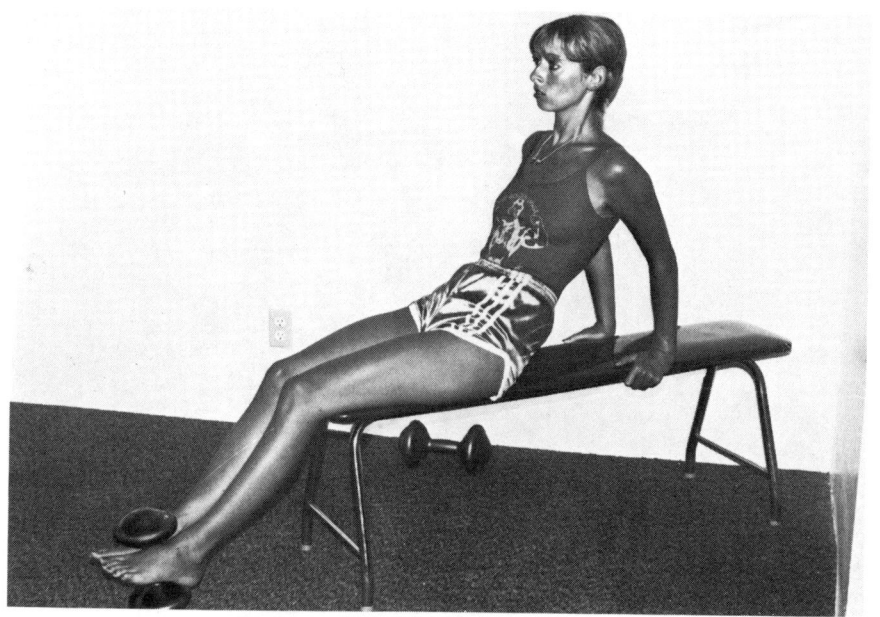

122

Foto 101

Foto 102

recht verlaufende Linie bilden. Lassen Sie jetzt die Beine in ihre Ausgangsposition zurückkehren und wiederholen Sie die ganze Übung. Insgesamt führen Sie wieder 5 Sätze à 20 Wiederholungen aus.

Übung F10
Wadenstrecken
(Foto 102)
Für diese Waden-, also *Unterschenkelübung* brauchen Sie ein kleines *Brett* oder eine *Hantelscheibe,* die etwa 3 bis 5 cm hoch ist, und irgendetwas Stabiles zum Festhalten, wie etwa eine Türklinke. Außerdem benötigen Sie hierzu eine *Kurzhantel.*
Nehmen Sie diese in die Hand,

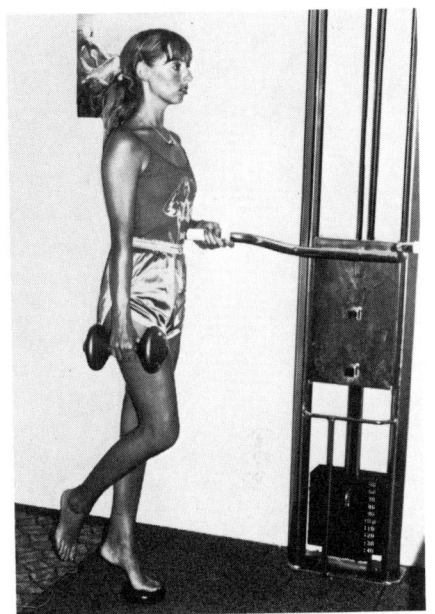

123

wobei der Arm ausgestreckt seitlich am Körper herunterhängt. Die Handinnenfläche zeigt zum Körper. Stellen Sie sich mit den Fußspitzen auf das Brett bzw. die Hantelscheibe, aber nur mit einem Fuß; das andere Bein heben Sie leicht an, daß es nicht auf den Boden aufsetzt. Nun machen Sie wippende Bewegungen mit den Fußspitzen, also das Bein durchdrücken, die Fersen nach unten lassen und nach oben wippen. Das Standbein lassen Sie dabei durchgedrückt, wippen so hoch Sie können, und dann wieder herunter.

Davon 20 Wiederholungen und 5 Sätze pro Bein.

In der Sportschule

Dieses Trainingsprogramm für Anfängerinnen können Sie in der Sportschule oder aber, wenn Sie über ein großes Heimstudio verfügen, auch zu Hause durchführen.

Übung F 11
Beinstrecken
(Fotos 103 und 104)
Zu dieser für das *untere Bauchmuskelgewebe* gedachten Übung brauchen Sie kein Gerät.

Setzen Sie sich auf den Boden, lassen Sie den Oberkörper etwas aufrecht, stützen Sie sich hinten mit beiden Händen ab und ziehen Sie nun beide Beine zugleich an den Körper. Die Beine bleiben eng zusammen. Heben Sie die Unterschenkel nach oben, bis die Beine durchgedrückt sind. Dann ziehen Sie sie wieder zum Bauch an.

Von dieser Übung sollten Sie 20 Wiederholungen machen, mit 1 Satz beginnen und sich im Laufe der Trainingswochen bis auf 5 Sätze steigern.

Übung F 12
Sit-Ups
(Fotos 105 und 106)
Bei dieser Bauchmuskelübung (für den *mittleren Bauchbereich)* brauchen Sie ein *Schrägbrett.*
Setzen Sie sich darauf und führen Sie die Füße unter die Schlaufe des Brettes. Ziehen Sie nun Ihre Oberschenkel etwas an, wie auf dem Foto ersichtlich, und achten Sie

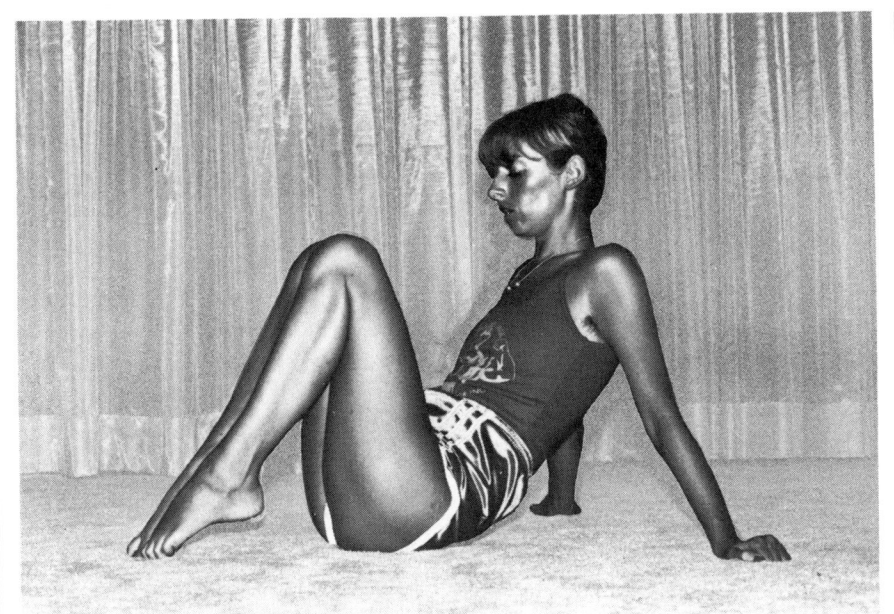

Foto 103

Foto 104

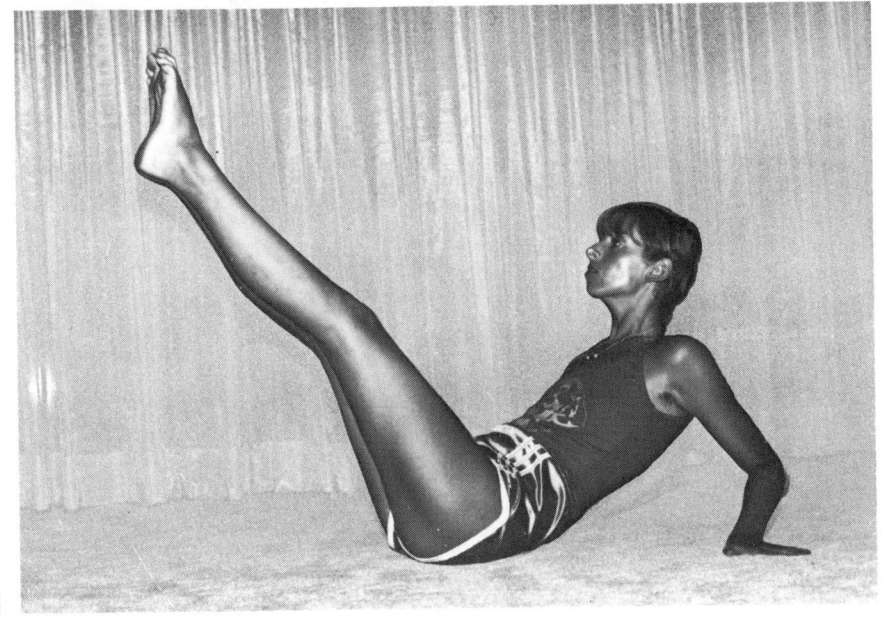

darauf, daß das Brett anfangs etwas flacher, also etwa 30 cm vom Boden aus, eingehakt wird. Später können Sie es immer höher einhängen. Nehmen Sie jetzt die Hände verschränkt ins Genick, machen Sie einen leicht runden Rücken, lassen Sie sich nun langsam nach hinten heruntergleiten und, bevor Sie mit dem Rücken das Brett berühren, gehen Sie mit dem Oberkörper nach oben in die Ausgangsstellung zurück, bis der Oberkörper sich fast wieder in senkrechter Lage befindet.

Machen Sie hiervon 20 Wiederholungen, zumindest 3 Sätze. Wenn Sie allerdings noch genügend Kondition und Kraft besitzen, machen Sie alle Übungen, die ich Ihnen hier

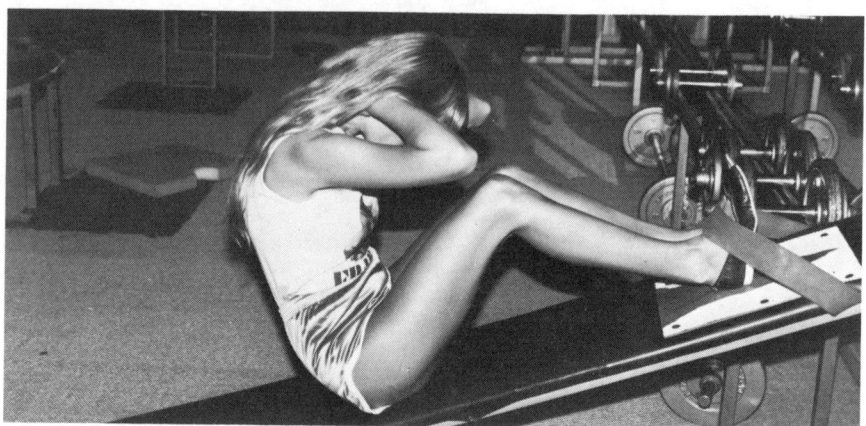

Foto 105

Foto 106

126

zeige, bis zu 5 Sätzen. Fangen Sie am 1. Trainingstag mit einem Satz an, steigern sich in der 2. Trainingswoche etwa auf 2 Sätze und kommen dann zu 3 Sätzen. Dann liegt es in Ihrem Ermessen, ob Sie 3 bis 5 Sätze ausführen können, aber bitte nie mehr als 5 Sätze.

Übung F13
Schulterheben
(Fotos 107 und 108)
Diese Übung ist zur Kräftigung der *seitlichen Schultermuskulatur* gedacht.
Sie nehmen dazu *2 Kurzhanteln* so in die Hände, daß die Handinnen-

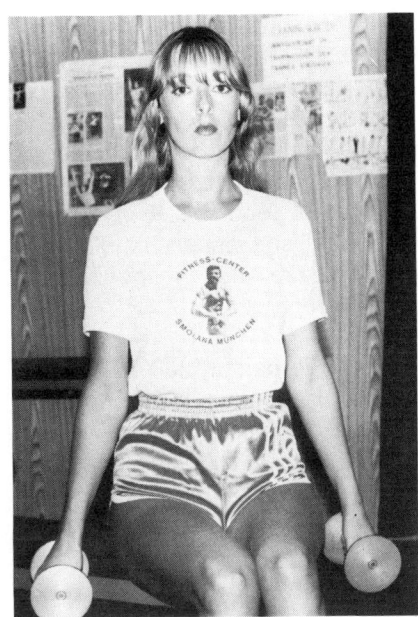

Foto 107

Foto 108

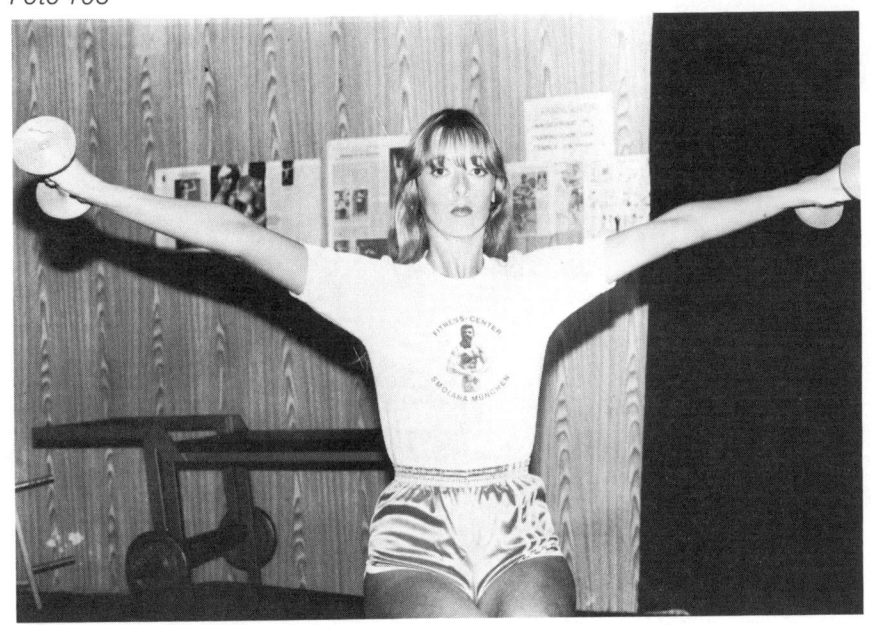

127

flächen zum Körper zeigen. Setzen Sie sich auf die Kante einer *Flachbank,* lassen Sie die Arme seitlich am Körper herunter hängen und halten Sie den Körper aufrecht. Nun heben Sie gleichzeitig Ihre Arme seitlich nach oben bis etwa in Schulterhöhe. Dann lassen Sie die Arme wieder in die Ausgangsposition zurückkehren.

Achten Sie darauf, daß Sie bei der Kraftanstrengung, beim Hochheben also, ausatmen und beim Herunterlassen der Hanteln einatmen.

Wichtig ist hierbei, daß Sie Ihren Oberkörper gerade und aufrecht halten.

3 bis 5 Sätze zu 10 Wiederholungen.

Übung F 14
Fliegende Bewegung
(Fotos 109 und 110)
Für diese Übung, die Ihren *Busen* verschönt, legen Sie sich rückwärts auf eine *Flachbank,* so daß der Kopf aufliegt. Nehmen Sie *2 Kurzhanteln* in die Hände, wobei die Innenflächen nach vorne zu den Füßen zeigen müssen. Halten Sie die Hanteln in Brusthöhe und beginnen Sie nun von dieser Ausgangsposition, die Hanteln mit den Armen senkrecht

Foto 109

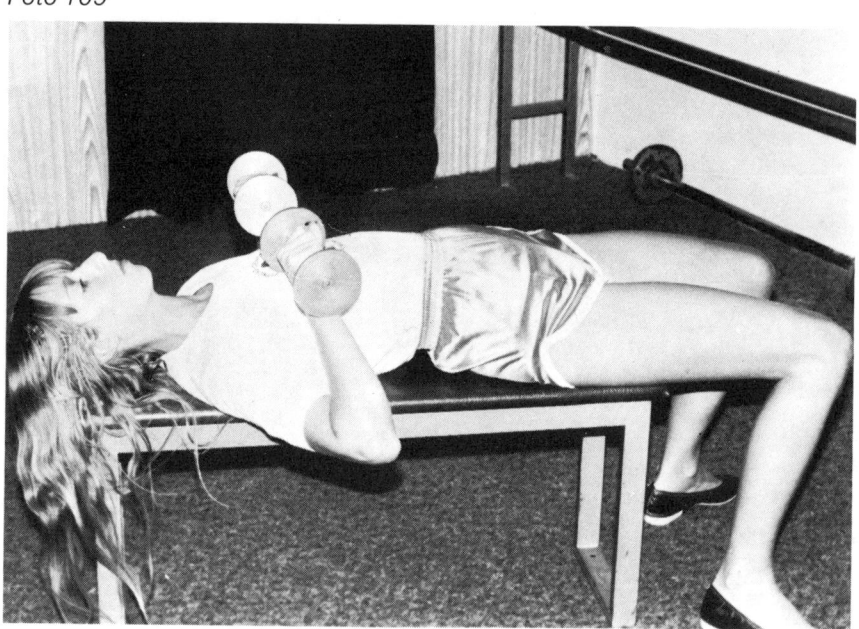

nach oben zu drücken, bis die Arme ganz ausgestreckt sind. Dann gehen Sie wieder langsam herunter, bis die Hanteln sich erneut kurz vor der Brust befinden.

Wiederholen Sie diese Übung 10mal und machen Sie 3 bis 5 Sätze.

Übung F 15
Überzüge
(Fotos 111 und 112)
Diese Übung ist hervorragend geeignet für den gesamten *Brustbereich.*

Legen Sie sich mit dem Rücken auf die *Flachbank,* so daß der Kopf aufliegt, nehmen Sie eine *Kurzhantel* in beide Hände und halten Sie die Hantel an den Griffen links und rechts fest. Stemmen Sie die Hantel

Foto 110

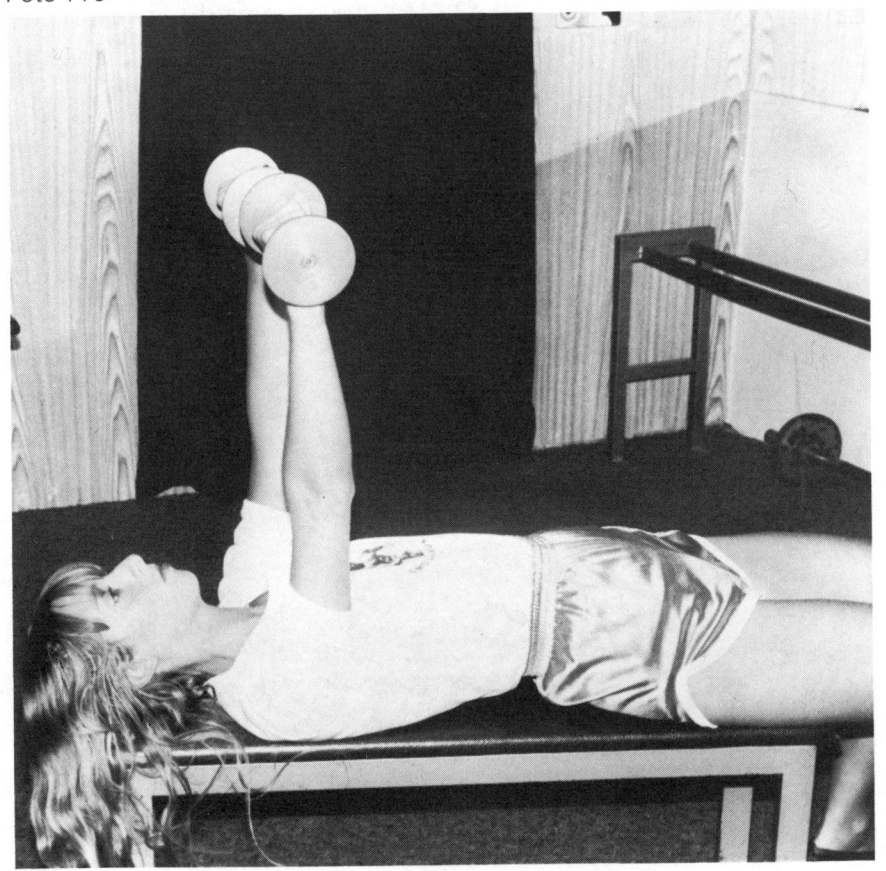

129

Foto 111

Foto 112

130

von der Brust nach oben, bis die Arme ausgestreckt sind, und lassen Sie nun mit ausgestreckten Armen die Hantel nach hinten über den Kopf, bis die Arme etwa eine waagerecht verlaufende Linie mit dem Körper bilden. Dann heben Sie die Arme mit der Hantel wieder in die Ausgangsposition zurück und atmen dabei aus.

Machen Sie auch hiervon wieder 3 bis 5 Sätze à 10 Wiederholungen.

Übung F 16
Latziehen an der Maschine
(Fotos 113 und 114)
Dies ist eine Übung, die hervorragend für die *Rückenmuskulatur* geeignet ist.

Fassen Sie mit beiden Händen – ziemlich breit – außen die *Latzugstange* an und knien Sie sich auf die Erde mit dem Gesicht zur Latmaschine. Achten Sie nun darauf, daß Ihr Körper gerade und aufrecht ist und Ihre Arme ausgestreckt sind, und ziehen Sie jetzt die Stange – nur mit den Armen – ins Genick herunter. Geben Sie darauf acht, daß Ihr Oberkörper völlig ruhig bleibt. Dann lassen Sie die Stange wieder langsam in die Ausgangsposition zurück.

Machen Sie davon wiederum 3 bis 5 Sätze à 10 Wiederholungen.

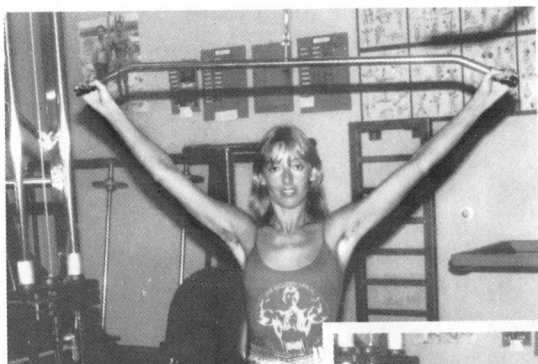

Foto 113

Foto 114

131

Foto 115

Foto 116

Übung F 17
Trizepsheben
(Fotos 115 und 116)
Diese Übung ist bestimmt für die Muskulatur des rückwärtigen Oberarmes, den *Trizeps*. Dort setzen sich bei Frauen immer wieder ›Fettpölsterchen‹ an.
Nehmen Sie eine *Kurzhantel* so in die Hand, daß die Handinnenfläche zum Kopf zeigt. Heben Sie den Arm mit der Hantel ausgestreckt über den Kopf, lassen Sie den Oberkörper aufrecht und beugen Sie nun nur den Unterarm langsam nach hinten herunter. Beachten Sie bitte, daß der Oberarm ruhig und in senkrechter Position bleiben muß! Lassen Sie den Unterarm so weit herunter, bis er etwa waagerecht ist, und drücken Sie nun den Unterarm wieder in die Ausgangsposition zurück.
Auch hiervon pro Arm 10 Wiederholungen, 3 bis 5 Sätze.

Übung F 18
Kniebeugen mit der Hantel
(Fotos 117 und 118)
Diese Übung stärkt die gesamte Muskulatur, aber vor allem die des *Gesäßes* und der *Oberschenkel*.
Nehmen Sie die *Langhantel* ins Genick, als ob Sie sie wegtragen wollten, und fassen Sie sie ziemlich breit — neben den Schultern — so an, daß die Handinnenflächen nach vorne zeigen. Stellen Sie sich mit den Fersen auf *2 Hantelscheiben*

132

und gehen Sie so tief wie möglich in die Hocke. Achten Sie bitte darauf, daß Ihr Oberkörper dabei aufrecht bleibt, fallen Sie nicht mit ihm nach vorne. Dann drücken Sie sich mit den Oberschenkeln wieder nach oben in die Ausgangsposition zurück, ohne einen runden Rücken zu machen.

Hiervon sollten Sie 3 bis 5 Sätze zu 20 Wiederholungen absolvieren.

Foto 117

Foto 118

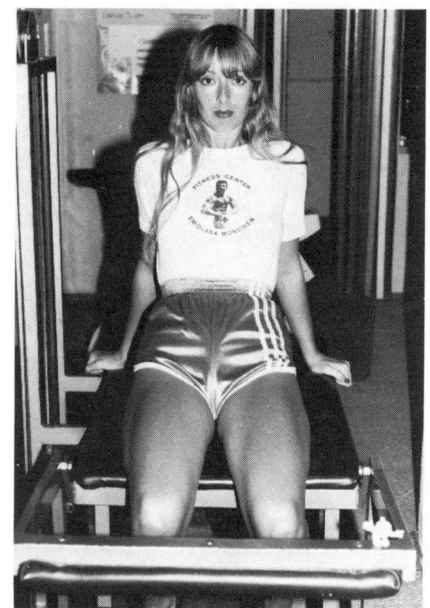

Foto 119

Foto 120

Übung F 19
Beinheben an der Maschine
(Fotos 119 und 120)

Zu dieser Übung für die *vordere und innere Oberschenkelmuskulatur* setzen Sie sich auf die *Beinmaschine* so hin, daß die Kante der Bank den Kniekehlen anliegt.

Gehen Sie mit den Füßen unter das Hebebrett, halten Sie sich seitlich hinten fest, Ellbogen aufgestützt, Oberkörper etwa senkrecht, und nun heben Sie nur mit den Unterschenkeln vorne das Gerät nach oben, bis Ihre Oberschenkel mit den Unterschenkeln eine waagerecht verlaufende Linie bilden. Dann gehen Sie wieder zur Ausgangsposition zurück. Bei der Kraftanstrengung ausatmen, d. h. beim nach oben heben, und beim Herunterlassen einatmen.

Hiervon 3 Sätze à 20 Wiederholungen.

Übung F 20
Eisenschuhe heben, seitlich
(Fotos 121 und 122)

Für diese Übung mit der Sie den *Fettpölsterchen* an den Seiten Ihrer Oberschenkel, den sogenannten ›Reiterhöschen‹, den Kampf ansagen, brauchen Sie ein Paar *Eisenschuhe.*

Ziehen Sie sie an, legen Sie sich seitlich auf den Boden, stützen mit einer Hand den Kopf und mit der anderen Hand halten Sie vor dem Körper das Gleichgewicht. Geben Sie acht darauf, daß Ihr Körper durchgestreckt ist. Knicken Sie mit

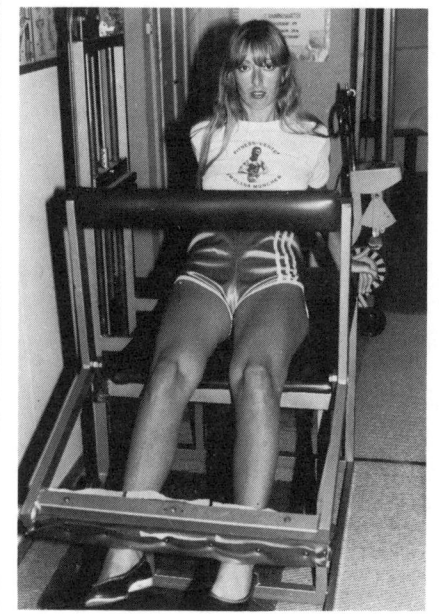

Foto 121

Foto 122

135

dem Bein, das auf dem Boden liegt, leicht ein, damit Sie die Balance halten können, und nun heben Sie das obere Bein ausgestreckt etwa 1 Meter nach oben. Dann lassen Sie das Bein wieder langsam herunter. Kurz bevor Sie den Boden berühren, heben Sie das Bein wieder nach oben.

Hiervon 20 Wiederholungen und 3 bis 5 Sätze, pro Bein.

Übung F 21
Eisenschuhe heben, rückwärts
(Fotos 123 und 124)
Für diese Übung, die hervorragend geeignet ist für das Training der Ge-

säß- und der *hinteren Beinmuskeln,* ziehen Sie wieder ein Paar *Eisenschuhe* an.

Legen Sie sich auf den Bauch ausgestreckt auf den Boden und halten Sie sich seitlich in Liegestützhaltung mit den Armen am Boden fest. Nun lassen Sie die Beine dicht nebeneinander ausgestreckt und heben jetzt ein Bein etwa einen halben Meter hoch. Das Knie bleibt durchgestreckt! Lassen Sie das Bein dann wieder herunter; kurz bevor es den Boden berührt, heben Sie es wieder an.

Hiervon machen Sie pro Bein – wie auch bei der vorigen Trainingsauf-

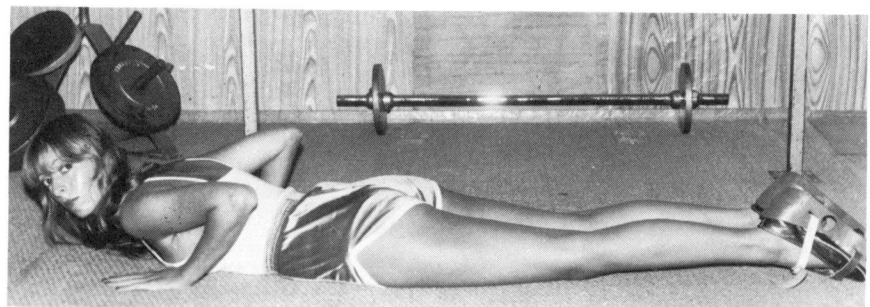

Foto 123

Foto 124

gabe – 3–5 Sätze à 20 Wiederholungen.

Übung F 22
Eisenschuhe heben, vorwärts
(Fotos 125 und 126)
Für diese Übung der *vorderen Oberschenkel* und des *Bauchbereichs* lassen Sie die *Eisenschuhe* von den vorangegangenen Übungen her, gleich an.
Legen Sie sich mit dem Rücken auf den Boden, Beine durchgestreckt, Arme seitlich am Körper. Die Handflächen liegen auf dem Boden auf. Heben Sie nun ein Bein durchge-

streckt etwa um einen Meter an, dann lassen Sie es wieder langsam herunter. Kurz bevor es den Boden berührt, heben Sie es wieder empor.
20 Wiederholungen pro Bein, insgesamt 3 bis 5 Sätze.

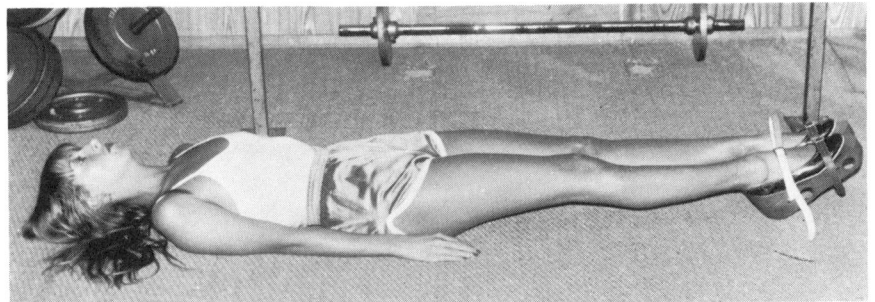

Foto 125

Foto 126

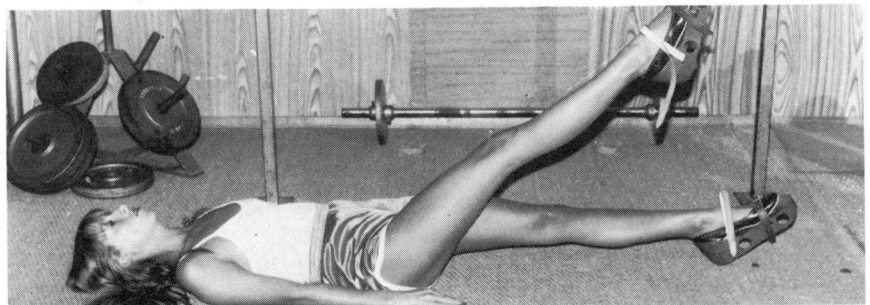

137

Training für Fortgeschrittene

Haben Sie dieses *Anfängerprogramm* in der Sportschule oder zu Hause etwa 4 bis 6 Monate lang intensiv durchgeführt, dann können Sie mit dem *Fortgeschrittenenprogramm* in der Sportschule oder im Heimstudio anfangen.

Beginnen Sie das Fortgeschrittenentraining mit dem nötigen Schwung, um vielleicht wirklich einmal eine Meisterin zu werden!

Die Höhe der *Gewichte* wählen Sie wiederum selbst, je nach körperlicher Kraft und Verfassung; denn da spielt ja auch die Tagesform eine große Rolle. Aber man sollte nicht zu stark in den Gewichten schwanken, sich vielmehr überwinden, immer schwerere Hanteln zu nehmen.

Übung F 23
Sit-Ups ohne Brett
(Fotos 127 und 128)

Diese *Bauchmuskelübung* (speziell für den oberen Bereich des Bauchs) führen wir auf dem Boden liegend durch. Wählen Sie den Platz so, daß er dicht an einer Wand liegt. Legen Sie sich mit dem Rücken auf den Boden und verschränken Sie die Hände hinter dem Kopf. Stemmen Sie nun Ihre Füße im rechten Winkel an die Wand. Heben Sie jetzt nur den Kopf und die Schultern hoch, nach vorne, und spannen Sie die Bauchmuskeln in dieser Haltung 2 Sekunden lang an. Erst dann legen Sie sich wieder entspannt – in der Ausgangsposition – ausgestreckt zurück.

Machen Sie hiervon 25 Wiederholungen, beginnend mit 3 Sätzen, und steigern Sie sich auf 5 Sätze im Laufe der Trainingswochen.

Übung F 24
Beinheben am Universalturm
(Fotos 129 und 130)

Diese Übung, die auf den unteren Bereich der *Bauchmuskeln* abzielt, machen Sie zu Beginn Ihres Übungsprogramms.

Stützen Sie Ihre Ellbogen links und rechts seitlich auf die Vorrichtung des *Universalturms,* fassen Sie vorne das Gerät an, drücken Sie nun Ihren Körper gegen den Rückenteil des Gerätes. Lassen Sie die Beine nach unten hängen. Zie-

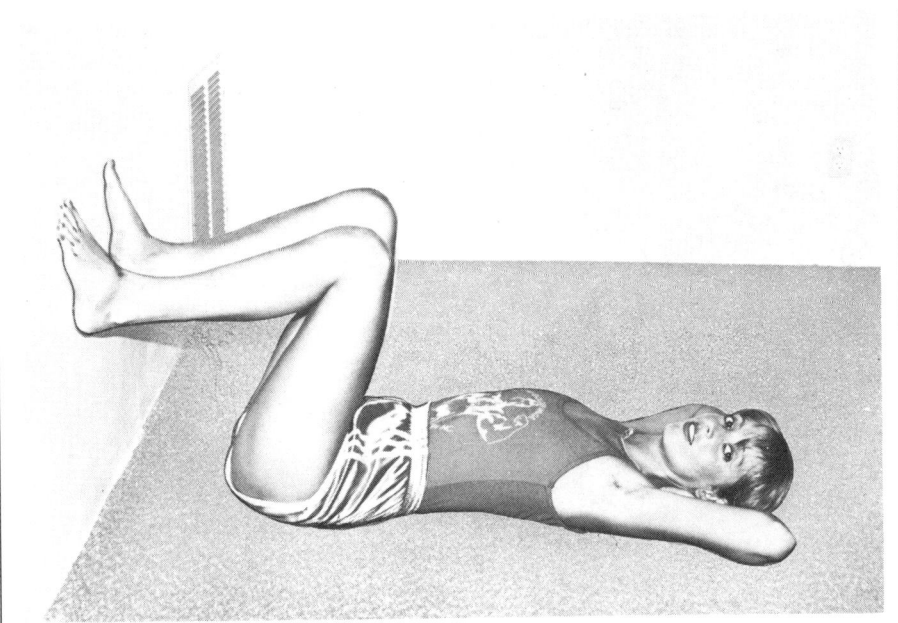

Foto 127

Foto 128

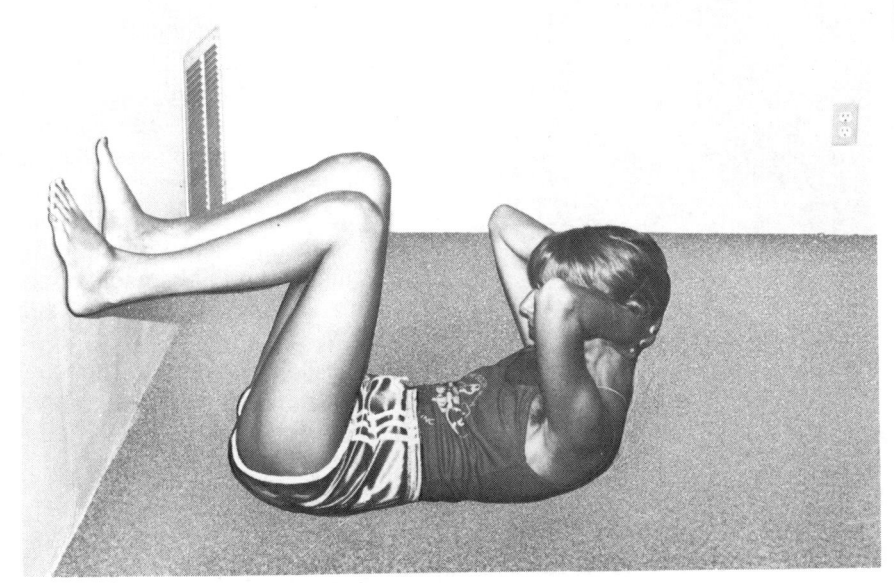

Foto 129

hen Sie nunmehr die Beine mit den Knien so hoch wie möglich an die Brust und lassen Sie Ihre Beine wieder langsam in die Ausgangsposition zurückkehren.

Hiervon 20–25 Wiederholungen, stufenweise 3 bis 5 Sätze (je nach Trainingsfortschritt).

Übung F 25
Schulterdrücken am Turm
(Fotos 131 und 132)
Diese für die gesamte *Schulter- und Rückenmuskulatur* hervorragend geeignete Übung führen Sie wieder am *Universalturm* oder mit einer *Langhantel* durch. Setzen Sie sich auf eine Bank, greifen Sie etwas breiter als schulterbreit die Stange bzw. die Griffe, und heben Sie die Arme mit der Stange nach oben, Stange ins Genick. Jetzt drücken Sie von der Ausgangsposition – Oberarme in Schulterhöhe, Unterarme zu 90° angewinkelt, Handinnenflächen nach vorne zeigend – die Stange senkrecht nach oben, bis Ihre Arme ausgestreckt sind. Achten Sie darauf, daß Sie nicht ›ins Kreuz‹ fallen, d. h. daß Sie kein Hohlkreuz machen. Nun gehen Sie zur Ausgangsposition nach unten zurück.

Hiervon sollten Sie 3 bis 5 Sätze zu 10 Wiederholungen schaffen.

Foto 130

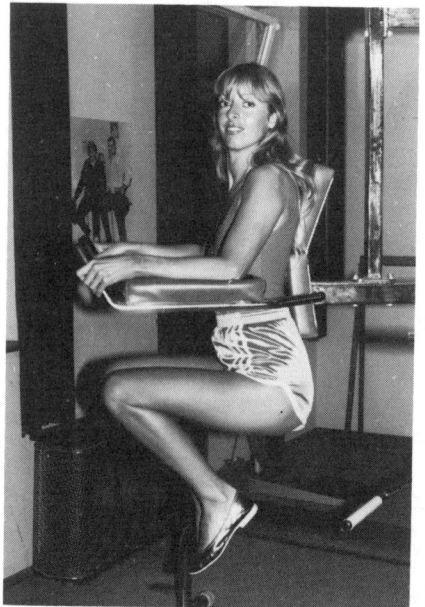

140

Foto 131

Foto 132

141

Foto 133

Foto 134

Übung F 26
Bankdrücken mit der Lang-hantel *(Fotos 133 und 134)*
Zu dieser Übung für die gesamte *Brust- oder Busenmuskulatur* nehmen Sie eine *Langhantel,* fassen sie etwas breiter als in Schulterbreite, legen sich mit dem Rücken auf die Bank – der Kopf liegt auf – und drücken nun die Hantel senkrecht von der Brust nach oben, bis die Arme ausgestreckt sind. Dann gehen Sie langsam zur Ausgangsposition zurück, lassen die Hantel allmählich herunter und wiederholen den Vorgang.

Bitte 10 Wiederholungen und 3 bis 5 Sätze.

Übung F 27
Schrägbankdrücken mit den Kurzhanteln
(Fotos 135 und 136)
Dies ist eine Übung für die *Brust.* Nehmen Sie *2 Kurzhanteln* so, daß die Handinnenflächen nach vorne zeigen, setzen Sie sich rückwärts auf die Schrägbank und lehnen Sie sich mit dem Rücken an die Bank. Heben Sie die Hanteln in Schulterhöhe vor die Brust und drücken Sie nun die Kurzhantel zugleich mit beiden Armen nach oben, bis die Arme ausgestreckt sind. Dann lassen Sie sie wieder zur Ausgangsposition in Schulterhöhe zurück.

10 Wiederholungen, 3 bis 5 Sätze.

Foto 135

Foto 136

143

Foto 137

Übung F 28
Butterfly *(Fotos 137 und 138)*
Diese Übung, die hervorragend für
den *Busen* geeignet ist, führen Sie
an der *Brustmaschine* aus.

Setzen Sie sich auf den Stuhl des
Gerätes mit dem Rücken an die
Rückwand der Maschine, und nehmen Sie nun seitlich die Arme nach
hinten. Halten Sie die Arme im rechten Winkel in Schulterhöhe, wobei
die Handinnenflächen nach vorne
zeigen. Drücken Sie nun die Unterarme an die Holme, umfassen Sie
mit den Händen das Gestänge und
drücken es jetzt gleichzeitig mit
beiden Armen nach vorne zusammen. Achten Sie darauf, daß Sie

144

wirklich mit der ganzen Innenfläche Ihres gesamten Unterarmes während der ganzen Übungsdauer aufliegen. Dann in die Ausgangsposition zurück nach hinten. Dies stellt eine Wiederholung dar.
Machen Sie davon 3 bis 5 Sätze à 10 Wiederholungen.

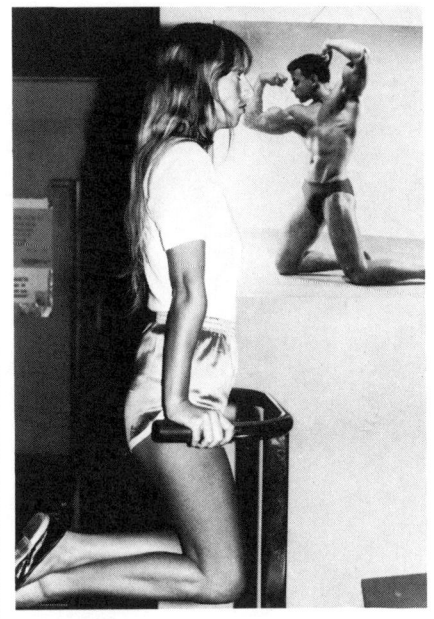

Übung F 29
Dips am Barren
(Fotos 139 und 140)
Dies ist eine gute Übung für die *Arm- und Brustmuskulatur.*

Foto 139

Foto 140

Hierzu stützen Sie sich mit ausgestreckten Armen auf die beiden *Barrenholme.* Umfassen Sie sie so, daß die Handinnenflächen nach unten zeigen. Lassen Sie den Oberkörper aufrecht und gehen Sie nun langsam, mit den Ellbogen einknickend, mit dem Oberkörper nach unten herab. Beugen Sie dabei leicht Ihren Oberkörper und Ihren Kopf nach vorne. Lassen Sie sich so weit herab, bis der Oberarm ein Rechteck bildet. Dann drücken Sie sich wieder nach oben, bis die Arme durchgedrückt sind.

Hiervon führen Sie, da es eine sehr schwere Übung ist, nur 5 Wiederholungen und 3 bis 5 Sätze aus.

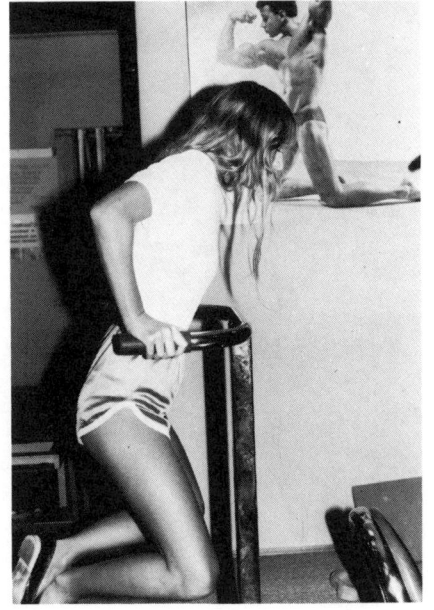

145

Foto 141

Foto 142

Übung F 30

Einarmiger Bizepscurl mit der Kurzhantel *(Fotos 141 und 142)*
Zu dieser Übung für die Muskulatur des vorderen Teils des Oberarms, des *Bizeps,* nehmen Sie eine *Kurzhantel* in eine Hand, so daß die Handinnenfläche nach vorne zeigt, stellen Sie sich aufrecht hin und lassen Sie den gestreckten Oberarm seitlich dicht am Körper. Heben Sie nun nur den Unterarm einknickend in einem Halbkreis nach oben zum Busen, bis die Hantel sich in Schulterhöhe befindet. Dann lassen Sie den Arm wieder in die Ausgangsposition zurückkehren, strecken ihn also wieder. Vergessen Sie nicht die richtige Atmung: bei der Kraftanstrengung, beim Hochheben also, ausatmen!
Machen Sie hiervon pro Arm 10 Wiederholungen, 3 bis 5 Sätze.

Übung F 31

Trizepsdrücken an der Latmaschine *(Fotos 143 und 144)*
Stellen Sie sich bei dieser Übung für den *hinteren Bereich des Oberarms* aufrecht vor die *Zugmaschine* hin und ergreifen Sie mit beiden Händen die kurze Stange, so daß die Handinnenflächen nach unten zeigen. Legen Sie die Oberarme dicht an den Körper an, die Unterarme waagerecht, so daß ein rechter Winkel entsteht. Nun drücken Sie, ohne den Oberkörper nach

Foto 143

Foto 144

Foto 145

Foto 146

148

vorne zu beugen und die Oberarme vom Körper wegzuspreizen, die Unterarme nach unten, bis Ihre Arme vollständig durchgedrückt sind. Dann gehen Sie wieder in die Ausgangsposition – also Arme im rechten Winkel – zurück.
Sie sollten davon 10 Wiederholungen und 3 bis 5 Sätze ausführen.

Übung F 32
Trizepsdrücken an der Trizeps-maschine *(Fotos 145 und 146)*
Setzen Sie sich auf die Bank des Gerätes und legen Sie die Oberarme auf das *Brett,* das sich vor Ihrer Brust befindet. Achten Sie darauf, daß Ihr Körper dicht am Brett anliegt und Ihre Oberarme richtig aufliegen. Drücken Sie nun, indem Sie die beiden Griffe mit den Händen – Innenflächen zeigen nach vorne – anfassen, das Gerät nach vorne, bis die Arme ausgestreckt sind. Schließlich gehen Sie zur Ausgangsposition zurück, also Arme im rechten Winkel.
Von dieser Übung bitte 10 Wiederholungen, insgesamt 3 bis 5 Sätze.

Foto 147

Foto 148

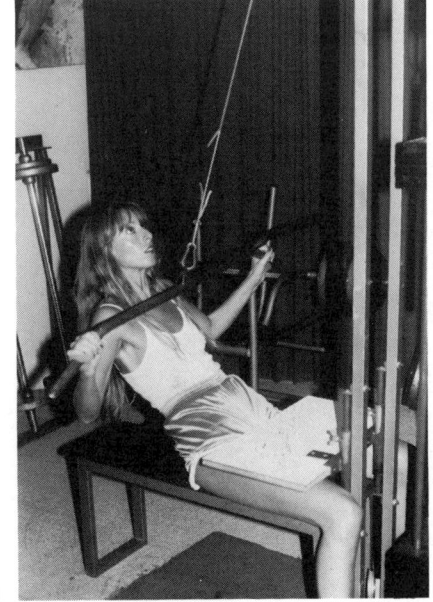

Übung F 33
Ziehen an der Latmaschine
(Fotos 147 und 148)
Zu dieser Übung für den *Brust-, Rücken- und Armbereich* setzen

149

Foto 149

Foto 150

Sie sich auf eine *Flachbank,* die Sie vor die *Maschine* stellen. Gehen Sie mit den Oberschenkeln unter das montierte Brett, das dazu dient, daß sich der Oberkörper nicht nach oben heben kann. Fassen Sie mit breitem Griff die Zugstange so an, daß die Handinnenflächen nach unten zeigen. Ziehen Sie nun die Stange zur Brust und lehnen Sie sich dabei leicht nach hinten. Dann kehren Sie wieder zur Ausgangsposition zurück, so daß die Arme ausgestreckt sind.
Machen Sie 3 bis 5 Sätze zu 10 Wiederholungen.

Übung F 34
Heben aus dem Kreuz mit der Langhantel *(Fotos 149 und 150)*
Diese schwere Übung kann ich Ihnen nur empfehlen, wenn Sie schon länger trainiert haben.
Nehmen Sie eine *Langhantel* und legen Sie diese vor Ihre Füße. Stellen Sie sich wie ein Gewichtsheber vor die Hantel und fassen Sie nun etwa in Schulterbreite die Stange. Die Handinnenflächen zeigen nach innen zum Körper. Gehen Sie in die Hocke, lassen Sie die Arme ausgestreckt und heben Sie nun mit der Kraft der Oberschenkel die Hantel nach oben. Achten Sie aber darauf, daß Sie ein hohles Kreuz machen und die Brust so weit wie möglich

herausstrecken. Schauen Sie geradeaus oder nach oben und lassen Sie die Arme durchgedrückt. Heben Sie die Hantel dicht am Körper so weit hoch, bis Sie aufrecht ausgestreckt stehen. Dann gehen Sie wieder langsam zur Ausgangsposition zurück und setzen die Hantel kurz ab. Dann wieder hoch!
Machen Sie hiervon 8 Wiederholungen und 3 bis 5 Sätze.

Übung F 35
**Training an der
Hackenschmidt-Maschine**
(Fotos 151 und 152)
Dies ist eine sehr gute Übung für die *Oberschenkel- und Gesäßmuskulatur.*

Foto 151

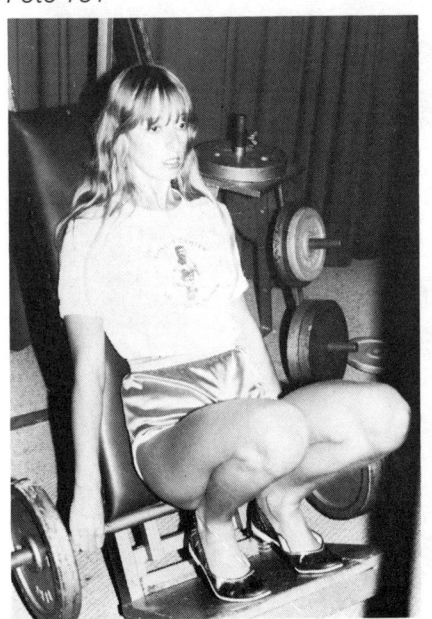

Stellen Sie sich mit den Zehenspitzen auf das Trittbrett, gehen Sie in die Hocke, fassen Sie links und rechts die Stange des Gerätes an und lehnen Sie sich mit dem Rücken gegen die Rückenlehne des Gerätes. Lassen Sie den Oberkörper aufrecht und drücken Sie nun mit der Kraft der Oberschenkel den Körper und das Gerät nach oben, bis die Beine durchgestreckt sind.

Packen Sie das Gerät fest an, wobei die Handinnenflächen nach hinten zeigen müssen. Dann gehen Sie wieder in die Ausgangsposition herunter.

Hiervon bitte 8 Wiederholungen und 3 bis 5 Sätze.

Foto 152

Übung F 36
Rückwärtiges Beinziehen an der Beinmaschine
(Fotos 153 und 154)
Für diese Übung, die speziell den *hinteren Teil des Oberschenkels* trainiert sowie ein ausgezeichnetes Training für die *Wadenmuskulatur* darstellt, legen Sie sich mit dem Bauch auf die *Beinmaschine* und halten Sie sich mit den Ellbogen abgestützt auf dem Brett fest. Gehen

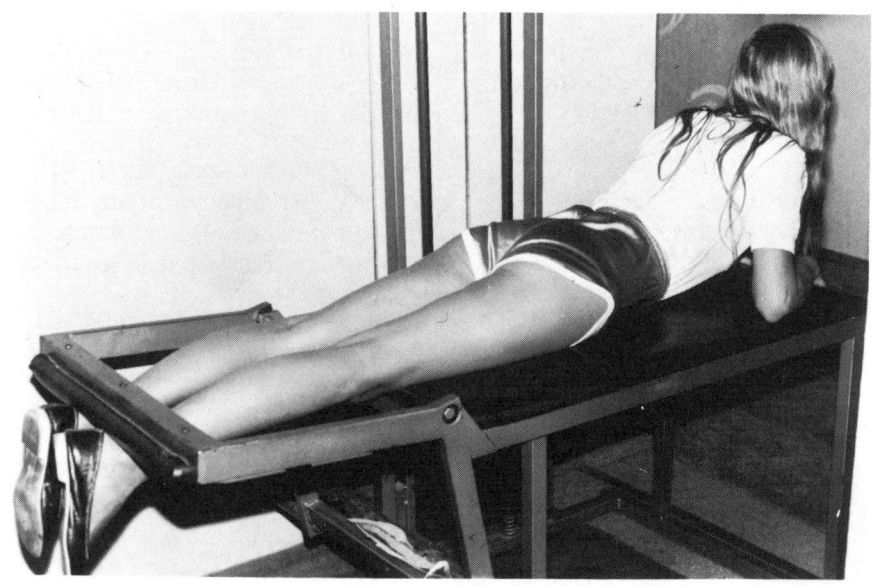

Foto 153

Foto 154

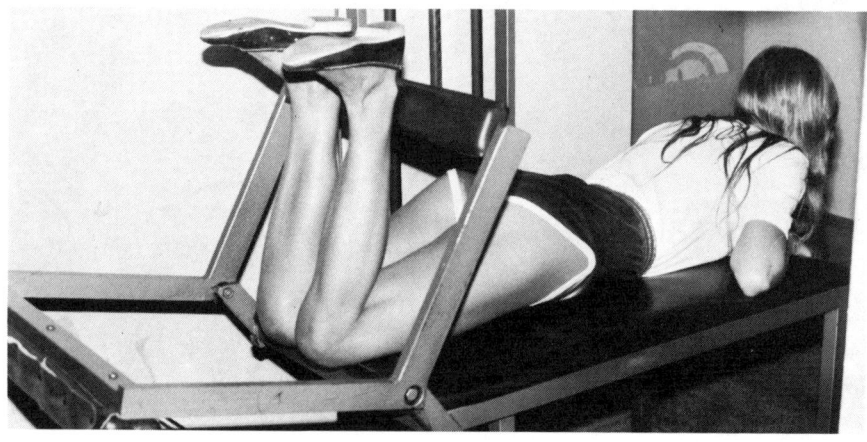

Sie mit den Fersen unter die Holme, so daß Ihre Beine ganz durchgedrückt sind. Nun winkeln Sie die Unterschenkel nach oben an und ziehen Sie so weit hoch, bis die Beine einen rechten Winkel bilden. Geben Sie aber darauf acht, daß Sie nicht mit dem Gesäß in die Höhe gehen, und bleiben Sie flach auf dem Bauch liegen! Nun kehren Sie in die Ausgangsposition zurück, strecken also die Beine aus.

Zu empfehlen sind 15 Wiederholungen, 3 bis 5 Sätze.

Foto 155

Foto 156

Übung F 37
Beinpressen am Universalturm
(Fotos 155 und 156)
Diese Übung dient der Entwicklung der gesamten *Oberschenkelmuskulatur.*
Dazu setzen Sie sich auf den Stuhl des *Universalturms,* so daß die Beine fast einen rechten Winkel bilden. Fassen Sie links und rechts die Holme – die Handinnenflächen zeigen dabei nach innen – und lehnen Sie sich fest an die Rückenlehne an. Der Oberkörper muß dabei geradegehalten werden. Schauen Sie geradeaus und drücken Sie jetzt die Beine ganz nach vorne durch. Gehen Sie nun langsam wieder in die Ausgangsposition zurück. Achten Sie darauf, daß die Scheiben des

153

Foto 157

Gerätes nicht gegeneinander schlagen. Drücken Sie es vielmehr, kurz bevor sie aufschlagen, mit den Beinen wieder nach oben.

Sie sollten von dieser Übung 20 bis 25 Wiederholungen und 3 bis 5 Sätze machen.

Übung F 38
Seilkick am Universalturm
(Fotos 157 und 158)
Diese Übung zielt auf die Muskulatur des *Gesäßes* und der *hinteren und seitlichen Oberschenkelpartien* ab.
Gehen Sie mit einem Fuß in die Schlaufe, wobei diese etwas oberhalb der Ferse sein muß. Sie sollten keine Trainingsschuhe tragen und die Trainingshose evtl. hochkrempeln, da die Schlaufe sonst wegrutscht. Sie sollte also direkt auf der Haut sitzen. Fassen Sie mit den Händen in das dazugehörige Gestänge, beugen Sie den Oberkörper leicht nach vorne und heben nun das Bein in der Schlaufe gleichmäßig nach hinten hoch, bis es etwa in waagerechter Lage ist. Dann machen Sie eine ganz kurze Pause, einen kurzen ›Halt‹. Nun lassen Sie das Bein langsam herab, bis es kurz den Boden berührt, und heben es dann wieder nach hinten hoch.
Davon 20 Wiederholungen und 3 bis 5 Sätze, pro Bein.

Foto 158

Übung F 39
**Rückwärtskick mit den Eisen-
schuhen** *(Foto 159)*
Diese Übung dient dazu, einen
festen ›Po‹ zu bekommen.

Ziehen Sie sich ein Paar *Eisenschuhe* an, knien Sie sich mit einem
Bein auf eine Bank, und lassen Sie
das andere ausgestreckt vor der
Bank hängen. Beugen Sie den
Oberkörper nach vorne, halten Sie
sich mit ausgestreckten Armen seitlich an der Bank fest und heben Sie
nun das ausgestreckte Bein so weit
wie möglich nach hinten, nach
oben. Dann lassen Sie es wieder
herunter, bis es kurz den Boden berührt, und heben es erneut nach
oben.

Pro Bein möchte ich Ihnen 20 Wiederholungen und 3 bis 5 Sätze
empfehlen.

Foto 159

155

Foto 160

Foto 161

Übung F 40
Wadenheben an der Waden-maschine *(Fotos 160 und 161)*
Bei dieser Übung für die *Waden-muskulatur* gehen Sie mit den Schulterblättern unter die Holme der *Wadenmaschine* und fassen Sie seitlich links und rechts an die Gestänge des Gerätes, so daß die Handinnenflächen seitlich zum Körper zeigen. Lassen Sie die Beine durchgedrückt; der Körper ist in aufrechter und gerader Position. Stellen Sie sich auf den Fußspitzen auf den Block und heben Sie nun Ihren Körper – mit den Fußspitzen – nach oben, so weit wie möglich. Achten Sie aber darauf, daß Sie Ihre Beine dabei stets durchgedrückt lassen. Nun gehen Sie wieder hinunter. – Machen Sie davon 3 bis 5 Sätze zu 20 bis 25 Wiederholungen.

Dies *Fortgeschrittenenprogramm* sollten Sie, liebe Anhängerin des Bodybuilding, nach etwa 6 Monaten Training beginnen, mit Gewichten, die Sie gut bewältigen können. Versuchen Sie, sich kontinuierlich hinsichtlich der Gewichte zu steigern. Sie sollten *nicht* über 25 Wiederholungen hinausgehen, denn das bedeutete aerobes Training und nicht Bodybuilding-Training.

Wenn Sie dieses Training Ihr Leben lang fortsetzen, wird es Ihnen entscheidend dabei helfen, immer *schlank, fit und gesund* zu sein.

Adressen
von Bodybuilding-Studios
und Fitness-Centern (in Auswahl)

1000 Berlin
Merc, Grollmannstr. 39
Zithier, Bleibtreustr. 8/9

2800 Bremen
Diesch, Falkenring 4−6

2900 Oldenburg
Wende, Hauptstr./Teebkengang

3000 Hannover
Ullmann, Gerberstr. 3 A
Materia, Sorststr. 10 A
Norge, Seelhorststr. 44

3062 Bückeburg
Abresch, Obertorstr. 6

3300 Braunschweig
Schachtschneider, Steinweg 4

3320 Salzgitter-Lebenstedt
Schachtschneider, Swindonstr. 71

4000 Düsseldorf
Blömer, Luisenstr. 27

4050 Mönchengladbach
Löh, Kranzstr. 23

4100 Duisburg
Hückstedt, Düsseldorfer Str. 547

4150 Krefeld
Hesse, Wüstrathstr. 8
Schmidt-Mancy, Hochstr. 18−20

4300 Essen
Blömer, Kapstadtplatz 7
Albinsky, Handelshof 7
Thumulla, Plankstr. 58

4650 Gelsenkirchen
Lüneberger, Baskenstr. 43

5000 Köln
Blömer, Venloerstr. 47

5100 Aachen
Klaes, Sigmundstr. 10

5160 Düren
Bauchmüller, Alte Jülicher Str. 173

5190 Stolberg
Stitz/Ostlender,
Hermann-Ritter-Str. 18
Thelen, Eschweilerstr. 3−5

5300 Bonn
Bergmann, Eifelstr. 14

5400 Koblenz
Schäfgen, Kurfürstenstr. 58−60

5600 Wuppertal
Studio für Körperbildung,
Morianstr. 27

6000 Frankfurt am Main
Semjan, Hanauer Landstr. 14
Petrescu, Bleichstr. 55

6050 Offenbach
Messmann, Ludwigstr. 82

6053 Obertshausen
Wendt, Im Hasenwinkel 15

6100 Darmstadt
Klein, Bismarckstr. 54

6600 Saarbrücken
Possing, St.-Josef-Str. 29

6800 Mannheim
Mandt, Inge, C4, 11
Mandt, Jürgen, D7, 1

7000 Stuttgart
Gottlob, Olgastr. 67
Matuschek, Möhringerstr. 104

7500 Karlsruhe
Tjaden, Reinhold Frankstr. 49

7530 Pforzheim
Wagner, Wimpfenerstr. 10

7910 Neu-Ulm
Feniuk, Schwabenstr. 35

8000 München
Smolana, Bodybuilding-Schule,
Isabellastr. 40 (Schwabing)
Smolana, Fitness-Center,
Sonnenstr. 14 (am Stachus)

8360 Deggendorf
Meier

8420 Kelheim
Fitness-Center, Am Oberen Zweck

8500 Nürnberg
Zwiebelberg, Am Pläärrer 13

8521 Bubenreuth
Gahn, Waldstr. 5 b

8900 Augsburg
Binapfl, Klauckestr. 17

8930 Schwabmünchen
Spieker

A-Wien
Dr. Heinrichs, Trattnerhof 1

CH-Bäch
Baumann, Seestr. 87

CH-Basel
California Gym, Feierabendstr. 47

CH-Zürich
Dr. Szasz, Bahnhofquai 11

Register

**Energie
Erfolg
Figur
Fitness
Gesundheit
Kraft
Vitalität**

● **SPORT & FITNESS,** <u>die</u> Zeitschrift für Leute von heute! ● Fach-Journalisten aus aller Welt berichten regelmäßig über die Themen Ernährung, Sport und Hanteltraining, Trainingsmotivation, Psychologie, Figurverbesserung, Bodybuilding und Fitness. ● Unentbehrliche Informationen für Sie, um sich durch gezieltes Hanteltraining zu verändern. Positiv! ● Bodybuilding, das heißt Kraft und Erfolg in allen Lebensbereichen. ● **SPORT & FITNESS,** die <u>deutsche</u> Fachzeitschrift für Bodybuilding, Fitness, Training und Muskelaufbau ● In „lockerer" Verpackung erhalten Sie alle Body-Informationen, auf die Sie nicht verzichten sollten ● **SPORT & FITNESS** berichtet ausführlich über Trainingsmethoden für Anfänger, Fortgeschrittene und Aktive ● Vierfarbig und ausführlich ● **SPORT & FITNESS** — was sonst! ● **SPORT & FITNESS** erhalten Sie im Zeitschriftenhandel ● **SPORT & FITNESS** bietet praxisbezogene Tips für alle figurbewußte Damen. ● Ein kostenloses Probeexemplar liegt für Sie reserviert beim **SPORT & FITNESS**-Verlag Benno Dahmen. ● Fordern Sie Ihr Exemplar heute noch an!

SPORT & FITNESS, die Fachzeitschrift für Sie & Ihn!

**SPORT & FITNESS-VERLAG
Benno Dahmen, Postf. 2644
4150 Krefeld**

Gesamt-Programm

Essen und Trinken

Köstliche Suppen
für jede Tages- und Jahreszeit. (5122)
Von E. Fuhrmann, 64 S., 38 Farbfotos,
2 Zeichnungen, Pappband.
DM 14,80/S 119.–

Kochen, was allen schmeckt
1700 Koch- und Backrezepte für jede
Gelegenheit. (4098) Von A. und
G. Eckert, 796 S., 60 Farbtafeln,
Pappband. **DM 29,80**/S 239.–

Brunos beste Rezepte
– rund ums Jahr (4154) Von B. Henrich,
136 S., 15 Farbfotos, kart.
DM 14,80/S 119.–

Was koche ich heute?
Neue Rezepte für Fix-Gerichte. (0608)
Von A. Badelt-Vogt, 112 S., 16 Farbtafeln,
kart. **DM 9,80**/S 79.–

Kochen für 1 Person
Rationell wirtschaften, abwechslungsreich und schmackhaft zubereiten.
(0586) Von M. Nicolin, 136 S., 8 Farbtafeln, 23 Zeichnungen, kart.
DM 9,80/S 79.–

Gesunde Kost aus dem Römertopf
(0442) Von J. Kramer, 128 S., 8 Farbtafeln, 13 Zeichnungen, kart.
DM 8,80/S 74.–

Nudelgerichte
– lecker, locker, leicht zu kochen. (0466)
Von C. Stephan, 80 S., 8 Farbtafeln, kart.
DM 7,80/S 69.–

Lieblingsrezepte
Phantasievoll zubereitet und originell
dekoriert. (4234) Hrsg. P. Diller. 160 S.,
120 Farbfotos, 34 Zeichnungen, Pappband. **DM 24,80**/S 198.–

Was Männer gerne essen
Leibgerichte
(2216) Von C. Arius, 80 S., 55 Farbabb.,
Pappband. **DM 9,80**/S 85.–

Omas Küche und unsere Küche heute
(4089) Von J. P. Lemcke, 160 S., 8 Farbtafeln, 95 Zeichnungen, Pappband.
DM 24,80/S 198.–

Die besten Eintöpfe und Aufläufe
Das Beste aus den Kochtöpfen der Welt
(5079) Von A. und G. Eckert, 64 S.,
50 Farbfotos, Pappband.
DM 14,80/S 119.–

FALKEN-FEINSCHMECKER
Herzhaftes für Leib und Seele
Eintöpfe
(0820) Von P. Klein, 48 S., 30 Farbfotos,
Pappband. **DM 9,80**/S 79.–

Schnell und gut gekocht
Die tollsten Rezepte für den Schnellkochtopf. (0265) Von J. Ley, 96 S.,
8 Farbtafeln, kart. **DM 7,80**/S 69.–

Kochen und backen im Heißluftherd
Vorteile, Gebrauchsanleitung, Rezepte.
(0516) Von K. Kölner, 72 S., 8 Farbtafeln,
kart. **DM 7,80**/S 69.–

Das neue Mikrowellen-Kochbuch
(0434) Von H. Neu, 64 S., 4 Farbtafeln,
16 s/w Zeichnungen, kart.
DM 6,80/S 59.–

Ganz und gar mit Mikrowellen
(4094) Von T. Peters, 208 S., 24 Farbfotos, 12 Zeichnungen, kart.
DM 29,80/ S 239.–

FALKEN-FEINSCHMECKER
Schnell auf den Tisch gezaubert
Kochen mit Mikrowellen
(0818) Von A. Danner, 64 S., 52 Farbfotos, Pappband. **DM 9,80**/S 79.–

Haltbar machen durch
Trocknen und Dörren
Obst, Gemüse, Pilze, Kräuter
(0696) Von M. Bustorf-Hirsch, 32 S.,
42 Farbfotos, Spiralbindung.
DM 7,80/S 69.–

Marmeladen, Gelees und Konfitüre
Köstlich wie zu Omas Zeiten – einfach
selbstgemacht. (0720) Von M. Gutta,
32 S., 23 Farbfotos, 1 Zeichnung,
Pappband. **DM 7,80**/S 69,–

Einkochen
nach allen Regeln der Kunst. (0405) Von
B. Müller, 128 S., 8 Farbtafeln, kart.
DM 9,80/S 79.–

Einkochen, Einlegen, Einfrieren
(4055) Von B. Müller, 27 s/w-Abb., kart.
DM 14,80/S 119.–

Das neue Fritieren
geruchlos, schmackhaft und gesund.
(0365) Von P. Kühne, 96 S., 8 Farbtafeln,
kart. **DM 7,80**/S 69.–

Weltmeister-Soßen
Die Krönung der feinen Küche. (0357)
Von G. Cavestri, 96 S., 4 Farbtafeln,
80 Zeichnungen, kart. **DM 9,80**/S 79.–

FALKEN-FEINSCHMECKER
Die Krönung der feinen Küche
Saucen
(0817) Von G. Cavestri, 48 S., 40 Farbfotos, Pappband. **DM 9,80**/S 79.–

Wildgerichte
einfach bis raffiniert. (5115) Von M.
Gutta, 64 S., 43 Farbfotos, Pappband.
DM 14,80/S 119.–

Geflügel
Die besten Rezepte aus aller Welt. (5050)
Von M. Gutta, 64 S., 32 Farbfotos, Papp-
band. **DM 14,80**/S 119.–

Mehr Freude und Erfolg beim **Grillen**
(4141) Von A. Berliner, 160 S., 147 Farbfotos, 10 farbige Zeichnungen, Pappband. **DM 24,80**/S 198.–

Grillen
Fleisch · Fisch · Beilagen · Soßen. (5001)
Von E. Fuhrmann, 64 S., 38 Farbfotos,
Pappband. **DM 14,80**/S 119.–

Chinesisch kochen
Schmackhafte Rezepte für die abwechs-
lungsreiche Küche. (5011) Von A. und G.
Eckert, 64 S., 57 Farbfotos, Pappband.
DM 14,80/S 119.–

Chinesisch kochen
mit dem Wok-Topf und dem Mongolen-
Topf. (0557) Von C. Korn, 64 S., 8 Farbtafeln, kart. **DM 7,80**/S 69.–

Schlemmerreise durch die
Chinesische Küche
(4184) Von Kuo Huey Jen, 160 S.,
117 Farbfotos, Pappband.
DM 24,80/S 198.–

Ostasiatische Küche
schmackhaft, bekömmlich und vielseitig.
(5066) Von T. Sozuki, 64 S., 39 Farbfotos,
Pappband. **DM 14,80**/S 119.–

Nordische Küche
Speisen und Getränke von der Küste.
(5082) Von J. Kürtz, 64 S., 44 Farbfotos,
Pappband. **DM 14,80**/S 119.–

Deutsche Küche
Schmackhafte Gerichte von der Nordsee
bis zu den Alpen. (5025) Von E. Fuhrmann, 64 S., 52 Farbfotos, Pappband.
DM 14,80/S 119.–

Essen in Hessen
Spezialitäten zwischen Schwalm und
Odenwald
(0837) Von R. Witt, 120 S.,
10 s/w-Zeichnungen, Pappband.
DM 12,80/ S 99.–

Französisch kochen
Eine kulinarische Reise durch Frankreich.
(5016) Von M. Gutta, 64 S., 35 Farbfotos, Pappband. **DM 14,80**/S 114.–

Französische Küche
(0685) Von M. Gutta, 96 S., 16 Farbtafeln, kart. **DM 8,80**/S 74.–

**Französische Spezialitäten aus dem
Backofen**
Herzhafte Tartes und Quiches mit Fleisch,
Fisch, Gemüse und Käse.
(5146) Von P. Klein, 64 S., 43 Farbfotos,
Pappband. **DM 16,80**/139,–

Kochen und würzen mit **Knoblauch**
(0725) Von A. und G. Eckert, 96 S.,
8 Farbtafeln, kart. **DM 7,80**/S 69,–

Schlemmerreise durch die
Italienische Küche
(4172) Von V. Pifferi, 160 S., 109 Farbfotos, Pappband. **DM 24,80**/S 198,–

Italienische Küche
Ein kulinarischer Streifzug mit regionalen
Spezialitäten. (5026) Von M. Gutta,
64 S., 35 Farbfotos, Pappband.
DM 14,80/S 119.–

Portugiesische Küche und Weine
Kulinarische Reise durch Portugal.
(0607) Von E. Kasten, 96 S., 16 Farbtafeln, kart. **DM 9,80**/S 79.–

Köstliche Pizzas, Toasts, Pasteten
Schmackhafte Gerichte schnell zubereitet.
(5081) Von A. und G. Eckert, 64 S.,
46 Farbfotos, Pappband.
DM 14,80/S 119.–

FALKEN-FEINSCHMECKER
Schlemmen wie bei Mamma Maria
Pizzas
(0815) Von F. Faist, 64 S., 62 Farbfotos,
Pappband. **DM 9,80**/S 79.–

Köstliche Pilzgerichte
Rezepte für die meistvorkommenden
Speisepilze. (5133) Von V. Spicker-Noack,
M. Knoop, 64 S., 52 Farbfotos, Papp-
band. **DM 14,80**/S 119.–

Am Tisch zubereitet
Fondues, Raclettes, Flambieren. (4152)
Von I. Otto, 208 S., 12 Farbtafeln, 17 s/w-
Fotos, Pappband. **DM 24,80**/S 198.–

Köstliche Fondues
mit Fleisch, Geflügel, Fisch, Käse, Gemüse und Süßem. (5006) Von E. Fuhrmann,
64 S., 50 Farbfotos, Pappband.
DM 14,80/S 119.–

Fondues
und fritierte Leckerbissen. (0471) Von
S. Stein, 96 S., 8 Farbtafeln, kart.
DM 6,80/S 59.–

Fondues · Raclettes · Flambiertes
(4081) Von R. Peiler und M.-L. Schult,
136 S., 15 Farbtafeln, 28 Zeichnungen,
kart. **DM 14,80**/S 119.–

Neue, raffinierte Rezepte mit dem Raclette-Grill
(0558) Von L. Helger, 56 S., 8 Farbtafeln,
kart. **DM 7,80**/S 69.–

Rezepte rund um Raclette und Hobby-Rechaud
(0420) Von J. W. Hochscheid, 72 S.,
8 Farbtafeln, kart. **DM 7,80**/S 69.–

Fondues und Raclettes
(4253) Von F. Faist, 160 S., 125 Farbfotos, Pappband. **DM 24,80**/S 198.–

Kochen und Würzen mit
Paprika
(0792) Von A. u. G. Eckert, 88 S., 8 Farbtafeln, kart. **DM 8,80**/S 74,–

Kleine Kalte Küche
für Alltag und Feste. (5097) Von A. und
G. Eckert, 64 S., 45 Farbfotos, Pappband. **DM 12,80**/S 99.–

Kalte Platten – Kalte Büfetts
rustikal bis raffiniert. (5015) Von
M. Gutta, 64 S., 34 Farbfotos, Pappband.
DM 14,80/S 119.–

Kalte Happen und Partysnacks
Canapés, Sandwiches, Pastetchen, Salate
und Suppen. (5029) Von D. Peters, 64 S.,
44 Farbfotos, Pappband.
DM 14,80/S 119.–

Garnieren und Verzieren
(4236) Von R. Biller, 160 S., 329 Farbfotos, 57 Zeichnungen, Pappband.
DM 24,80/S 198,–

Desserts
Puddings, Joghurts, Fruchtsalate, Eis,
Gebäck, Getränke. (5020) Von M. Gutta,
64 S., 41 Farbfotos, Pappband.
DM 14,80/S 119.–

Crêpes, Omeletts und Soufflés
Pikante und süße Spezialitäten. (5131)
Von J. Rosenkranz, 64 S., 45 Farbfotos,
Pappband. **DM 14,80**/S 119.–

Backen
(4113) Von M. Gutta, 240 S., 123 Farbfotos, Pappband. **DM 48,–**/S 398.–

Kuchen und Torten
Die besten und beliebtesten Rezepte.
(5067) Von M. Sauerborn, 64 S.,
79 Farbfotos, Pappband.
DM 14,80/S 119.–

Tortenträume und Kuchenfantasien
Gebackene Köstlichkeiten originell
dekoriert und verziert
(0823) Von F. Faist, 80 S., 150 Farbfotos,
kart. **DM 19,80**/S 159.–

Schönes Hobby Backen
Erprobte Rezepte mit modernen Backformen. (0451) Von E. Blome, 96 S.,
8 Farbtafeln, kart. **DM 7,80**/S 69.–

Backen, was allen schmeckt
Kuchen, Torten, Gebäck und Brot. (4166)
Von E. Blome, 556 S., 40 Farbtafeln,
Pappband. **DM 24,80**/S 198.–

Meine Vollkornbackstube
Brot · Kuchen · Aufläufe. (0616) Von R.
Raffelt, 96 S., 4 Farbtafeln, 12 Zeichnungen, kart. **DM 6,80**/S 59.–

FALKEN-FEINSCHMECKER
Mit Körnern, Zimt und Mandelkern
Vollkorngebäck
(0816) Von M. Bustorf-Hirsch, 48 S.,
39 Farbfotos, Pappband.
DM 9,80/ S 79.–

Biologisch Backen
Neue Rezeptideen für Kuchen, Brote,
Kleingebäck aus vollem Korn. (4174) Von
M. Bustorf-Hirsch, 136 S., 15 Farbtafeln,
47 Zeichnungen, kart. **DM 14,80**/S 119.–

Selbst Brotbacken
Über 50 erprobte Rezepte. (0370) Von J.
Schiermann, 80 S., 6 Zeichnungen,
4 Farbtafeln, kart. **DM 6,80**/S 59.–

Mehr Freude und Erfolg beim
Brotbacken
(4148) Von A. und G. Eckert, 160 S.,
177 Farbfotos, Pappband.
DM 24,80/S 198,–

Brotspezialitäten
knusprig backen – herzhaft kochen.
(5088) Von J. W. Hochscheid und L.
Helger, 64 S., 48 Farbfotos, Pappband.
DM 14,80/S 119.–

Weihnachtsbäckerei
Köstliche Plätzchen, Stollen, Honigkuchen und Festtagstorten. (0682) Von
M. Sauerborn, 32 S., 36 Farbfotos,
Pappband. **DM 7,80**/S 69.–

Waffeln
süß und pikant. (0522) Von C. Stephan,
64 S., 8 Farbtafeln, kart.
DM 6,80/S 59.–

Kochen für Diabetiker
Gesund und schmackhaft für die ganze
Familie. (4132) Von M. Toeller,
W. Schumacher, A. C. Groote, 224 S.,
109 Farbfotos, 94 Zeichnungen,
Pappband. **DM 29,80**/S 239.–

Neue Rezepte für Diabetiker-Diät
Vollwertig – abwechslungsreich – kalorienarm. (0418) Von M. Oehlrich, 120 S.,
8 Farbtafeln, kart. **DM 9,80**/S 79.–

Schlemmertips für Figurbewußte
(0680) Von V. Kahn, 64 S., 8 Farbtafeln,
kart. **DM 9,80**/S 79.–

Wer schlank ist, lebt gesünder
Tips und Rezepte zum Schlankwerden
und -bleiben. (0562) Von R. Mainer,
80 S., 8 Farbtafeln, kart.
DM 8,80/S 74.–

Kalorien · Joule
Eiweiß · Fett · Kohlenhydrate tabellarisch nach gebräuchlichen Mengen.
(0374) Von M. Bormio, 88 S., kart.,
DM 6.80/59.–

Alles mit Joghurt
tagfrisch selbstgemacht. Mit vielen
Rezepten. (0382) Von G. Volz, 88 S.,
8 Farbtafeln, kart., **DM 7,80**/S 69.–

Die Brot-Diät
Ein Schlankheitsplan ohne Extreme.
(0452) Von Prof. Dr. E. Menden und
W. Aign, 92 S., 8 Farbtafeln, kart.,
DM 7,80/S 69.–

Gesund leben – schlank werden mit der
Bio-Kur
(0657) Von S. Winter, 144 S., 4 Farbtafeln, kart. **DM 9,80**/S 79.–

Miekes Kräuter- und Gewürzkochbuch
(0323) Von I. Persy und K. Mieke, 96 S.,
8 Farbtafeln, kart. **DM 8,80**/S 74,–

Salate
(4119) Von C. Schönherr, 240 S., 115 Farbfotos, gebunden. **DM 48,–**/S 389.–

Delikate Salate
für alle Gelegenheiten rund um's Jahr.
(5002) Von E. Fuhrmann, 64 S., 50 Farbfotos, Pappband. **DM 14,80**/S 119.–

Das köstliche knackige Schlemmervergnügen.
Salate
(4165) Von V. Müller. 160 S., 80 Farbfotos, Pappband. **DM 24,80**/S 198,–

111 köstliche Salate
Erprobte Rezepte mit Pfiff. (0222) Von
C. Schönherr, 96 S., 8 Farbtafeln,
30 Zeichnungen, kart. **DM 8,80**/S 74.–

Rohkost
Schmackhafte Gerichte für die gesunde
Ernährung. (5044) Von I. Gabriel, 64 S.,
53 Farbfotos, Pappband.
DM 14,80/S 119.–

Joghurt, Quark, Käse und Butter
Schmackhaftes aus Milch hausgemacht.
(0739) Von M. Bustorf-Hirsch, 32 S.,
59 Farbabb., Pappband. **DM 7,80**/S 69,–

Die abwechslungsreiche Vollwertküche
Vitaminreich und naturbelassen kochen
und backen. (4229) Von M. Bustorf-Hirsch, K. Siegel, 280 S., 31 Farbtafeln,
78 Zeichnungen, Pappband.
DM 36,–/ S 319,–

Alternativ essen
Die gesunde Sojaküche. (0553) Von U.
Kolster, 112 S., 8 Farbtafeln, kart.
DM 9,80/S 79,–

Das Reformhaus-Kochbuch
Gesunde Ernährung mit hochwertigen
Naturprodukten. (4180) Von A. u. G.
Eckert, 160 S. 15 Farbtafeln, Pappband.
DM 24,80/S 198,–

Gesund kochen mit Keimen und Sprossen
(0794) Von M. Bustorf-Hirsch, 104 S.,
8 Farbtafeln, 13 s/w-Zeichnungen, kart.
DM 8,80/S 74,–

Die feine Vegetarische Küche
(4235) Von F. Faist, 160 S., 191 Farbfotos, Pappband. **DM 24,80**/S 198,–

Biologische Ernährung
für eine natürliche und gesunde Lebensweise. (4125) Von G. Leibold, 136 S.,
15 Farbtafeln, 47 Zeichnungen, kart.
DM 14,80/S 119.–

Gesunde Ernährung für mein Kind
(0776) Von M. Bustorf-Hirsch, 96 S.,
8 Farbtafeln, 5 s/w Zeichnungen, kart.
DM 9,80/S 79,–

Vitaminreich und naturbelassen
Biologisch Kochen
(4162) Von M. Bustorf-Hirsch und
K. Siegel, 144 S., 15 Farbtafeln, 31 Zeichnungen, kart. **DM 14,80**/S 119.–

Gesund kochen
wasserarm · fettfrei · aromatisch.
(4060) Von M. Gutta, 240 S., 16 Farbtafeln, Pappband. **DM 29,80**/S 239,–

Kräuter- und Heilpflanzen-Kochbuch
für eine gesunde Lebensweise. (4066)
Von P. Pervenche, 143 S., 15 Farbtafeln.
kart. **DM 14,80**/S 119,–

Pralinen und Konfekt
Kleine Köstlichkeiten selbstgemacht.
(0731) Von H. Engelke, 32 S., 57 Farbfotos, Pappband. **DM 7,80**/S 69,–

FALKEN-FEINSCHMECKER
Zart schmelzende Versuchungen
Schokolade
(0819) Von J. Schroer, 48 S., 53 Farbfotos, Pappband. **DM 9,80**/S 79.–

Köstlichkeiten für Gäste und Feste
Kalte Platten
(4200) Von I. Pfliegner, 160 S., 130 Farbfotos, Pappband. **DM 24,80**/S 198,–

Die Preise entsprechen dem Status beim Druck dieses

Kochen für Gäste
Köstliche Menüs mit Liebe zubereitet.
(5149) Von R. Wesseler, 64 S., 40 Farbfotos, Pappband. **DM 14,80/S 119.–**

Das richtige Frühstück
Gesunde Vollwertkost vitaminreich und naturbelassen.
(0784) Von C. Kratzel und R. Böll, 32 S., 28 Farbfotos, Pappband. **DM 7,80/S 69.–**

Bocuse à la carte
Französisch kochen mit dem Meister.
(4237) Von P. Bocuse, 88 S., 218 Farbfotos, Pappband. **DM 19,80/S 159,–**
Auch als Video-Kassette erhältlich

Kochschule mit Paul Bocuse
(6016/VHS, 6017/Video 2000, 6018/Beta), 60 Min. in Farbe
DM 69,–/S 619,–
(unverb. Preisempfehlung)

Natursammlers Kochbuch
Wildfrüchte und Gemüse, Pilze, Kräuter – finden und zubereiten. (4040) Von C. M. Kerler, 140 S., 12 Farbtafeln, kart.
DM 19,80/S 159,–

Neue Cocktails und Drinks
mit und ohne Alkohol (0517) Von S. Späth, 128 S., 4 Farbtafeln, kart.,
DM 9,80/S 79.–

Mixgetränke
mit und ohne Alkohol (5017) Von C. Arius, 64 S., 35 Farbfotos, Pappband.
DM 14.80/S 119.–

Cocktails und Mixereien
für häusliche Feste und Feiern. (0075) Von J. Walker, 96 S., 4 Farbtafeln, kart.
DM 6,80/S 59.–

Die besten Punsche, Grogs und Bowlen
(0575) Von F. Dingden, 64 S., 2 Farbtafeln, kart. **DM 6,80/S 59.–**

Weine und Säfte, Liköre und Sekt
selbstgemacht. (0702) Von P. Arauner, 232 S., 76 Abb., kart. **DM 16,80/S 139,–**

Mitbringsel aus meiner Küche
selbst gemacht und liebevoll verpackt. (0668) Von C. Schönherr, 32 S., 30 Farbfotos, Pappband. **DM 7,80/S 69,–**

Weinlexikon
Wissenswertes über die Weine der Welt.
(4149) Von U. Keller, 228 S., 6 Farbtafeln, 395 s/w-Fotos, Pappband.
DM 29,80/S 239.–

Köstliches Lebenselixier **Wein**
(2204) Von H. Steffan, 80 S., 74 Farbfotos u. Zeichnungen, Pappband.
DM 9,80/S 85.–

Von der Romantik der blauen Stunde
Cocktails und Drinks
(2209) Von S. Späth, 80 S., 25 Farbfotos und Zeichnungen, Pappband.
DM 9,80/S 85.–

Vom Genuß des braunen Goldes
Kaffee
(2213) Von H. Strutzmann. 80 S., 49 Fotos, Pappband. **DM 9,80/S 85,–**

Heißgeliebter Tee
Sorten, Rezepte und Geschichten. (4114) Von C. Maronde, 153 S., 16 Farbtafeln, 93 Zeichnungen, gebunden.
DM 26,80/S 218.–

Tee für Genießer.
Sorten · Riten · Rezepte. (0356) Von M. Nicolin, 64 S., 4 Farbtafeln, kart.
DM 5,80/S 49.–

Tee
Herkunft · Mischungen · Rezepte. (0515) Von S. Ruske, 96 S., 4 Farbtafeln, 16 s/w Abbildungen, Pappband.
DM 9,80/S 79.–

Vom höchsten Genuß des Teetrinkens
(2201) Von I. Ubenauf, 80 S., 57 Farbfotos u. Zeichnungen, Pappband.
DM 9,80/S 85.–

Kinder lernen spielend backen
(5110) Von M. Gutta, 64 S., 45 Farbfotos, Pappband. **DM 14,80/S 119,–**

Kinder lernen spielend kochen
Lieblingsgerichte mit viel Spaß selbst zubereitet. (5096) Von M. Gutta, 64 S., 45 Farbfotos, Pappband.
DM 14,80/S 119,–

Hobby

Aquarellmalerei
als Kunst und Hobby.
(4147) Von H. Haack und B. Wersche, 136 S., 62 Farbfotos, 119 Zeichnungen, gebunden **DM 39,–/S 319,–**

Aquarellmalerei
Materialien · Techniken · Motive.
(5099) Von T. Hinz, 64 S., 79 Farbfotos, Pappband. **DM 14,80/S 119,–**

Aquarellmalerei leicht gelernt
Materialien · Techniken · Motive.
(0787) Von T. Hinz, R. Braun, B. Zeidler, 32 S., 38 Farbfotos, 1 Zeichnung,
DM 7,80/S 69.–

Origami
Die Kunst des Papierfaltens. (0280) Von R. Harbin, 160 S., 633 Zeichnungen, kart. **DM 9,80/S 79,–**

Hobby Origami
Papierfalten für groß und klein.
(0756) Von Z. Aytüre-Scheele, 88 S., über 800 Farbfotos, kart.
DM 19,80/S 159,–

Neue zauberhafte Origami-Ideen
Papierfalten für groß und klein.
(0805) Von Z. Aytüre-Scheele, 80 S., 720 Farbfotos, kart. **DM 19,80/S 159,–**

Weihnachtsbasteleien
(0667) Von M. Kühnle und S. Beck, 32 S., 56 Farbfotos, 6 Zeichnungen, Pappband.
DM 7,80/S 69.–

Falken-Handbuch
Zeichnen und Malen
(4167) Von B. Bagnall, 336 S., 1154 Farbabb., Pappband. **DM 68,–/S 549,–**

Naive Malerei
Materialien · Motive · Techniken
(5083) Von F. Krettek, 64 S., 76 Farbfotos, Pappband. **DM 14,80/S 119,–**

Bauernmalerei
als Kunst und Hobby. (4057) Von A. Gast und H. Stegmüller, 128 S., 239 Farbfotos, 26 Riß-Zeichnungen, Pappband.
DM 39,–/S 319,–

Hobby Bauernmalerei
(0436) Von S. Ramos und J. Roszak, 80 S., 116 Farbfotos und 28 Motivvorlagen, kart. **DM 19,80/S 159,–**

Bauernmalerei
Kreatives Hobby nach alter Volkskunst (5039) Von S. Ramos, 64 S., 85 Farbfotos, Pappband. **DM 14,80/S 119,–**

Glasmalerei
als Kunst und Hobby. (4088) Von F. Krettek und S. Beeh-Lustenberger, 132 S., 182 Farbfotos, 38 Motivvorlagen, Pappband. **DM 39,–/S 319,–**

Naive Hinterglasmalerei
Materialien · Techniken · Bildvorlagen
(5145) Von F. Krettek, 64 S., 87 Farbfotos, 6 Zeichnungen, Pappband.
DM 16,80/S 139,–

Glasritzen
Materialien · Formen · Motive. (5109) Von G. Mégroz, 64 S., 110 Farbfotos, 15 Zeichnungen, Pappband.
DM 14,80/S 119,–

Kalligraphie
Die Kunst des schönen Schreibens (4263) Von C. Hartmann, 120 S., 44 Farbvorlagen, 29 s/w-Vorlagen, 2 s/w-Zeichnungen, 38 Farbfotos, Pappband. **DM 49,–/S 398.–**

Kunstvolle Seidenmalerei
Mit zauberhaften Ideen zum Nachgestalten. (0783) Von I. Demharter, 32 S., 56 Farbfotos, Pappband.
DM 7,80/S 74,–

Zauberhafte Seidenmalerei
Materialien · Techniken · Gestaltungsvorschläge. (0664) Von E. Dorn, 32 S., 62 Farbfotos, Pappband.
DM 7,80/S 69.–

Hobby Seidenmalerei
(0611) Von R. Henge, 88 S., 106 Farbfotos, 28 Zeichnungen, kart.
DM 19,80/S 159,–

Hobby Stoffdruck und Stoffmalerei
(0555) Von A. Ursin, 80 S., 68 Farbfotos, 68 Zeichnungen, kart.
DM 19,80/S 159,–

Stoffmalerei und Stoffdruck
Materialien · Techniken · Ideen · Modelle (5074) Von H. Gehring, 64 S., 110 Farbfotos, Pappband. **DM 14,80/S 119,–**

Batik
leicht gemacht. Materialien ·Färbetechniken · Gestaltungsideen. (5112) Von A. Gast, 64 S., 105 Farbfotos, Pappband. **DM 14,80/S 119,–**

Textilfärben
Färben so einfach wie Waschen. (0693) Von W. Siegrist, P. Schärli, 32 S., 47 Farbfotos, 3 Zeichnungen, Spiralbindung.
DM 7,80/S 69,–

Kreatives Bilderweben
Materialien – Vorlagen – Motive
(0814) Von A. Schulte-Huxel, 32 S., 58 Farbfotos, 8 Zeichnungen, Pappband.
DM 9,80/S 79.–

Schöne Geschenke selbermachen
(4128) Von M. Kühnle, 128 S., 278 Farbfotos, 85 farbige Zeichnungen, gebunden. **DM 39,–/S 319,–**

Flechten
mit Bast, Stroh und Peddigrohr. (5098) Von H. Hangleiter, 64 S., 47 Farbfotos, 76 Zeichnungen, Pappband.
DM 14,80/S 119,–

Makramee
Knüpfarbeiten leicht gemacht. (5075) Von B. Pröttel, 64 S., 95 Farbfotos, Pappband. **DM 12,80/S 99,–**

Häkeln und Makramee
Techniken · Geräte · Arbeitsmuster.
(0320) Von M. Stradal, 104 S., 191 Abb. und Schemata, kart. **DM 6,80/S 59,–**

Falken-Handbuch
Häkeln
ABC der Häkeltechniken und Häkelmuster in ausführlichen Schritt-für-Schritt-Bildfolgen.
(4194) Von H. Fuchs, M. Natter, 288 S., 597 Farbfotos, 476 farbige Zeichnungen.
DM 39,–/S 319,–

FALKEN VERLAG

Häkeln
Schritt für Schritt für Rechts- und Links-
händer. (5134) Von H. Klaus, 64 S.,
120 Farbfotos, 144 Zeichnungen,
Pappband. **DM 14,80**/S 119,–

Klöppeln
Schritt für Schritt leicht gelernt. (0788)
Von U. Seiffer, 32 S., 42 Farb-, 1 s/w-
Foto, 25 Zeichnungen, mit Klöppelbriefen,
Pappband. **DM 9,80**/S 79,–

Sticken
Schritt für Schritt für Rechts- und Links-
händer. (5135) Von U. Werner, 64 S.,
196 Farbfotos, 96 Zeichnungen, Pappband. **DM 14,80**/S 119,–

Monogrammstickerei
Mit Vorlagen für Initialen, Vignetten und
Ornamente. (5148) Von H. Fuchs, 64 S.,
50 Farbfotos, 50 Zeichnungen, Pappband. **DM 14,80**/S 119,–

Falken-Handbuch **Stricken**
ABC der Stricktechniken und Strick-
muster in ausführlichen Schritt-für-
Schritt-Bildfolgen. (4137) Von M. Natter,
312 S., 106 Farb- und 922 s/w-Fotos,
318 Zeichnungen, Pappband.
DM 36,–/S 298,–

Bestrickend schöne Ideen
Pullover, Westen, Ensembles, Jacken
(4178) Von R. Weber, 208 S., 220 Farbfotos, 358 Zeichnungen, Pappband.
DM 29,80/S 239,–

Chic in Strick
Neue Pullover
Westen · Jacken · Kleider · Ensembles.
(4224) Hrsg. R. Weber, 192 S., 255 Farbabb., Pappband. **DM 29,80**/S 239,–

Perfekt Stricken
(4250) Von H. Jaacks, 256 S.,
703 Farbfotos, 169 Farb- und
121 s/w-Zeichnungen, Pappband.
DM 29,80/S 239,–

Videokassette Stricken
(6007/VHS, 6008/Video 2000,
6009/Beta). Von P. Krolikowski-Habicht,
H. Jaacks, 51 Min., in Farbe.
DM 49,90/S 448,–
(unverbindl. Preisempf.)

Stricken
Schritt für Schritt für Rechts- und Links-
händer. (5142) Von S. Oelwein-Schefczik,
64 S., 148 Farbfotos, 173 Zeichnungen,
Pappband. **DM 14,80**/S 119,–

**Die schönsten Handarbeiten zum
Verschenken**
(4225) Von B. Wenzelburger, 128 S.,
156 Farbfotos, 70 2-farbige Zeichnungen, Pappband. **DM 39,–**/S 319,–

Kuscheltiere stricken und häkeln
Arbeitsanleitungen und Modelle. (0734)
Von B. Wehrle, 32 S., 60 Farbfotos,
28 Zeichnungen, Spiralbindung.
DM 7,80/S 69,–

Hobby Patchwork und Quilten
(0768) Von B. Staub-Wachsmuth, 80 S.,
108 Farbabb., 43 Zeichnungen, kart.
DM 19,80/S 159,–

Textiles Gestalten
Weben, Knüpfen, Batiken, Sticken,
Objekte und Strukturen. (5123) Von
J. Fricke, 136 S., 67 Farb- und 189 s/w-
Fotos, 15 Zeichnungen, kart.
DM 16,80/S 139,–

Gestalten mit Glasperlen
fädeln · sticken · weben (0640) Von
A. Köhler, 32 S., 55 Farbfotos, Spiralbindung. **DM 6,80**/S 59,–

Neue zauberhafte Salzteig-Ideen
(0719) Von I. Kiskalt, 80 S., 320 Farbfotos, 12 Zeichnungen, kart.
DM 19,80/S 159,–

Hobby Salzteig
(0662) Von I. Kiskalt, 80 S., 150 Farbfotos, 5 Zeichnungen, Schablonen, kart.
DM 19,80/S 159,–

Gestalten mit Salzteig
formen · bemalen · lackieren. (0613) Von
W.-U. Cropp, 32 S., 56 Farbfotos,
17 Zeichnungen, Pappband.
DM 7,80/S 69,–

Originell und dekorativ
Salzteig mit Naturmaterialien
(0833) Von A. und H. Wegener, 80 S.,
166 Farbfotos, kart. **DM 19,80**/S 159,–

**Buntbemalte Kunstwerke aus
Salzteig**
Figuren, Landschaften und Wandbilder.
(5141) Von G. Belli, 64 S., 165 Farbfotos,
1 Zeichnung, Pappband.
DM 14,80/S 159,–

Kreatives Gestalten mit Salzteig
Originelle Motive für Fortgeschrittene.
(0769) Hrsg. I. Kiskalt, 80 S., 168 Farbfotos, kart. **DM 19,80**/S 159,–

Videokassette Salzteig
(6010/VHS, 6011/Video 2000,
6012/Beta) Von I. Kiskalt, Dr. A. Teuchert,
in Farbe, ca. 35 Min. **DM 69,–**/ S 619,–
(Unverb. Preisempfehlung)

Tiffany-Spiegel selbermachen
Materialien · Arbeitsanleitung · Vorlagen.
(0761) Von R. Thomas, 32 S., 53 Farbfotos, Pappband. **DM 7,80**/S 69,–

Tiffany-Lampen selbermachen
Arbeitsanleitung · Materialien · Modelle.
(0684) Von I. Spliethoff, 32 S., 60 Farbfotos, Pappband. **DM 7,80**/S 69,–

Hobby Glaskunst in Tiffany-Technik
(0781) Von N. Köppel, 80 S., 194 Farbfotos, 6 s/w-Abb., kart.,
DM 19,80/S 159,–

Kerzen und Wachsbilder
gießen · modellieren · bemalen. (5108)
Von Ch. Riess, 64 S., 110 Farbfotos,
Pappband. **DM 14,80**/S 119,–

Hobby Holzschnitzen
Von der Astholzfigur zur Vollplastik.
(5101) Von H.-D. Wilden, 112 S., 16 Farbtafeln, 135 s/w-Fotos, kart.
DM 16,80/S 139,–

Bastelspaß mit der Laubsäge
Mit Schnittmusterbogen für viele Modelle
in Originalgröße. (0741) Von L. Giesche,
M. Bausch, 32 S., 61 Farbfotos, 7 Zeich-
nungen, Schnittmusterbogen, Pappband.
DM 9,80/S 79,–

Falken-Heimwerker-Praxis
Tapezieren
(0743) Von W. Nitschke, 112 S., 186 Farbfotos, 9 Zeichnungen, kart.
DM 19,80/S 159,–

Falken-Heimwerker-Praxis
Anstreichen und Lackieren
(0771) Von P. Müller, 120 S., 186 Farbfotos, 2 s/w Fotos, 3 Zeichnungen, kart.
DM 19,80/S 159,–

Falken-Heimwerker-Praxis
Fahrrad-Reparaturen
(0796) Von R. van der Plas, 112 S.,
140 Farbfotos, 113 farbige Zeichnungen,
kart. **DM 19,80**/S 159,–

Falken-Handbuch
Heimwerken
Reparieren und Selbermachen in Haus
und Wohnung – über 1100 Farbfotos.
Praktische Tips vom Profi: Selbermachen
– Reparieren, Renovieren, Kostensparen.
(4117) Von Th. Pochert, 440 S.,
1103 Farbfotos. 100 ein- und zweifarbige
Abb., Pappband. **DM 49,–**/S 398,–

Restaurieren von Möbeln
Stilkunde, Materialien, Techniken,
Arbeitsanleitungen in Bildfolgen.
(4120) Von E. Schnaus-Lorey, 152 S.,
37 Farbfotos, 75 s/w Fotos, 352 Zeichnungen, Pappband. **DM 39,–**/S 319,–

**Möbel aufarbeiten, reparieren und
pflegen**
(0386) Von E. Schnaus-Lorey, 96 S.,
28 Fotos, 101 Fotos, kart.,
DM 9,80/S 79,–

**Vogelhäuschen, Nistkästen, Vogel-
tränken** mit Plänen und Anleitungen
zum Selbstbau. (0695) Von J. Zech,
32 S., 42 Farbfotos, 5 Zeichnungen,
Pappband. **DM 7,80**/S 69,–

Papiermachen
ein neues Hobby. (5105) Von R. Weiden-
müller, 64 S., 84 Farbfotos, 9 s/w-Fotos,
14 Zeichnungen, Pappband.
DM 16,80/S 139,–

**Schmuck und Objekte aus Metall und
Email**
(5078) Von J. Fricke, 120 S., 183 Abb.,
kart. **DM 16,80**/S 139,–

Strohschmuck selbstgebastelt
Sterne, Figuren und andere Dekorationen.
(0740) Von E. Rombach, 32 S., 60 Farbfotos, 17 Zeichnungen, Pappband.
DM 7,80/S 69,–

Das Herbarium
Pflanzen sammeln, bestimmen und
pressen. (5113) Von I. Gabriel, 96 S.,
140 Farbfotos, Pappband.
DM 16,80/S 139,–

Gestalten mit Naturmaterialien
Zweige, Kerne, Federn, Muscheln und
anderes. (5128) Von I. Krohn, 64 S.,
101 Farbfotos, 11 farbige Zeichnungen,
Pappband. **DM 14,80**/S 119,–

Dauergestecke
mit Zweigen, Trocken- und Schnittblumen.
(5121) Von G. Vocke, 64 S., 57 Farbfotos,
Pappband. **DM 14,80**/S 119,–

Ikebana
Einführung in die japanische Kunst des
Blumensteckens. (0548) Von G. Vocke,
152 S., 47 Farbfotos, kart.
DM 19,80/S 159,–

Blumengestecke im Ikebanastil
(5041) Von G. Vocke, 64 S., 37 Farbfotos, viele Zeichnungen, Pappband.
DM 14,80/S 119,–

Hobby Trockenblumen
Gewürzsträuße, Gestecke, Kränze,
Buketts. (0643) Von R. Strobel-Schulze,
88 S., 170 Farbfotos, kart.
DM 19,80/S 159,–

Hobby Gewürzsträuße
und zauberhafte Gebinde nach Salz-
burger Art. (0726) Von A. Ott, 80 S.,
101 Farbfotos, 51 farbige Zeichnungen,
kart. **DM 19,80**/S 159,–

Trockenblumen und Gewürzsträuße
(5084) Von G. Vocke, 64 S., 63 Farbfotos, Pappband. **DM 12,80**/S 99,–

Arbeiten mit Ton
Töpfern mit und ohne Scheibe.
(5048) Von J. Fricke, 128 S., 15 Farbtafeln, 166 s/w-Fotos, kart.
DM 14,80/S 119,–

FALKEN VERLAG

Die Preise entsprechen dem Status beim Druck dieses

Töpfern
als Kunst und Hobby. (4073) Von
J. Fricke, 132 S., 37 Farbfotos, 222 s/w-
Fotos, gebunden. **DM 39,–/S 319.–**

Schöne Sachen modellieren
Originelles aus Cernit – ideenreich
gestaltet. (0762) Von G. Thelen, 32 S.,
105 Farbfotos, Pappband.
DM 7,80/S 69.–

Modellieren
mit selbsthärtendem Material. (5085)
Von K. Reinhardt, 64 S., 93 Farbfotos,
Pappband. **DM 14,80/S 119.–**

Porzellanpuppen
Zauberhafte alte Puppen selbst nach-
bilden. (5138) Von C. A. und D. Stanton,
64 S., 58 Farbfotos, 22 Zeichnungen,
Pappband. **DM 16,80/S 139.–**

Marionetten
entwerfen · gestalten · führen (5118) Von
A. Krause und A. Bayer, 64 S., 83 Farbfotos, 2 s/w-Fotos, 40 Zeichnungen,
Pappband. **DM 14,80/S 119.–**

Stoffpuppen
Liebenswerte Modelle selbermachen.
(5150) Von I. Wolff, 56 S., 115 Farbfotos,
15 Zeichnungen, mit Schnittmusterbogen,
Pappband. **DM 16,80/S 139.–**

Hobby Puppen
Bezaubernde Modelle selbst gestalten.
(0742) Von B. Wenzelburger, 88 S.,
163 Farbfotos, 41 Zeichnungen,
11 Schnittmuster, kart.
DM 19,80/S 159.–

Puppen und Figuren aus Kunst-
porzellan
gießen, bemalen und gestalten. (0735)
Von G. Baumgarten, 32 S., 86 Farbfotos,
Pappband. **DM 9,80/ S 79.–**

Die liebenswerte Welt der Puppen
(2212) Von U. D. Damrau, 80 S., 60 Farbfotos, Pappband. **DM 9,80/S 85.–**

Selbstgestrickte Puppen
Materialien und Arbeitsanleitungen.
(0638) Von E. Wehrle, 32 S., 23 Farbfotos, 24 Zeichnungen, Pappband. ·
DM 9,80/S 79.–

Dekorative Rupfenpuppen
Arbeitsanleitungen und Gestaltungsvorschläge. (0733) Von B. Wenzelburger,
32 S., 57 Farbfotos, 14 Zeichnungen,
Spiralbindung. **DM 7,80/S 69.–**

Phantasiepuppen stricken und häkeln
Märchenhafte Modelle mit Arbeitsanleitungen. (0813) Von B. Wehrle, 32 S.,
26 Farbfotos, 30 einfarbige und 16 drei-
farbige Zeichnungen, Pappband.
DM 9,80/ S 79.–

Schritt für Schritt zum Scheren-
schnitt
Materialien · Techniken · Gestaltungsvorschläge. (0732) Von H. Klingmüller,
32 S., 38 Farbfotos, 34 Vorlagen, Spiralbindung. **DM 7,80/S 69.–**

Garagentore selbst bemalt
Techniken und Motive. (0786) Von
H. u. Y. Nadolny, 32 S., 24 Farbfotos,
12 s/w-Zeichnungen, Pappband.
DM 9,80/S 79.–

Alle Jahre wieder...
Advent und Weihnachten
Basteln – Backen – Schmücken – Singen
– Vorlesen – Feiern
(4260) Von H. und Y. Nadolny, 256 S.,
105 Farbfotos, 130 Zeichnungen,
Pappband. **DM 25,–/S 200.–**

Freizeit

Aktfotografie
Interpretationen zu einem unerschöpf-
lichen Thema.
Gestaltung · Technik · Spezialeffekte.
(0737) Von H. Wedewardt, 88 S.,
144 Farb- und 6 s/w-Fotos, 6 Zeichnungen, kart. **DM 19,80/S 159,–**

Videokassette Aktfotografie
Laufzeit ca. 60 Min. In Farbe.
(6001/VHS, 6002/Video 2000,
6003/Beta) **DM 69,–/S 619.–**
(unverb. Preisempfehlung)

So macht man bessere Fotos
Das meistverkaufte Fotobuch der Welt.
(0614) Von M. L. Taylor, 192 S., 457 Farbfotos, 15 Abb., kart. **DM 14,80/S 119,–**
Falken-Handbuch

Dunkelkammerpraxis
Laboreinrichtung · Arbeitsabläufe
Fehlerkatalog. (4140) Von E. Pauli,
200 S., 54 Farbfotos, 239 s/w-Fotos,
171 Zeichnungen, Pappband.
DM 39,–/S 319.–
Falken-Handbuch **Trickfilmen**
Flach-, Sach- und Zeichentrickfilme – von
der Idee zur Ausführung. (4131) Von
H.-D. Wilden, 144 S., über 430 überwie-
gend farbige Abb., Pappband.
DM 39,–/S 319.–

Moderne Schmalfilmpraxis
Ausrüstung · Drehbuch · Aufnahme
Schnitt · Vertonung. (4043) Von U. Ney,
328 S., 29 Farbfotos, 177 s/w-Fotos,
57 Zeichnungen, gebunden.
DM 29,80/S 239,–

Schmalfilmen
Ausrüstung · Aufnahmepraxis · Schnitt
Ton. (0342) Von U. Ney, 108 S., 4 Farb-
tafeln, 25 s/w-Fotos, kart.
DM 9,80/S 79.–

Schmalfilm selbst vertonen
(0593) Von U. Ney, 96 S., 57 s/w-Fotos,
14 Zeichnungen, kart. **DM 9,80/S 79.–**

Fotografie – Das Schöne als Ziel
Zur Ästhetik und Psychologie der visuel-
len Wahrnehmung. (4122) Von E. Stark,
208 S., 252 Farbfotos, 63 Zeichnungen,
Ganzleinen. **DM 78,–/S 624.–**

Ferngelenkte Motorflugmodelle
bauen und fliegen. (0400) Von W. Thies,
184 S., mit Zeichnungen und Detail-
plänen, kart. **DM 16,80/S 139,–**

Modellflug-Lexikon
(0549) Von W. Thies, 280 S.,
98 s/w-Fotos, 234 Zeichnungen,
Pappband. **DM 36,–/S 298,–**

Flugmodelle
bauen und einfliegen. (0361) Von W.
Thies und Willi Rolf, 160 S., 63 Abb.,
7 Faltpläne, kart. **DM 12,80/S 99.–**

CB-Code
Wörterbuch und Technik. (0435) Von
R. Kerler, 120 S. ,5 s/w Fotos, 9 Zeich-
nungen, kart. **DM 9,80/S 79,–**

Kleine Welt auf Rädern
Das faszinierende Spiel mit **Modelleisen-
bahnen** (4175) Von F. Eisen, 256 S.,
72 Farb- und 180 s/w-Fotos, 25 Zeichnungen, Pappband. **DM 29,80/S 239,–**

Modelleisenbahnen im Freien
Mit Volldampf durch den Garten. (4245)
Von F. Eisen, 96 S., 115 Farb-, 4 s/w-
Fotos, 5 Zeichnungen, Pappband.
DM 29,80/S 239,–

Raketen auf Rädern
Autos und Motorräder an der Schall-
grenze. (4220) Von H. G. Isenberg, 96 S.,
112 Farbfotos, 21 s/w-Fotos, Pappband.
DM 24,80/S 198.–

Die rasantesten Rallyes der Welt
(4213) Von H. G. Isenberg und D.
Maxeiner, 96 S., 116 Farbfotos,
Pappband. **DM 24,80/S 198,–**

Trucks
Giganten der Landstraßen in aller Welt.
(4222) Von H. G. Isenberg, 96 S.,
131 Farbfotos, Pappband.
DM 24,80/S 198.–

Die Super-Trucks der Welt
(4257) Von H. G. Isenberg, 194 S.,
205 Farbfotos, 87 s/w-Fotos, 7 Farbzeichnungen, 4 Ausklapptafeln,
Pappband. **DM 39,–/S 319.–**

Ferngelenkte Elektromodelle
bauen und fliegen. (0700) Von W. Thies,
144 S., 52 s/w-Fotos, 50 Zeichnungen,
kart. **DM 16,80/139.–**

Schiffsmodelle
selber bauen. (0500) Von D. und R. Loch-
ner, 200 S., 93 Zeichnungen, 2 Faltpläne,
kart. **DM 14,80/S 119,–**

Dampflokomotiven
(4204) Von W. Jopp, 96 S., 134 Farbfotos, Pappband. **DM 24,80/S 198,–**

Zivilflugzeuge
Vom Kleinflugzeug zum Überschall-Jet.
(4218) Von R. J. Höhn und H. G.
Isenberg, 96 S., 115 Farbfotos,
Pappband. **DM 24,80/S 198,–**

Ferngelenkte Segelflugmodelle
bauen und fliegen. (0446) Von W. Thies,
176 S., 22 s/w-Fotos, 115 Zeichnungen,
kart. **DM 14,80/S 119,–**

Die schnellsten Motorräder der Welt
(4206) Von H. G. Isenberg und D.
Maxeiner, 96 S., 100 Farbfotos,
Pappband. **DM 24,80/S 198.–**

Motorrad-Hits
Chopper, Tribikes, Heiße Öfen. (4221)
Von H. G. Isenberg, 96 S., 119 Farbfotos,
Pappband. **DM 24,80/S 198.–**

Die Super-Motorräder der Welt
(4193) Von H. G. Isenberg, 192 S.,
170 Farb- und 100 s/w-Fotos, 8 Zeichnungen, Pappband. **DM 39,–/S 319,–**

Motorrad-Faszination
Heiße Öfen, von denen jeder träumt.
(4223) Von H. G. Isenberg, 96 S.,
103 Farb- und 20 s/w-Fotos, Pappband.
DM 24,80/S 198.–

Autos, die die Welt bewegten
Oldtimer
(2217) Von H. G. Isenberg, 80 S.,
32 Farb- und 22 s/w-Fotos, Pappband.
DM 9,80/S 85,–

Münzen
Ein Brevier für Sammler. (0353) Von
E. Dehnke, 128 S., 4 Farbtafeln, 17 s/w-
Abb., kart. **DM 9,80/S 79.–**

Astronomie als Hobby
Sternbilder und Planeten erkennen und
benennen. (0572) Von D. Block, 176 S.,
16 Farbtafeln, 49 s/w-Fotos, 93 Zeichnungen, kart. **DM 14,80/S 119.–**

Der Bart
Die individuelle Note des Mannes. (2222)
Von H. Strutzmann, 80 S., 58 Farbfotos,
Pappband. **DM 9,80/S 85,–**

Gitarre spielen
Ein Grundkurs für den Selbstunterricht.
(0534) Von A. Roßmann, 96 S., 1 Schall-
folie, 150 Zeichnungen, kart.
DM 24,80/S 198.–

Falken-Handbuch Zaubern
Über 400 verblüffende Tricks. (4063)
Von F. Stutz, 368 S., 1200 Zeichnungen,
Pappband. **DM 36,–**/S 298.–

Zaubern
einfach – aber verblüffend. (2018) Von
D. Buoch, 84 S., 41 Zeichnungen, kart.
DM 6,80/S 59.–

Zaubertricks
Das große Buch der Magie. (0282) Von
J. Zmeck, 244 S., 113 Abb., kart.
DM 14,80/S 119.–

Magische Zaubereien
(0672) Von W. Widenmann, 64 S.,
31 Zeichnungen, kart. **DM 7,80**/S 69.–

Pfeife rauchen
Die hohe Kunst, Tabak zu genießen.
(2203) Von W. Hufnagel, 80 S., 77 Farbfotos, 4 s/w-Fotos, 11 Zeichnungen,
Pappband. **DM 9,80**/S 85.–

Mit vollem Genuß
Pfeife rauchen
Alles über Tabaksorten, Pfeifen und
Zubehör. (4227) Von H. Behrens,
H. Frickert, 168 S., 127 Farbfotos,
18 Zeichnungen, Pappband.
DM 39,–/S 319.–

Mineralien, Steine und Fossilien
Grundkenntnisse für Hobby-Sammler.
(0437) Von D. Stobbe, 96 S., 16 Farbtafeln, 14 s/w-Fotos, 10 Zeichnungen,
kart. **DM 9,80**/S 79.–

Vom verführerischen Feuer der
Edelsteine
(2221) Von H. A. Mehler, R. Klotz, 80 S.,
46 Farbfotos, Pappband.
DM 9,80/S 85.–

Freizeit mit dem Mikroskop
(0291) Von M. Deckart, 132 S., 8 Farbtafeln, 64 s/w Abb., 2 Zeichnungen, kart.
DM 9,80/S 79.–

Briefmarken
sammeln für Anfänger. (0481) Von
D. Stein, 120 S., 4 Farbtafeln,
98 s/w-Abb., kart. **DM 9,80**/S 79.–

Wir lernen tanzen
Standard- und lateinamerikanische
Tänze. (0200) Von E. Fern, 168 S.,
118 s/w Abb., 47 Zeichnungen, kart.
DM 9,80/S 79,–

Tanzstunde
Das Welttanzprogramm · Party-Tanz-
stunde. (5018) Von G. Hädrich, 172 S.,
443 s/w-Fotos, 140 Zeichnungen,
Pappband. **DM 19.80**/S 159,–

So tanzt man Rock'n'Roll
Grundschritte · Figuren · Akrobatik.
(0573) Von W. Steuer und G. Marz,
224 S., 303 Abb., kart.
DM 16,80/ S 139,–

Disco-Tänze
(0491) Von B. und F. Weber, 104 S.,
104 Abb., kart. **DM 6,80**/S 59,–

Tanzen überall
Discofox, Rock'n'Roll, Blues, Langsamer
Walzer, Cha-Cha-Cha zum Selberlernen.
(0760) Von H. M. Pritzer, 112 S.,
128 Farbfotos, kart. **DM 19,80**/S 159,–

Videokassette **Tanzen überall**
Discofox, Rock'n'Roll, Blues. (6004/VHS,
6005/Video 2000, 6006/Beta) Von
H. M. Pritzer, G. Steinheimer, in Farbe,
ca. 45 Min. **DM 69,–**/S 619.–
(unverb. Preisempfehlung)

**Unser schönes Deutschland
neu gesehen**
(4199) Hrsg. U. Moll, 208 S., 800 Farbfotos, Pappband. **DM 29,80**/S 239,–

Schwarzwald-Romantik
Vom Zauber einer deutschen Landschaft.
(4232) Hrsg. A. Rolf, 184 S., 273 Farbfotos, Pappband. **DM 29,80**/S 239,–

Sport

Judo
Grundlagen des Stand- und Boden-
kampfes. (4013) Von W. Hofmann,
244 S., 589 Fotos, Pappband.
DM 29,80/S 239.–

Neue Lehrmethoden der Judo-Praxis
(0424) Von P. Herrmann, 223 S.,
475 Abb., kart. **DM 16,80**/S 139.–

Judo
Grundlagen – Methodik. (0305) Von
M. Ohgo, 208 S., 1025 Fotos, kart.
DM 14,80/S 119.–

Fußwürfe
für Judo, Karate und Selbstverteidigung.
(0439) Von H. Nishioka, 96 S., 260 Abb.,
kart. **DM 9,80**/S 79.–

Karate für alle
Karate-Selbstverteidigung in Bildern.
(0314) Von A. Pflüger, 112 S., 356 s/w-
Fotos, kart. **DM 9,80**/S 79.–

Karate für Frauen und Mädchen
Sport und Selbstverteidigung. (0425)
Von A. Pflüger, 168 S., 259 s/w-Fotos,
kart. **DM 12,80**/S 99.–

Nakayamas Karate perfekt 1
Einführung. (0487) Von M. Nakayama,
136 S., 605 s/w-Fotos, kart.
DM 19,80/S 159.–

Nakayamas Karate perfekt 2
Grundtechniken. (0512) Von
M. Nakayama, 136 S., 354 s/w-Fotos,
53 Zeichnungen, kart.
DM 19,80/S 159.–

Nakayamas Karate perfekt 3
Kumite 1: Kampfübungen. (0538) Von
M. Nakayama, 128 S., 424 s/w-Fotos,
kart. **DM 19,80**/S 159.–

Nakayamas Karate perfekt 4
Kumite 2: Kampfübungen. (0547) Von
M. Nakayama, 128 S., 394 s/w-Fotos,
kart. **DM 19,80**/S 159.–

Nakayamas Karate perfekt 5
Kata 1: Heian, Tekki. (0571) Von
M. Nakayama, 144 S., 1229 s/w-Fotos,
kart. **DM 19,80**/S 159.–

Nakayamas Karate perfekt 6
Kata 2: Bassai-Dai, Kanku-Dai.
(0600) Von M. Nakayama, 144 S.,
1300 s/w-Fotos, 107 Zeichnungen,
kart. **DM 19,80**/S 159.–

Nakayamas Karate perfekt 7
Kata 3: Jitte, Hangetsu, Empi. (0618)
Von M. Nakayama, 144 S., 1988 s/w-
Fotos, 105 Zeichnungen, kart.
DM 19,80/S 159.–

Nakayamas Karate perfekt 8
Gankaku, Jion. (0650) Von
M. Nakayama, 144 S., 1174 s/w-Fotos,
99 Zeichnungen, kart. **DM 19,80**/S 159.–

Kontakt-Karate
Ausrüstung · Technik · Training. (0396)
Von A. Pflüger, 112 S., 238 s/w-Fotos,
kart. **DM 14,80**/S 119.–

Karate-Do
Das Handbuch des modernen Karate.
(4028) Von A. Pflüger, 360 S., 1159 Abb.,
Pappband. **DM 39,–**/S 319.–

Bo-Karate
Kukishin-Ryu – die Techniken des Stock-
kampfes. ((0447) Von G. Stiebler, 176 S.,
424 s/w-Fotos, 38 Zeichnungen, kart.
DM 16,80/S 139.–

Karate I
Einführung · Grundtechniken. (0227)
Von A. Pflüger, 148 S., 195 s/w-Fotos,
120 Zeichnungen, kart.
DM 9,80/S 79.–

Karate II
Kombinationstechniken · Katas. (0239)
Von A. Pflüger, 176 S., 452 s/w-Fotos
und Zeichnungen, kart.
DM 9,80/S 79.–

Karate Kata 1
Heian 1-5, Tekki 1, Bassai Dai. (0683)
Von W.-D. Wichmann, 164 S., 703 s/w-
Fotos, kart. **DM 19,80**/S 159,–

Karate Kata 2
Jion, Empi, Kanku-Dai, Hangetsu.
(0723) Von W.-D. Wichmann, 140 S.,
661 s/w Fotos, 4 Zeichnungen, kart.
DM 19,80/S 159.–

Ninja 1
Die Lehre der Schattenkämpfer. (0758)
Von S. K. Hayes, 144 S., 137 s/w-Fotos,
kart. **DM 16,80**/S 139,–

Ninja 2
Die Wege zum Shoshin (0763) Von
S. K. Hayes, 160 S., 309 s/w-Fotos, kart.
DM 16,80/S 139,–

Ninja 3
Der Pfad des Togakure-Kämpfers.
(0764) Von S. K. Hayes, 144 S., 197 s/w-
Fotos, 2 Zeichnungen, kart.
DM 16,80/S 139,–

Ninja 4
Das Vermächtnis der Schattenkämpfer.
(0807) Von S. K. Hayes, 196 S., 466 s/w-
Fotos, kart. **DM 16,80**/S 139,–

Der König des Kung-Fu
Bruce Lee
Sein Leben und Kampf. (0392) Von
seiner Frau Linda. 136 S., 104 s/w-Fotos,
kart. **DM 19,80**/S 159.–

Bruce Lees Kampfstil 1
Grundtechniken. (0473) Von B. Lee und
M. Uyehara, 109 S., 220 Abb., kart.
DM 9,80/S 79.–

Bruce Lees Kampfstil 2
Selbstverteidigungs-Techniken. (0486)
Von B. Lee und M. Uyehara, 128 S.,
310 Abb., kart. **DM 9,80**/S 79.–

Bruce Lees Kampfstil 3
Trainingslehre. (0503) Von B. Lee und
M. Uyehara, 112 S., 246 Abb., kart.
DM 9,80/S 79.–

Bruce Lees Kampfstil 4
Kampftechniken. (0523) Von B. Lee und
M. Uyehara, 104 S., 211 Abb., kart.
DM 9,80/S 79.–

Bruce Lees Jeet Kune Do
(0440) Von B. Lee, 192 S., mit 105 eigen-
händigen Zeichnungen von B. Lee, kart.
DM 19,80/S 159.–

Ju-Jutsu 1
Grundtechniken – Moderne Selbstverteidigung. (0276) Von W. Heim und
F. J. Gresch, 160 S., 460 s/w-Fotos,
8 Zeichnungen, kart. **DM 9,80**/S 79.–

Ju-Jutsu 2
für Fortgeschrittene und Meister. (0378)
Von W. Heim und F. J. Gresch, 164 S.,
798 s/w-Fotos, kart. **DM 19,80**/S 159.–

Ju-Jutsu 3
Spezial-, Gegen- und Weiterführungs-Techniken. (0485) Von W. Heim und F. J. Gresch, 214 S., über 600 s/w-Fotos, kart. **DM 19,80**/S 159.–

Ju-Jutsu als Wettkampf
(0826) Von G. Kulot, 168 S., 418 s/w-Fotos, 2 Zeichnungen, kart. **DM 19,80**/S 159.–

Nunchaku
Waffe · Sport · Selbstverteidigung. (0373) Von A. Pflüger, 144 S., 247 Abb., kart. **DM 16,80**/S 139.–

Shuriken · Tonfa · Sai
Stockfechten und andere bewaffnete Kampfsportarten aus Fernost. (0397) Von A. Schulz, 96 S., 253 s/w-Fotos, kart. **DM 12,80**/S 139.–

Illustriertes Handbuch des Taekwon-Do
Koreanische Kampfkunst und Selbstverteidigung. (4053) Von K. Gil, 248 S., 1026 Abb., Pappband. **DM 29,80**/S 239.–

Taekwon-Do
Koreanischer Kampfsport. (0347) Von K. Gil, 152 S., 408 Abb., kart. **DM 12,80**/S 99.–

Aikido
Lehren und Techniken des harmonischen Weges. (0537) Von R. Brand, 280 S., 697 Abb., kart. **DM 19,80**/S 159.–

Kung-Fu und Tai-Chi
Grundlagen und Bewegungsabläufe. (0367) Von B. Tegner, 182 S., 370 s/w-Fotos, kart. **DM 14,80**/S 119.–

Kung-Fu
Theorie und Praxis klassischer und moderner Stile. (0376) Von M. Pabst, 160 S., 330 Abb., kart. **DM 12,80**/S 99.–

Shaolin-Kempo – Kung-Fu
Chinesisches Karate im Drachenstil. (0395) Von R. Czerni und K. Konrad. 246 S., 723 Abbildungen, kart. **DM 19,80**/S 159.–

Hap Ki Do
Grundlagen und Techniken koreanischer Selbstverteidigung. (0379) Von Kim Sou Bong, 112 S., 153 Abb., kart. **DM 14,80**/S 119.–

Dynamische Tritte
Grundlagen für den Zweikampf. (0438) Von C. Lee, 96 S., 398 s/w-Fotos, 10 Zeichnungen, kart. **DM 9,80**/S 79.–

Kickboxen
Fitneßtraining und Wettkampfsport. (0795) Von G. Lemmens, 96 S., 208 s/w-Fotos, 23 Zeichnungen, kart. **DM 16,80**/S 139.–

Muskeltraining mit Hanteln
Leistungssteigerung für Sport und Fitness. (0676) Von H. Schulz, 108 S., 92 s/w-Fotos, 2 Zeichnungen, kart. **DM 9,80**/S 79.–

Leistungsfähiger durch Krafttraining
Eine Anleitung für Fitness-Sportler, Trainer und Athleten (0617) Von W. Kieser, 100 S., 20 s/w-Fotos, 62 Zeichnungen, kart. **DM 9,80**/S 79.–

Bodybuilding
Anleitung zum Muskel- und Konditionstraining für sie und ihn. (0604) Von R. Smolana. 160 S., 171 s/w-Fotos, kart. **DM 9,80**/S 79.–

Hanteltraining zu Hause
(0800) Von W. Kieser, 80 S., 71 s/w-Fotos, 4 Zeichnungen, kart. **DM 9,80**/S 79.–

Fit und gesund
Körpertraining und Bodybuilding zu Hause. (0782) Von H. Schulz, 80 S., 100 Farbfotos, 3 Zeichnungen, kart. **DM 14,80**/S 119.–
Video-Kassette:

Fit und gesund
VHS (6013), Video 2000 (6014), Beta (6015), Laufzeit 30 Minuten, in Farbe. **DM 49,80**/ S 448,–
(unverb. Preisempf.)
Package (Buch und Kassette)

Fit und gesund
(6019/VHS, 6020/Video 2000, 6021/Beta). Von H. Schulz, **DM 69,–**/S 619,–
(unverbindl. Preisempf.)

Bodybuilding für Frauen
Wege zu Ihrer Idealfigur (0661) Von H. Schulz, 108 S., 84 s/w-Fotos, 4 Zeichnungen, großes farbiges Übungsposter, kart. **DM 14,80**/S 119.–

Isometrisches Training
Übungen für Muskelkraft und Entspannung. (0529) Von L. M. Kirsch, 140 S., 162 s/w-Fotos, kart. **DM 9,80**/S 79.–

Spaß am Laufen
Jogging für die Gesundheit. (0470) Von W. Sonntag, 140 S., 41 s/w-Fotos, 1 Zeichnung, kart. **DM 9,80**/S 79.–

Mein bester Freund, der Fußball
(5107) Von D. Brüggemann und D. Ahlschwedt, 144 S., 171 Abb., kart. **DM 16,80**/S 139.–

Fußball
Training und Wettkampf. (0448) Von H. Obermann und P. Walz, 166 S., 92 s/w-Fotos, 15 Zeichnungen, 29 Diagramme, kart. **DM 12,80**/S 99.–

Handball
Technik · Taktik · Regeln. (0426) Von F. und P. Hattig, 128 S., 91 s/w-Fotos, 121 Zeichnungen, kart. **DM 14,80**/S 119.–

Volleyball
Technik · Taktik · Regeln. (0351) Von H. Huhle, 104 S., 330 Abb., kart. **DM 9,80**/S 79.–

Basketball
Technik und Übungen für Schule und Verein. (0279) Von C. Kyriasoglou, 116 S., mit 252 Übungen zur Basketballtechnik, 186 s/w-Fotos und 164 Zeichnungen, kart. **DM 12,80**/S 99.–

Hockey
Technische und taktische Grundlagen. (0398) Von H. Wein, 152 S., 60 s/w-Fotos, 30 Zeichnungen, kart. **DM 16,80**/S 139.–

Eishockey
Lauf- und Stocktechnik, Körperspiel, Taktik, Ausrüstung und Regeln. (0414) Von J. Čapla, 264 S., 548 s/w-Fotos, 163 Zeichnungen, kart. **DM 19,80**/S 159.–

Badminton
Technik · Taktik · Training. (0699) Von K. Fuchs, L. Sologub, 168 S., 51 Abb., kart. **DM 16,80**/S 139.–

Golf
Ausrüstung · Technik · Regeln. (0343) Von J. C. Jessop, übersetzt von H. Biemer, mit einem Vorwort von H. Krings, Präsident des Deutschen Golf-Verbandes, 160 S., 65 Abb., Anhang Golfregeln des DGV, kart. **DM 16,80**/S 139.–

Pool-Billard
(0484) Herausgegeben vom Deutschen Pool-Billard-Bund, von M. Bach und K.-W. Kühn, 88 S., mit über 80 Abb., kart. **DM 7,80**/S 69.–

Sportschießen
für jedermann. (0502) Von A. Kovacic, 124 S., 116 s/w-Fotos, kart. **DM 14,80**/S 119.–

Fechten
Florett · Degen · Säbel. (0449) Von E. Beck, 88 S., 319 Fotos und Zeichnungen, kart. **DM 11,80**/S 94.–

Reiten
Dressur · Springen · Gelände. (0415) Von U. Richter, 168 S., 235 Abb., kart. **DM 12,80**/S 99.–

Fibel für Kegelfreunde
Sport- und Freizeitkegeln · Bowling. (0191) Von G. Bocsai, 72 S., 62 Abb., kart. **DM 5,80**/S 49.–

Beliebte und neue Kegelspiele
(0271) Von G. Bocsai, 92 S., 62 Abb., kart. **DM 5,80**/S 49.–

111 spannende Kegelspiele
(2031) Von H. Regulski, 88 S., 53 Zeichnungen, kart., **DM 7,80**/S 69.–

Ski-Gymnastik
Fit für Piste und Loipe. (0450) Von H. Pilss-Samek, 104 S., 67 s/w-Fotos, 20 Zeichnungen, kart. **DM 6,80**/S 59.–

Die neue Skischule
Ausrüstung · Technik · Trickskilauf · Gymnastik. (0369) Von C. und R. Kerler, 128 S., 100 Abb., kart. **DM 9,80**/S 79.–

Skilanglauf, Skiwandern
Ausrüstung · Techniken · Skigymnastik. (5129) Von T. Reiter und R. Kerler, 80 S., 8 Farbtafeln, 85 Zeichnungen und s/w-Fotos, kart. **DM 14,80**/S 119,–

Alpiner Skisport
Ausrüstung · Techniken · Skigymnastik (5130) Von K. Meßmann, 128 S., 8 Farbtafeln, 93 s/w-Fotos, 45 Zeichnungen, kart. **DM 14,80**/S 119.–

Die neue Tennis-Praxis
Der individuelle Weg zu erfolgreichem Spiel. (4097) Von R. Schönborn, 240 S., 202 Farbzeichnungen, 31 s/w-Abb., Pappband. **DM 39,–**/S 319.–

Erfolgreiche Tennis-Taktik
(4086) Von R. Ford Greene, übersetzt von M. R. Fischer, 182 S., 87 Abb., kart. **DM 19,80**/S 159.–

Moderne Tennistechnik
(4187) Von G. Lam, 192 S., 339 s/w-Fotos, 91 Zeichnungen, kart. **DM 24,80**/S 198.–

Tennis kompakt
Der erfolgreiche Weg zu Spiel, Satz und Sieg. (5116) Von W. Taferner, 128 S., 82 s/w-Fotos, 67 Zeichnungen, kart. **DM 14,80**/S 119.–

Tennis
Technik · Taktik · Regeln. (0375) Von H. Elschenbroich, 112 S., 81 Abb., kart. **DM 6,80**/S 59.–

Tischtennis-Technik
Der individuelle Weg zu erfolgreichem Spiel. (0775) Von M. Perger, 144 S., 296 Abb. kart. **DM 16,80**/S 139.–

Squash
Ausrüstung · Technik · Regeln. (0539) Von D. von Horn und H.-D. Stünitz, 96 S., 55 s/w-Fotos, 25 Zeichnungen, kart. **DM 8,80**/S 74.–

Sporttauchen
Theorie und Praxis des Gerätetauchens.
(0647) Von S. Müßig, 144 S., 8 Farbtafeln, 35 s/w-Fotos, 89 Zeichnungen,
kart., **DM 14,80**/S 119.–

Windsurfing
Lehrbuch für Grundschein und Praxis.
(5028) Von C. Schmidt, 64 S., 60 Farbfotos, Pappband. **DM 12,80**/S 99.–

Segeln
Der neue Grundschein – Vorstufe zum
A-Schein – Mit Prüfungsfragen.
(5147) Von C. Schmidt, 80 S., 8 Farbtafeln, 18 Farbfotos, 82 Zeichnungen,
kart., **DM 14,80**/S 119,–

Sportfischen
Fische – Geräte – Technik. (0324) Von
H. Oppel, 144 S., 49 s/w-Fotos, 8 Farb-
tafeln, kart. **DM 9,80**/S 79.–

Falken-Handbuch **Angeln**
in Binnengewässern und im Meer. (4090)
Von H. Oppel, 344 S., 24 Farbtafeln,
66 s/w-Fotos, 151 Zeichnungen,
gebunden. **DM 39**,–/S 319.–

Angeln
Kleine Fibel für den Sportfischer. (0198)
Von E. Bondick, 96 S., 116 Abb., kart.
DM 8,80/S 74.–

Die Erben Lilienthals
Sportfliegen heute
(4054) Von G. Brinkmann, 240 S.,
32 Farbtafeln, 176 s/w-Fotos, 33 Zeichnungen, gebunden. **DM 39**,–/S 319.–

Einführung in das Schachspiel
(0104) Von W. Wollenschläger und
K. Colditz, 92 S., 116 Diagramme, kart.
DM 6,80/S 59.–

Schach mit dem Computer
(0747) Von D. Frickenschmidt, 140 S.,
112 Diagramme, 29 s/w-Fotos, 5 Zeichnungen, **DM 16,80**/S 139,–

Spielend Schach lernen
(2002) Von T. Schuster, 128 S., kart.
DM 6,80/S 59.–

Kinder- und Jugendschach
Offizielles Lehrbuch des Deutschen
Schachbundes zur Erringung der Bauern-,
Turm- und Königsdiplome. (0561) Von
B. J. Withuis und H. Pfleger, 144 S.,
220 Zeichnungen u. Diagramme, kart.
DM 12,80/S 99.–

Neue Schacheröffnungen
(0478) Von T. Schuster, 108 S.,
100 Diagramme, kart. **DM 8,80**/S 74.–

Schach für Fortgeschrittene
Taktik und Probleme des Schachspiels.
(0219) Von R. Teschner, 96 S., 85 Diagramme, kart. **DM 5,80**/S 49.–

Taktische Schachspiele
(0752) Von J. Nunn, 200 S., 151 Diagramme, kart. **DM 16,80**/S 139,–

Schach-WM '85 Karpow – Kasparow.
Mit ausführlichen Kommentaren zu allen
Partien. (0785) Von H. Pfleger, O. Borik,
M. Kipp-Thomas, 128 S., zahlreiche Abb.
und Diagramme, kart. **DM 14,80**/S 119.–

Schachstrategie
Ein Intensivkurs mit Übungen und aus-
führlichen Lösungen. (0584) Von
A. Koblenz, dt. Bearb. von K. Colditz,
212 S., 240 Diagramme, kart.
DM 16,80/S 139.–

Falken-Handbuch **Schach**
(4051) Von T. Schuster, 360 S., über
340 Diagramme, gebunden.
DM 36,–/S 298.–

Die besten Partien deutscher Schachgroßmeister
(4121) Von H. Pfleger, 192 S.,
29 s/w-Fotos, 89 Diagramme,
Pappband. **DM 29,80**/S 239.–

Turnier der Schachgroßmeister '83
Karpow · Hort · Browne · Miles ·
Chandler · Garcia · Rogers · Kindermann.
(0718) Von H. Pfleger, E. Kurz, 176 S.,
29 s/w-Fotos, 71 Diagramme, kart.
DM 16,80/S 139.–

Lehr-, Übungs- und Testbuch der Schachkombinationen
(0649) Von K. Colditz, 184 S., 227 Diagramme, kart. **DM 14,80**/S 119.–

Zug um Zug
Schach für jedermann 1
Offizielles Lehrbuch des Deutschen
Schachbundes zur Erringung des Bauern-
diploms. (0648) Von H. Pfleger und
E. Kurz, 80 S., 24 s/w-Fotos,
8 Zeichnungen, 60 Diagramme, kart.
DM 6,80/S 59.–

Zug um Zug
Schach für jedermann 2
Offizielles Lehrbuch des Deutschen
Schachbundes zur Erringung des Turm-
diploms. (0659) Von H. Pfleger und
E. Kurz, 132 S., 8 s/w-Fotos,
14 Zeichnungen, 78 Diagramme, kart.
DM 9,80/S 79.–

Zug um Zug
Schach für jedermann 3
Offizielles Lehrbuch des Deutschen
Schachbundes zur Erringung des König-
diploms. (0728) Von H. Pfleger, G. Trepp-
ner, 128 S., 4 s/w-Fotos, 84 Diagramme,
10 Zeichnungen, kart. **DM 9,80**/S 79.–

Schachtraining mit den Großmeistern
(0670) Von H. Bouwmeester, 128 S.,
90 Diagramme, kart. **DM 14,80**/ S 119.–

Schach als Kampf
Meine Spiele und mein Weg. (0729) Von
G. Kasparow, 144 S., 95 Diagramme,
9 s/w-Fotos, kart. **DM 14,80**/S 119,–

Spiele, Denksport, Unterhaltung

Kartenspiele
(2001) Von C. D. Grupp, 144 S., kart.
DM 9,80/S 79.–

Neues Buch der
siebzehn und vier Kartenspiele
(0095) Von K. Lichtwitz, 96 S., kart.
DM 6,80/S 59.–

Alles über Pokern
Regeln und Tricks. (2024) Von C. D.
Grupp, 120 S., 29 Kartenbilder, kart.
DM 8,80/S 79.–

Rommé und Canasta
in allen Variationen. (2025) Von C. D.
Grupp, 124 S., 24 Zeichnungen, kart.,
DM 9,80/S 79.–

Schafkopf, Doppelkopf, Binokel,
Cego, Gaigel, Jaß, Tarock und andere
„Lokalspiele".
(2015) Von C. D. Grupp, 152 S., kart.
DM 12,80/S 99.–

Spielend Skat lernen
unter freundlicher Mitarbeit des deutschen
Skatverbandes. (2005) Von Th. Krüger,
156 S., 181 s/w-Fotos, 22 Zeichnungen,
kart. **DM 9,80**/S 79.–

Das Skatspiel
Eine Fibel für Anfänger. (0206) Von
K. Lehnhoff, überarb. von P. A. Höfges,
96 S., kart. **DM 6,80**/S 59.–

Black Jack
Regeln und Strategien des Kasinospiels.
(2032) Von K. Kelbratowski, 88 S., kart.
DM 9,80/S 79.–

Falken-Handbuch **Patiencen**
Die 111 interessantesten Auslagen. (4151)
Von U. v. Lyncker, 216 S., 108 Abbil-
dungen, Pappband. **DM 29,80**/S 239.–

Patiencen
in Wort und Bild. (2003) Von I. Wolter,
136 S., kart. **DM 7,80**/S 69.–

Falken-Handbuch **Bridge**
Von den Grundregeln zum Turnierspiel.
(4092) Von W. Voigt und K. Ritz, 276 S.,
792 Zeichnungen, gebunden.
DM 39,-/S 319.–

Spielend Bridge lernen
(2012) Von J. Weiss, 108 S., 58 Zeichnungen, kart. **DM 7,80**/S 69.–

Spieltechnik im Bridge
(2004) Von V. Mollo und N. Gardener,
deutsche Adaption von D. Schröder,
216 S., kart. **DM 16,80**/S 139.–

Besser Bridge spielen
Reiztechnik, Spielverlauf und Gegenspiel.
(2026) Von J. Weiss, 144 S., 60 Diagramme, kart. **DM 14,80**/S 119.–

Herausforderung im Bridge
200 Aufgaben mit Lösungen. (2033) Von
V. Mollo, 152 S., kart. **DM 19,80**/S 159,–

Kartentricks
(2010) Von T. A. Rosee, 80 S., 13 Zeichnungen, kart. **DM 6,80**/S 59.–

Mah-Jongg
Das chinesische Glücks-, Kombinations-
und Gesellschaftsspiel. (2030) Von
U. Eschenbach, 80 S., 30 s/w-Fotos,
5 Zeichnungen, kart. **DM 9,80**/S 79.–

Neue Kartentricks
(2027) Von K. Pankow, 104 S., 20 Abb.,
kart. **DM 7,80**/S 69.–

Backgammon
für Anfänger und Könner. (2008) Von
G. W. Fink und G. Fuchs, 116 S., 41 Abb.,
kart. **DM 9,80**/S 79.–

Würfelspiele
für jung und alt. (2007) Von F. Pruss,
112 S., 21 s/w-Zeichnungen, kart.
DM 7,80/S 69.–

Gesellschaftsspiele
für drinnen und draußen. (2006) Von
H. Görz, 128 S., kart. **DM 6,80**/S 59.–

Spiele für Party und Familie
(2014) Von Rudi Carrell, 160 S., 50 Abb.,
kart. **DM 9,80**/S 79.–

Dame
Das Brettspiel in allen Variationen.
(2028) Von C. D. Grupp, 104 S.,
122 Diagramme, kart. **DM 9,80**/S 79.–

Das japanische Brettspiel Go
(2020) Von W. Dörholt, 104 S., 182 Diagramme, kart. **DM 9,80**/S 79.–

Roulette richtig gespielt
Systemspiele, die Vermögen brachten.
(0121) Von M. Jung, 96 S., zahlreiche
Tabellen, kart. **DM 7,80**/S 69.–

So gewinnt man gegen
Video- und Computerspiele
(0644) Von C. Kerler, 160 S., 25 Zeichnungen, 30 s/w-Fotos, kart.
DM 6,80/S 59.–

Denksport und Schnickschnack
für Tüftler und fixe Köpfe. (0362) Von
J. Barto, 100 S., 45 Abb., kart.
DM 6,80/S 59.–

FALKEN VERLAG

Rätselspiele, Quiz- und Scherzfragen
für gesellige Stunden. (0577) Von K.-H.
Schneider, 168 S., über 100 Zeichnungen,
Pappband. **DM 16,80** /S 139.–

Knobeleien und Denksport
(2019) Von K. Rechberger, 142 S.,
105 Zeichnungen, kart. **DM 7,80** /S 69.–

Quiz
Mehr als 1500 ernste und heitere Fragen
aus allen Gebieten. (0129) Von R. Sautter
und W. Pröve, 92 S., 9 Zeichnungen,
kart. **DM 7,80** /S 69.–

500 Rätsel selberraten
(0681) Von E. Krüger, 272 S., kart.
DM 9,95 /S 79.–

Das Super-Kreuzwort-Rätsel-Lexikon
Über 150.000 Begriffe. (4126) Von
H. Schiefelbein, 684 S., Pappband.
DM 19,80 /S 159.–

365 Schwedenrätsel
(4173) Von Günther Borutta, 336 S.,kart.
DM 16,80 /S 139,–

501 Rätsel selberraten
(0711) Von E. Krüger, 272 S., kart.
DM 9,95 /S 79.–

Riesen-Kreuzwort-Rätsel-Lexikon
über 250.000 Begriffe. (4197) Von
H. Schiefelbein, 1024 S., Pappband.
DM 29,80 /S 239,–

Das große farbige Kinderlexikon
(4195) Von U. Kopp, 320 S., 493 Farbabb.,
17 s/w-Fotos, Pappband.
DM 29,80 /S 239,–

Das große farbige
Bastelbuch für Kinder
(4254) Von U. Barff, I. Burkhardt,
J. Maier, 224 S., 157 Farbfotos,
430 Farb- und 69 s/w-Zeichnungen,
Pappband. **DM 29,80** /S 239.–

Punkt, Punkt, Komma, Strich
Zeichenstunden für Kinder. (0564) Von
H. Witzig, 144 S., über 250 Zeichnungen,
kart. **DM 6,80** /S 59.–

Einmal grad und einmal krumm
Zeichenstunden für Kinder. (0599) Von
H. Witzig, 144 S., 363 Abb., kart.
DM 6,80 /S 59.–

Kinderspiele
die Spaß machen. (2009) Von H. Müller-
Stein, 112 S., 28 Abb., kart.
DM 6,80 /S 59.–

Spiele für Kleinkinder
(2011) Von D. Kellermann, 80 S.,
23 Abb., kart. **DM 5,80** /S 49.–

Kasperletheater
Spieltexte und Spielanleitungen · Bastel-
tips für Theater und Puppen. (0641) Von
U. Lietz, 136 S., 4 Farbtafeln,
12 s/w-Fotos, 39 Zeichnungen, kart.
DM 9,80 /S 79.–

Kindergeburtstag
Vorbereitung, Spiel und Spaß. (0287)
Von Dr. I. Obrig, 104 S., 40 Abb.,
11 Zeichnungen, 9 Lieder mit Noten, kart.
DM 5,80 /S 49.–

Kindergeburtstage die keiner vergißt
Planung, Gestaltung, Spielvorschläge.
(0698) Von G. und G. Zimmermann, 102 S.,
80 Vignetten, kart. **DM 9,80** /S 79,–

Kinderfeste
daheim und in Gruppen. (4033) Von
G. Blechner, 240 S., 320 Abb., kart.
DM 19,80 /S 159.–

Scherzfragen, Drudel und Blödeleien
gesammelt von Kindern. (0506) Hrsg.
von W. Pröve, 112 S., 57 Zeichnungen,
kart. **DM 5,80** /S 49.–

Kein schöner Land...
**Das große Buch unserer beliebtesten
Volkslieder.** (4150) 208 S., 108 Farb-
zeichnungen, Pappband. **19,80** /S 159.–

Komm mit ins Land der Lieder
Das große Buch der Kinder-, Volks- und
Chorlieder. (4261) Hrsg. von H. Rauhe,
176 S., 146 Farbzeichnungen, Pappband.
DM 25,–/S 200.–

**Die schönsten Wander- und Fahrten-
lieder**
(0462) Hrsg. von F. R. Miller, empfohlen
vom Deutschen Sängerbund, 80 S., mit
Noten und Zeichnungen, kart.
DM 5,80 /S 49.–

Die schönsten Volkslieder
(0432) Von D. Walther, 128 S.,
mit Noten und Zeichnungen, kart.
DM 6,80 /S 55.–

Neue Spiele für Ihre Party
(2022) Von G. Blechner, 120 S., 54 Zeichnungen, kart. **DM 9,80** /S 79.–

Lustige Tanzspiele und Scherztänze
für Parties und Feste. (0165) Von
E. Bäulke, 80 S., 53 Abb., kart.
DM 6,80 /S 59.–

Straßenfeste, Flohmärkte und Basare
Praktische Tips für Organisation und
Durchführung. (0592) Von H. Schuster,
96 S., 52 Fotos, 17 Zeichnungen, kart.
DM 12,80 /S 99.–

Humor

Großes Wilhelm Busch Album
mit 1.700 farbigen Bildern. (4249) Von
W. Busch, 400 S., 1700 Farbzeichnungen,
Pappband. **DM 16,80** /S 139.–

Es ist ein Brauch von alters her...
Lebensweisheiten
(2214) Von W. Busch, 80 S., 38 Zeichnungen, Pappband. **DM 9,80** /S 79,–

Heitere Vorträge und witzige Reden
Lachen, Witz und gute Laune. (0149) Von
E. Müller, 144 S., 44 Abb., kart.
DM 9,80 /S 79,–

Tolle Sketche
mit zündenden Pointen – zum Nachspielen. (0656) Von E. Cohrs, 112 S.,
kart. **DM 9,80** /S 59.–

Vergnügliche Sketche
(0476) Von H. Pillau, 96 S., mit
7 lustigen Zeichnungen, kart.
DM 6,80 /S 59.–

Heitere Vorträge
(0528) Von E. Müller, 128 S., 14 Zeichnungen, kart. **DM 9,80** /S 79.–

Die große Lachparade
Neue Texte für heitere Vorträge und
Ansagen. (0188) Von E. Müller, 108 S.,
kart. **DM 6,80** /S 59.–

So feiert man Feste fröhlicher
Heitere Vorträge und Gedichte.
(0098) Von Dr. Allos, 96 S., 15 Abb.,
kart. **DM 7,80** /S 69.–

Lustige Vorträge für fröhliche Feiern
(0284) Von Karl Lehnhoff, 96 S., kart.
DM 6,80 /S 59.–

Vergnügliches Vortragsbuch
(0091) Von J. Plaut, 192 S., kart.
DM 8,80 /S 74.–

**Tolle Sachen zum Schmunzeln und
Lachen**
Lustige Ansagen und Vorträge. (0163)
Von E. Müller, 92 S., kart.
DM 6,80 /S 59.–

Locker vom Hocker
Witzige Sketche zum Nachspielen.
(4262) Von W. Giller, 144 S., 41 Zeichnungen, Pappband. **DM 19,80** /S 159.–

Fidele Sketche und heitere Vorträge
Humor zum Nachspielen. (0157) Von
H. Ehnle. 96 S., kart. **DM 6,80** /S 59.–

Sketche und spielbare Witze
für bunte Abende und andere Feste.
(0445) Von H. Friedrich, 120 S., 7 Zeichnungen, kart. **DM 6,80** /S 59.–

Sketche
Kurzspiele zu amüsanter Unterhaltung.
(0247) Von M. Gering, 132 S., 16 Abb.,
kart., **DM 6,80** /S 59.–

Dalli-Dalli-Sketche
aus dem heiteren Ratespiel von und mit
Hans Rosenthal. (0527) Von H. Pillau,
144 S., 18 Zeichnungen, kart.
DM 9,80 /S 79.–

Witzige Sketche zum Nachspielen
(0511) Von D. Hallervorden, 160 S., kart.
DM 14,80 /S 119.–

Gereimte Vorträge
für Bühne und Bütt. (0567) Von G. Wagner,
96 S., kart. **DM 7,80** /S 69.–

Damen in der Bütt
Scherze, Büttenreden, Sketche.
(0354) Von T. Müller, 136 S., kart.
DM 8,80 /S 74.–

Narren in der Bütt
Leckerbissen aus dem rheinischen
Karneval. (0216) Zusammengestellt von
T. Lücker, 112 S., kart.
DM 8,80 /S 74.–

Rings um den Karneval
Karnevalsscherze und Büttenreden.
(0130) Von Dr. Allos, 136 S., kart.
DM 9,80 /S 79.–

Helau und Alaaf 1
Närrisches aus der Bütt.
(0304) Von E. Müller, 112 S., kart.
DM 6,80 /S 59.–

Helau und Alaaf 2
Neue Büttenreden.
(0477) Von E. Luft, 104 S., kart.
DM 7,80 /S 69.–

Helau und Alaaf 3
Neue Reden für die Bütt. (0832) Von
H. Fauser, 144 S., 13 Zeichnungen, kart.
DM 9,80 /S 79.–

Humor und Stimmung
Ein heiteres Vortragsbuch. (0460) Von
G. Wagner, 112 S., kart. **DM 6,80** /S 59.–

Humor und gute Laune
Ein heiteres Vortragsbuch.
(0635) Von G. Wagner, 112 S., 5 Zeichnungen, kart. **DM 8,80** /S 74.–

Das große Buch der Witze
(0384) Von E. Holz, 320 S., 36 Zeichnungen, Pappband. **DM 16,80** /S 139.–

Da lacht das Publikum
Neue lustige Vorträge für viele Gelegenheiten. (0716) Von H. Schmalenbach,
104 S., kart. **DM 9,80** /S 79,–

Witzig, witzig
(0507) Von E. Müller, 128 S., 16 Zeichnungen, kart. **DM 6,80** /S 59.–

**Die besten Witze und Cartoons des
Jahres 1**
(0454) Hrsg. von K. Hartmann, 288 S.,
125 Zeichnungen, geb. **DM 16,80** /S 139.–

Die besten Witze und Cartoons des Jahres 2
(0488) Hrsg. von K. Hartmann, 288 S., 148 Zeichnungen, geb. **DM 16,80 /S 139.–**

Die besten Witze und Cartoons des Jahres 3
(0524) Hrsg. von K. Hartmann, 288 S., 105 Zeichnungen, Pappband.
DM 16,80 /S 139.–

Die besten Witze und Cartoons des Jahres 4
(0579) Hrsg. von K. Hartmann, 288 S., 140 Zeichnungen, Pappband.
DM 16,80 /S 139.–

Die besten Witze und Cartoons des Jahres 5
(0642) Hrsg. von K. Hartmann, 288 S., 88 Zeichnungen, Pappband.
DM 16,80 /S 139.–

Das Superbuch der Witze
(4146) Von B. Bornheim, 504 S., 54 Zeichnungen, Pappband.
DM 16,80 /S 139.–

Witze
Lachen am laufenden Band (4241) Von J. Burkert, D. Kroppach, 400 S., 41 Zeichnungen, Pappband.
DM 15,– /S 120.–

Die besten Beamtenwitze
(0574) Hrsg. von W. Pröve, 112 S., 59 Cartoons, kart. **DM 5,80 /S 49.–**

Die besten Kalauer
(0705) Von K. Frank, 112 S., 12 Zeichnungen, kart., **DM 5,80 /S 49.–**

Robert Lembkes Witzauslese
(0325) Von Robert Lembke, 160 S., mit 10 Zeichnungen von E. Köhler, Pappband.
DM 14,80 /S 119.–

Fred Metzlers Witze mit Pfiff
(0368) Von F. Metzler, 120 S., kart.
DM 6,80 /S 59.–

O frivol ist man am Abend
Pikante Witze von Fred Metzler. (0388) Von F. Metzler, 128 S., mit Karikaturen, kart. **DM 5,80 /S 49.–**

Herrenwitze
(0589) Von G. Wilhelm, 112 S., 31 Zeichnungen, kart. **DM 5,80 /S 49.–**

Witze am laufenden Band
(0461) Von F. Asmussen, 118 S., kart.
DM 6,80 /S 59.–

Horror zum Totlachen
Gruselwitze
(0536) Von F. Lautenschläger, 96 S., 44 Zeichnungen, kart. **DM 5,80 /S 49.–**

Die besten Ostfriesenwitze
(0495) Hrsg. von O. Freese, 112 S., 17 Zeichnungen, kart. **DM 5,80 /S 49.–**

Die Kleidermotte ernährt sich von nichts, sie frißt nur Löcher
Stilblüten, Sprüche und Widersprüche aus Schule, Zeitung, Rundfunk und Fernsehen. (0738) Von P. Haas, D. Kroppach, 112 S., zahlr. Abb. kart. **DM 6,80 /S 59,–**

Olympische Witze
Sportlerwitze in Wort und Bild. (0505) Von W. Willnat, 112 S., 126 Zeichnungen, kart. **DM 5,80 /S 49.–**

Ich lach mich kaputt! Die besten Kinderwitze
(0545) Von E. Hannemann, 128 S., 15 Zeichnungen, kart. **DM 5,80 /S 49.–**

Lach mit!
Witze für Kinder, gesammelt von Kindern. (0468) Hrsg. von W. Pröve, 128 S., 17 Zeichnungen, kart. **DM 6,80 /S 59,–**

Die besten Kinderwitze
(0757) Von K. Rank, 120 S., 28 Zeichnungen, kart. **DM 6,80 /S 59,–**

Lustige Sketche für Jungen und Mädchen
Kurze Theaterstücke für Jungen und Mädchen. (0669) Von U. Lietz und U. Lange, 104 S., kart. **DM 7,80 /S 69.–**

Spielbare Witze für Kinder
(0824) Von H. Schmalenbach, 128 S., 30 Zeichnungen, kart. **DM 9,80 /S 79.–**

Natur

Faszination Berg
zwischen Alpen und Himalaya. (4214) Von T. Hiebeler, 96 S., 100 Farbfotos, Pappband. **DM 24,80 /S 198.–**

Hilfe für den Wald
Ursachen, Schadbilder, Hilfsprogramme. Was jeder wissen muß, um unser wichtigstes Öko-System zu retten. (4164) Von K. F. Wentzel, R. Zundel, 128 S., 178 Farbund 6 s/w-Fotos, 60 Zeichnungen, kart.
DM 19,80 /S 159.–

Gefährdete und geschützte Pflanzen
erkennen und benennen. (0596) Von W. Schnedler und K. Wolfstetter. 160 S., 140 Farbfotos, 4 Zeichnungen, kart.
DM 19,80 /S 159.–

Beeren und Waldfrüchte
erkennen und benennen, eßbar oder giftig? (0401) Von J. Raithelhuber, 120 S., 90 Farbfotos, 40 Zeichnungen, kart. **DM 16,80 /S 139.–**

Pilze
erkennen und benennen. (0380) Von J. Raithelhuber, 136 S., 110 Farbfotos, kart. **DM 14,80 /S 119.–**

Falken-Handbuch Pilze
Mit über 250 Farbfotos und Rezepten. (4061) Von M. Knoop, 264 S., 250 Farbfotos, Pappband. **DM 39,– /S 319.–**

Das Gartenjahr
Arbeitsplan für den Hobbygärtner. (4075) Von G. Bambach, 152 S., 16 Farbtafeln, 141 Abb., kart. **DM 14,80 /S 119.–**

Gartenteiche und Wasserspiele
planen, anlegen und pflegen. (4083) Von H. R. Sikora, 160 S., 31 Farb- und 31 s/w-Fotos, 73 Zeichnungen, Pappband.
DM 29,80 /S 239.–

Wasser im Garten
Von der Vogeltränke zum Naturteich – Natürliche Lebensräume selbst gestalten. (4230) Von H. Hendel, 240 S., 247 Farbfotos, 68 Farbzeichnungen, Pappband.
DM 59,– /S 479,–

Gärtnern
(5004) Von I. Manz, 64 S., 38 Farbfotos, Pappband. **DM 14,80 /S 119.–**

Gärtner Gustavs Gartenkalender
Arbeitspläne · Pflanzenporträts · Gartenlexikon. (4155) Von G. Schoser, 120 S., 146 Farbfotos, 13 Tabellen, 203 farbige Zeichnungen, Pappband.
DM 24,80 /S 198.–

Ziersträucher und -bäume im Garten
(5071) Von I. Manz, 64 S., 91 Farbfotos, Pappband. **DM 14,80 /S 119.–**

Das Blumenjahr
Arbeitsplan für drinnen und draußen. (4142) Von G. Vocke, 136 S., 15 Farbtafeln. **DM 14,80 /S 119.–**

Der richtige Schnitt von Obst- und Ziergehölzen, Rosen und Hecken
(0619) Von E. Zettl, 88 S., 8 Farbtafeln, 39 Zeichnungen, 21 s/w-Fotos, kart.
DM 7,80 /S 69.–

Blumenpracht im Garten
(5014) Von I. Manz, 64 S., 93 Farbfotos, Pappband. **DM 14,80 /S 119.–**

Vom betörenden Zauber der Rosen
(2206) Von H. Steinhauer, 80 S., 89 Farbfotos und Zeichnungen, Pappband. **DM 9,80 /S 85.–**

Blütenpracht in Haus und Garten
(4145) Von M. Haberer, u. a., 352 S., 1012 Farbfotos, Pappband.
DM 39,– /S 319,–

Das bunte Blütenparadies der Blumen
(2219) Von B. Zeidelhack, 80 S., 72 Farbabb., Pappband. **DM 9,80 /S 85,–**

Sag's mit Blumen
Pflege und Arrangieren von Schnittblumen. (5103) Von P. Möhring, 64 S., 68 Farbfotos, 2 s/w-Abb., Pappband. **DM 14,80 /S 119.–**

Grabgestaltung
Bepflanzung und Pflege zu jeder Jahreszeit. (5120) Von N. Uhl, 64 S., 77 Farbfotos, 2 Zeichnungen, Pappband.
DM 16,80 /S 139.–

Leben im Naturgarten
Der Biogärtner und seine gesunde Umwelt. (4124) Von N. Jorek, 128 S., 68 s/w-Fotos, kart. **DM 14,80 /S 119.–**

So wird mein Garten zum Biogarten
Alles über die Umstellung auf naturgemäßen Anbau. (0706) Von I. Gabriel, 128 S., durchgehend 4farbig, 73 Farbfotos, 54 Farbzeichnungen, kart.
DM 14,80 /S 119,–

Gesunde Pflanzen im Biogarten
Biologische Maßnahmen bei Schädlingsbefall und Pflanzenkrankheiten. (0707) Von I. Gabriel, 128 S., durchgehend 4farbig, 126 Farbfotos, 12 Farbzeichnungen, kart. **DM 14,80 /S 119.–**

Der Biogarten unter Glas und Folie
Ganzjährig erfolgreich ernten. (0722) Von I. Gabriel, 128 S., durchgehend 4farbig, 62 Farbfotos, 45 Farbzeichnungen, kart. **DM 14,80 /S 119.–**

Obst und Beeren im Biogarten
Gesunde und schmackhafte Früchte durch natürlichen Anbau. (0780) Von I. Gabriel, 128 S., 38 Farbfotos, 71 Farbzeichnungen, kart. **DM 14,80 /S 119.–**

Neuanlage eines Biogartens
Planung, Bodenvorbereitung, Gestaltung. (0721) Von I. Gabriel, 128 S., durchgehend 4farbig, 73 Farbfotos, 39 Zeichnungen, kart. **DM 14,80 /S 119,–**

Der biologische Zier- und Wohngarten
Planen, Vorbereiten, Bepflanzen und Pflegen. (0748) Von I. Gabriel, 128 S., 72 Farbfotos, 46 Farbzeichnungen, kart.
DM 14,80 /S 119,–

Das Bio-Gartenjahr
Arbeitsplan für naturgemäßes Gärtnern. (4169) Von N. Jorek, 128 S., 8 Farbtafeln, 70 s/w-Abb. kart.
DM 14,80 /S 119.–

Selbstversorgung aus dem eigenen Anbau
Reichen Erntesegen verwerten und haltbar machen. (4182) Von M. Bustorf-Hirsch, M. Hirsch, 216 S., 270 Zeichnungen, Pappband. **DM 29,80 /S 239,–**

Mischkultur im Nutzgarten
Mit Jahreskalender und Anbauplänen. (0651) Von H. Oppel, 112 S., 8 Farbtafeln, 23 s/w-Fotos, 29 Zeichnungen, kart. **DM 9,80 /S 79,–**

Die Preise entsprechen dem Status beim Druck dieses

Erfolgstips für den Gemüsegarten
Mit naturgemäßem Anbau zu höherem
Ertrag. (0674) Von F. Mühl, 80 S.,
30 s/w-Fotos, 4 Zeichnungen, kart.
DM 7,80/ S 69.–

Erfolgstips für den Obstgarten
Gesunde Früchte durch richtige Sorten-
wahl und Pflege. (0827) Von F. Mühl,
184 S., 16 Farbtafeln, 33 Zeichnungen,
kart. **DM 14,80**/S 119.–

Der erfolgreiche Obstgarten
Pflanzung · Veredelung und Schnitt.
(5100) Von J. Zech, 64 S., 54 Farbfotos,
Pappband. **DM 14,80**/S 119.–

Gemüse, Kräuter, Obst aus dem Balkongarten
– Erfolgreich ernten auf kleinstem Raum.
(0694) Von S. Stein, 32 S., 34 Farbfotos,
6 Zeichnungen, Spiralbindung.
kart. **DM 7,80**/S 69.–

Keime, Sprossen, Küchenkräuter
am Fenster ziehen – rund ums Jahr.
(0658) Von F. und H. Jantzen, 32 S.,
55 Farbfotos, Pappband.
DM 6,80/S 59.–

Balkons in Blütenpracht
zu allen Jahreszeiten.
(5047) Von N. Uhl, 64 S., 80 Farbfotos,
Pappband. **DM 14,80**/S 119.–

Kübelpflanzen
für Balkon, Terrasse und Dachgarten.
(5132) Von M. Haberer, 64 S., 70 Farbfotos, Pappband. **DM 14,80**/S 119.–

Kletterpflanzen
Rankende Begrünung für Fassade, Balkon
und Garten. (5140) Von M. Haberer,
64 S., 70 Farbabb., 2 Zeichnungen,
Pappband. **DM 14,80**/S 119.–

Mein Kräutergarten rund ums Jahr
Täglich schnittfrisch und gesund würzen.
(4192) Von Prof. Dr. G. Lysek, 136 S.,
15 Farbtafeln, 91 Zeichnungen, kart.
DM 16,80/S 139.–

Blühende Zimmerpflanzen
94 Arten mit Pflegeanleitungen. (5010)
Von R. Blaich, 64 S., 107 Farbfotos,
Pappband. **DM 14,80**/S 119.–

Falken-Handbuch Zimmerpflanzen
1600 Pflanzenporträts. (4082) Von R.
Blaich, 432 S., 480 Farbfotos, 84 Zeichnungen, 1600 Pflanzenbeschreibungen,
Pappband. **DM 39,–**/S 319.–

Blütenpracht in Grolit 2000
Der neue, mühelose Weg zu farbenpräch-
tigen Zimmerpflanzen. (5127) Von G.
Vocke, 64 S., 50 Farbfotos, Pappband.
DM 14,80/S 119.–

Ziergräser
Über 100 Arten erfolgreich kultivieren.
(0829) Von H. Jantra, 104 S., 73 Farbfotos, 6 Farbzeichnungen, kart.
DM 16,80/S 139.–

Bonsai
Japanische Miniaturbäume und Miniatur-
landschaften. Anzucht, Gestaltung und
Pflege. (4091) Von B. Lesniewicz, 160 S.,
106 Farbfotos, 46 s/w-Fotos, 115 Zeichnungen, gebunden. **DM 68,–**/S 549.–

Zimmerbäume, Palmen und andere Blattpflanzen
Standort, Pflege, Vermehrung, Schädlinge.
(5111) Von G. Schoser, 96 S., 98 Farbfotos, 7 Zeichnungen, Pappband.
DM 19,80/S 159.–

Biologisch zimmergärtnern
Zier- und Nutzpflanzen natürlich pflegen.
(4144) Von N. Jorek, 152 S., 15 Farbtafeln, 120 s/w-Fotos, Pappband.
DM 19,80/S 159.–

Hydrokultur
Pflanzen ohne Erde – mühelos gepflegt.
(4080) Von H.-A. Rotter, 120 S., 82 Abb.,
Pappband. **DM 19,80**/S 159.–

Zimmerpflanzen in Hydrokultur
Leitfaden für problemlose Blumenpflege.
(0660) Von H.-A. Rotter, 32 S., 76 Farbfotos, 8 farbige Zeichnungen, Pappband.
DM 7,80/S 69.–

Sukkulenten
Mittagsblumen, Lebende Steine, Wolfs-
milchgewächse u. a. (5070) Von W. Hoffmann, 64 S., 82 Farbfotos, Pappband.
DM 14,80/S 119.–

Kakteen und andere Sukkulenten
300 Arten mit über 500 Farbfotos.
(4116) Von G. Andersohn, 316 S., 520
Farbfotos, 193 Zeichnungen, Pappband.
DM 49,–/S 398.–

Fibel für Kakteenfreunde
(0199) Von H. Herold, 102 S., 23 Farbfotos, 37 s/w-Abb., kart. **DM 7,80**/S 69.–

Kakteen
Herkunft, Anzucht, Pflege, Arten. (5021)
Von W. Hoffmann, 64 S., 70 Farbfotos,
Pappband. **DM 14,80**/S 119.–

Kakteen
Faszinierende Formen und Farben
(4211) Von K. und F. Schild, 96 S.,
127 Farbfotos, Pappband.
DM 24,80/S 198.–

Orchideen
(4215) Von G. Schoser, 96 S., 143 Farbfotos, Pappband. **DM 24,80**/S 198.–

Falken-Handbuch Orchideen
Lebensraum, Kultur, Anzucht und Pflege.
(4231) Von G. Schoser, 144 S., 121 Farbfotos, 28 Farbzeichnungen, Pappband.
DM 29,80/S 239.–

Falken-Handbuch Katzen
(4158) Von B. Gerber, 176 S., 294 Farb-
und 88 s/w-Fotos, Pappband.
DM 39,–/S 319.–

Katzen
Rassen · Haltung · Pflege. (4216) Von
B. Eilert-Overbeck, 96 S., 82 Farbfotos,
Pappband. **DM 24,80**/S 198.–

Das neue Katzenbuch
Rassen – Aufzucht · Pflege. (0427) Von
B. Eilert-Overbeck, 136 S., 14 Farbfotos,
26 s/w-Fotos, kart. **DM 8,80**/S 74.–

Lieblinge auf Samtpfötchen Katzen
(2202) Von B. Eilert-Overbeck, 80 S.,
53 Farbfotos, 5 s/w-Fotos, 1 Zeichnung,
Pappband. **DM 9,80**/S 85.–

Katzenkrankheiten
Erkennung und Behandlung. Steuerung
des Sexualverhaltens. (0652) Von Dr.
med. vet. R. Spangenberg, 176 S.,
64 s/w-Fotos, 4 Zeichnungen, kart.
DM 9,80/S 79.–

Falken-Handbuch Hunde
(4118) Von H. Bielfeld, 176 S., 222 Farbfotos und Farbzeichnungen, 73 s/w-Abb.,
Pappband. **DM 39,–**/S 319.–

Hunde
Die treuen Freunde des Menschen (2207)
Von R. Spangenborn, 80 S., 49 Farbfotos
und Zeichnungen, Pappband.
DM 9,80/S 85.–

Hunde
Rassen · Erziehung · Haltung. (4209)
Von H. Bielfeld, 96 S., 101 Farbfotos,
Pappband. **DM 24,80**/S 198.–

Das neue Hundebuch
Rassen · Aufzucht · Pflege. (0009) Von
W. Busack, überarbeitet von Dr. med. vet.
A. H. Hacker und H. Bielfeld, 112 S.,
8 Farbtafeln, 27 s/w-Fotos, 6 Zeichnun-
gen, kart. **DM 8,80**/S 74.–

Der Deutsche Schäferhund
(4077) Von U. Förster, 228 S., 160 Abb.,
Pappband. **DM 29,80**/S 239.–

Der Deutsche Schäferhund
Aufzucht, Pflege und Ausbildung. (0073)
Von A. Hacker, 104 S., 56 Abb., kart.
DM 7,80/S 69.–

Dackel, Teckel, Dachshund
Aufzucht · Pflege · Ausbildung. (0508)
Von M. Wein-Gysae, 112 S., 4 Farbtafeln,
43 s/w-Fotos, 2 Zeichnungen, kart.
DM 9,80/S 79.–

Hundeausbildung
Verhalten – Gehorsam – Abrichtung.
(0346) Von Prof. Dr. R. Menzel, 96 S.,
18 Fotos, kart. **DM 7,80**/S 69.–

Grundausbildung für Gebrauchshunde
Schäferhund, Boxer, Rottweiler, Dober-
mann, Riesenschnauzer, Airedaleterrier,
Hovawart und Bouvier. (0801) Von M.
Schmidt und W. Koch, 104 S., 8 Farbtafeln, 51 s/w-Fotos, 5 s/w-Zeichnungen,
kart. **DM 9,80**/S 79.–

Hundekrankheiten
Erkennung und Behandlung. Steuerung
des Sexualverhaltens. (0570) Von
Dr. med. vet. R. Spangenberg, 128 S.,
68 s/w-Fotos, 10 Zeichnungen, kart.
DM 9,80/S 79.–

Falken-Handbuch Pferde
(4186) Von H. Werner, 176 S., 196 Farb-
und 50 s/w-Fotos, 100 Zeichnungen,
Pappband. **DM 48,–**/S 389.–

Ponys
Rassen, Haltung, Reiten. (4205) Von
S. Braun, 96 S., 84 Farbfotos, Pappband.
DM 24,80/S 198.–

Schmetterlinge
Tagfalter Miteleuropas erkennen und
benennen. (0510) Von T. Ruckstuhl, 156 S.,
136 Farbfotos, kart. **DM 16,80**/S 139.–

Wellensittiche
Arten · Haltung · Pflege · Sprechunterricht · Zucht. (5136) Von H. Bielfeld,
64 S., 59 Farbfotos, Pappband.
DM 14,80/S 119.–

Papageien und Sittiche
Arten · Pflege · Sprechunterricht.
(0591) Von H. Bielfeld, 112 S., 8 Farbtafeln, kart. **DM 9,80**/S 79.–

Geflügelhaltung als Hobby
(0749) Von M. Baumeister, H. Meyer,
184 S., 8 Farbtafeln, 47 s/w-Fotos,
15 Zeichnungen, kart. **DM 9,80**/S 139.–

Falken-Handbuch Das Terrarium
(4069) Von B. Kahl, P. Gaupp,
Dr. G. Schmidt, 336 S., 215 Farbfotos,
geb. **DM 58,–**/S 460.–

DIE TIERSPRECHSTUNDE
Alles über Igel in Natur und Garten
(0810) Von Dr. med. vet. E. M. Barten-
schlager, 68 S., 51 Farbfotos, kart.
DM 9,80/S 79.–

DIE TIERSPRECHSTUNDE
Alles über Meerschweinchen
(0809) Von Dr. med. vet. E. M. Barten-
schlager, 72 S., 43 Farbfotos, 11 Farbzeichnungen, kart. **DM 9,80**/S 79.–

Das Süßwasser-Aquarium
Einrichtung · Pflege · Fische · Pflanzen.
(0153) Von H. J. Mayland, 152 S.,
16 Farbtafeln, 43 s/w-Zeichnungen, kart.
DM 12,80/S 99.–

Falken-Handbuch
Süßwasser-Aquarium
(4191) Von H. J. Mayland, 288 S.,
564 Farbfotos, 75 Zeichnungen,
Pappband. **DM 49,–**/S 398,–

Cichliden
Pflege, Herkunft und Nachzucht der
wichtigsten Buntbarscharten. (5144) Von
Jo in't Veen, 96 S., 163 Farbfotos,
Pappband. **DM 19,80**/S 159,–

Gesundheit

Die Frau als Hausärztin
Der unentgeltliche Ratgeber für die
Gesundheit. (4072) Von Dr. med.
A. Fischer-Dückelmann, 808 S., 14 Farb-
tafeln, 146 s/w-Fotos, 203 Zeichnungen,
Pappband. **DM 29,80**/S 239,–

**Heiltees und Kräuter für die
Gesundheit**
(4123) Von G. Leibold, 136 S., 15 Farbtafeln, 16 Zeichnungen, kart.
DM 14,80/S 119.–

Falken-Handbuch
Heilkräuter
Modernes Lexikon der Pflanzen und
Anwendungen (4076) Von G. Leibold,
392 S., 183 Farbfotos, 22 Zeichnungen,
geb. **DM 39,**–/S 319.–

Die farbige Kräuterfibel
Heil- und Gewürzpflanzen. (0245) Von
I. Gabriel, 196 S., 49 farbige und
97 s/w-Abb., kart. **DM 14,80**/ S 119.–

Arzneikräuter und Wildgemüse
erkennen und benennen. (0459) Von
J. Raithelhuber, 144 S., 108 Farbfotos,
31 Zeichnungen, kart. **DM 16,80**/S 139.–

Falken-Handbuch
Bio-Medizin
Alles über die moderne Naturheilpraxis.
(4136) Von G. Leibold, 552 S., 38 Farb-
fotos, 232 s/w-Abb., Pappband.
DM 39,– / S 319.–

Enzyme
(0677) Von G. Leibold, 96 S., kart.
DM 9,80/S 79.–

Heilfasten
(0713) Von G. Leibold, 108 S., kart.
DM 9,80/S 79.–

**So lebt man länger nach Dr. Le
Comptes Erfolgsmethode!**
Vital und gesund bis ins hohe Alter.
(4129) Von Dr. H. Le Compte,
P. Pervenche, 224 S., gebunden.
DM 24,80/S 198.–

**Gesundheit und Spannkraft durch
Yoga**
(0321) Von L. Frank und U. Ebbers,
112 S., 50 s/w-Fotos, kart.
DM 7,80/S 69.–

Yoga für jeden
(0341) Von K. Zebroff, 156 S., 135 Abb.,
Spiralbindung, **DM 20,–**/S 160.–

Yoga für Schwangere
Der Weg zur sanften Geburt. (0777) Von
V. Bolesta-Hahn, 108 S., 76 2-farbige
Abb. **DM 12,80**/S 99,–

**Yoga gegen Haltungsschäden und
Rückenschmerzen**
(0394) Von A. Raab, 104 S., 215 Abb.,
kart. **DM 6,80**/S 59.–

Hypnose und Autosuggestion
Methoden – Heilwirkungen – praktische
Beispiele. (0483) Von G. Leibold, 116 S.,
kart. **DM 7,80**/S 69.–

Autogenes Training
Anwendung · Heilwirkungen · Methoden.
(0541) Von R. Faller, 128 S., 3 Zeichnungen, kart. **DM 9,80**/S 79.–

**Die fernöstliche Fingerdrucktherapie
Shiatsu**
Anleitungen zur Selbsthilfe – Heilwirkungen. (0615) Von G. Leibold, 196 S.,
180 Abb., kart. **DM 16,80**/S 139.–

Eigenbehandlung durch Akupressur
Heilwirkungen – Energielehre – Meri-
diane. (0417) Von G. Leibold, 152 S.,
78 Abb., kart. **DM 9,80**/S 79.–

Chinesische Naturheilverfahren
Selbstbehandlung mit bewährten
Methoden der physikalischen Therapie.
Atemtherapie · Heilgymnastik · Selbst-
massage · Vorbeugen · Behandeln · Ent-
spannen. (4247) Von F. Tjoeng Lie,
160 S., 292 zweifarbige Abbildungen,
Pappband. **DM 29,80**/S 239.–

Bauch, Taille und Hüfte gezielt formen
durch **Aktiv Yoga**
(0709) Von K. Zebroff, 112 S., 102 Farbfotos, Spiralbindung, **DM 14,80**/S 119,–

10 Minuten täglich Tele-Gymnastik
(5102) Von B. Manz und K. Biermann,
128 S., 381 Abb., kart.
DM 14,80/S 119.–

Gesund und fit durch Gymnastik
(0366) Von H. Pilss-Samek, 132 S.,
150 Abb., kart. **DM 9,80**/S 79.–

Stretching
Mit Dehnungsgymnastik zu Entspannung, Geschmeidigkeit und Wohl-
befinden. (0717) Von H. Schulz, 80 S.,
90 s/w-Abb., kart. **DM 7,80**/S 69.–

Gesund und leistungsfähig durch
**Konditionsübungen, Fitneßtraining,
Wirbelsäulengymnastik**
(0844) Von R. Milser, K. Grafe, 104 S.,
99 Farbfotos, 12 Farbzeichnungen, 5 s/w-
Zeichnungen, kart. **DM 16,80**/S 139.–

Schönheitspflege
Kosmetische Tips für jeden Tag. (0493)
Von H. Zander, 80 S., 25 Abb., kart.
DM 7,80/S 69.–

Natur-Apotheke
Gesundheit durch altbewährte Kräuter-
rezepte und Hausmittel.
(4156) Von G. Leibold, 236 S., 8 Farbtafeln, 100 Zeichnungen, kart.,
DM 19,80/S 159.–
(4157) Pappband, **29,80**/S 239.–

**Diät bei Krankheiten des Magens und
Zwölffingerdarms**
Rezeptteil von B. Zöllner. (3201) Von
Prof. Dr. med. H. Kaess, 96 S., 4 Farb-
tafeln, kart. **DM 10,80**/S 85.–

**Diät bei Herzkrankheiten und
Bluthochdruck**
Salzarme (natriumarme) Kost. Rezeptteil
von B. Zöllner. (3202) Von Prof. Dr. med.
H. Rottka, 92 S., 4 Farbtafeln, kart.
DM 10,80/S 85.–

**Diät bei Erkrankungen der Niere und
Harnwege, bei Nierensteinen und bei
Dialysebehandlung**
Rezeptteil von B. Zöllner. (3203) Von
Prof. Dr. med. H. J. Sarre und Prof. Dr.
med. R. Kluthe, 100 S., 4 Farbtafeln,
kart. **DM 10,80**/S 85.–

Richtige Ernährung im Alter
Rezeptteil von B. Zöllner. (3204) Von
Priv.-Doz. Dr. med. H.-J. Pusch und Dr.
med. W. Koch, 88 S., 4 Farbtafeln, kart.
DM 10,80/S 85.–

Diät bei Gicht und Harnsäuresteinen
Rezeptteil von B. Zöllner. (3205) Von
Prof. Dr. med. N. Zöllner, 80 S., 4 Farb-
tafeln, kart. **DM 10,80**/S 85.–

Diät bei Zuckerkrankheit
Rezeptteil von B. Zöllner. (3206) Von
Prof. Dr. med. P. Dieterle, 80 S., 4 Farb-
tafeln, kart. **DM 10,80**/S 85.–

**Diät bei Krankheiten der Gallenblase,
Leber und Bauchspeicheldrüse**
Rezeptteil von B. Zöllner. (3207) Von
Prof. Dr. med. H. Kasper, 88 S., 4 Farb-
tafeln, kart. **DM 10,80**/S 85.–

**Diät bei Störungen des Fettstoff-
wechsels und zur Vorbeugung der
Arteriosklerose**
Rezeptteil von B. Zöllner. (3208) Von
Prof. Dr. med. G. Wolfram und Dr. med.
O. Adam, 104 S., 4 Farbtafeln, kart.
DM 10,80/S 85.–

Diät bei Übergewicht
Rezeptteil von B. Zöllner. (3209) Von
Priv.-Doz. Dr. med. Ch. Keller, 96 S.,
4 Farbtafeln, kart. **DM 10,80**/S 85.–

Diät bei Darmkrankheiten
Durchfall – Divertikulose, Reizdarm und
Darmträgheit – einheimischer Sprue
(Zöliakie) – Disaccharidasemangel –
Dünndarmresektion – Dumping
Syndrom. Rezeptteil von B. Zöllner.
(3211) Von Prof. Dr. med. G. Strohmeyer,
88 S., 4 Farbtafeln, kart.
DM 10,80/S 85.–

**Ballaststoffreiche Kost bei Funktions-
störungen des Darms**
Rezeptteil von B. Zöllner. (3212) Von
Prof. Dr. med. H. Kasper, 80 S., 4 Farbtafeln, kart. **DM 10,80**/S 85.–

Bildatlas des menschlichen Körpers
(4177) Von G. Pogliani, V. Vannini, 112 S.,
402 Farbabb., 28 s/w-Fotos, Pappband,
DM 29,80/S 239.–

Fußmassage
Reflexzonentherapie am Fuß (0714) Von
G. Leibold, 96 S., 38 Zeichnungen, kart.
DM 9,80/S 79.–

Rheuma und Gicht
Krankheitsbilder, Behandlung, Therapie-
verfahren, Selbstbehandlung, richtige
Lebensführung und Ernährung. (0712)
Von Dr. J. Höder, J. Bandick, 104 S., kart.
DM 9,80/S 79.–

Krampfadern
Ursachen, Vorbeugung, Selbstbehandlung, Therapieverfahren. (0727) Von
Dr. med. K. Steffens, 96 S., 38 Abb.,
kart. **DM 9,80**/S 79.–

Gallenleiden
Krankheitsbilder, Behandlung, Therapie-
verfahren, Selbstbehandlung, Richtige
Lebensführung und Ernährung. (0673)
Von Dr. med. K. Steffens, 104 S.,
34 Zeichnungen, kart. **DM 9,80**/S 79,–

Asthma
Pseudokrupp, Bronchitis und Lungen-
emphysem. (0778) Von Prof. Dr. med.
W. Schmidt, 120 S., 56 Zeichnungen,
kart. **DM 9,80**/S 79,–

Vitamine und Ballaststoffe
So ermittle ich meinen täglichen Bedarf
(0746) Von Prof. Dr. med. M. Wagner,
I. Bongartz, 96 S., 6 Farbabb., zahlreiche
Tabellen, kart. **DM 9,80**/S 79,–

Darmleiden
Krankheitsbilder, Behandlung, Selbst-
behandlung, Richtige Lebensführung und
Ernährung. (0798) Von Dr. med. K. Stef-
fens, 112 S., 46 Zeichnungen, kart.
DM 9,80/S 79,–

Die Preise entsprechen dem Status beim Druck dieses

Massage
(0750) Von B. Rumpler, K. Schutt, 112 S.,
116 2-farbige Zeichnungen, kart.
DM 12,80,–

Ratgeber Aids
Entstehung, Ansteckung, Krankheitsbilder,
Heilungschancen, Schutzmaßnahmen.
(0803) Von B. Baartman, Vorwort von
Dr. med. H. Jäger, 112 S., 8 Farbbilder,
4 Grafiken, kart. **DM 16,80/S 139,–**

Wenn Kinder krank werden
Medizinischer Ratgeber für Eltern.
(4240) Von Dr. med. I. J. Chasnoff,
B. Nees-Delaval, 232 S., 163 Zeichnungen, Pappband. **DM 29,80/S 239,–**

Ratgeber Lebenshilfe

Umgangsformen heute
Die Empfehlungen des Fachausschusses
für Umgangsformen. (4015) 282 S.,
160 s/w-Fotos, 25 Zeichnungen,
Pappband. **DM 29,80/S 239,–**

Der gute Ton
Ein moderner Knigge. (0063) Von
I. Wolter, 168 S., 38 Zeichnungen,
53 s/w-Fotos, kart. **DM 9,80/S 79,–**

Haushaltstips von A bis Z
(0759) Von A. Eder, 80 S., 30 Zeichnungen, kart. **DM 7,80/S 69,–**

Wir heiraten
Ratgeber zur Vorbereitung und Fest-
gestaltung der Verlobung und Hochzeit.
(4188) Von C. Poensgen, 216 S., 8 s/w-
Fotos, 30 s/w-Zeichnungen, 8 Farbtafeln,
Pappband. **DM 19,80/S 159,–**

Kleines Dankeschön für die charmante
Gastgeberin
(2218) Von S. Gräfin Schönfeldt, 80 S.,
46 Farbabb., Pappband. **DM 9,80/S 85,–**

Familienforschung · Ahnentafel · Wappenkunde
Wege zur eigenen Familienchronik.
(0744) Von P. Bahn, 128 S., 8 Farbtafeln,
30 Abbildungen, kart. **DM 14,80/S 119,–**

Die Kunst der freien Rede
Ein Intensivkurs mit vielen Übungen,
Beispielen und Lösungen. (4189) Von
G. Hirsch, 232 S., 11 Zeichnungen,
Pappband. **DM 29,80/S 239,–**

Reden zur Taufe, Kommunion und Konfirmation
(0751) Von G. Georg, 96 S., kart.
DM 6,80/S 59,–

Der richtige Brief zu jedem Anlaß
Das moderne Handbuch mit 400 Muster-
briefen. (4179) Von H. Kirst, 376 S.,
Pappband. **DM 26,80/S 218,–**

Von der Verlobung zur Goldenen Hochzeit
(0393) Von E. Ruge, 120 S., kart.
DM 6,80/S 59,–

Reden zur Hochzeit
Musteransprachen für Hochzeitstage.
(0654) Von G. Georg, 112 S., kart.
DM 6,80/S 59,–

Glückwünsche, Toasts und Festreden zur Hochzeit.
(0264) Von I. Wolter, 128 S., 18 Zeichnungen, kart. **DM 7,80/S 69,–**

Hochzeits- und Bierzeitungen
Muster, Tips und Anregungen. (0288)
Von H.-J. Winkler, 116 S., 15 Abb.,
1 Musterzeitung, kart. **DM 6,80/S 59,–**

Kindergedichte zur Grünen, Silbernen und Goldenen Hochzeit
(0318) Von H.-J. Winkler, 104 S.,
20 Abb., kart. **DM 5,80/S 49,–**

Die Silberhochzeit
Vorbereitung · Einladung · Geschenkvor-
schläge · Dekoration · Festablauf · Menüs
· Reden · Glückwünsche. (0542) Von K. F.
Merkle, 120 S., 41 Zeichnungen, kart.
DM 9,80/S 79,–

Großes Buch der Glückwünsche
(0255) Hrsg. von O. Fuhrmann, 240 S.,
77 Zeichnungen und viele Gestaltungsvorschläge, kart. **DM 9,80/S 79,–**

Neue Glückwunschfibel
für Groß und Klein. (0156) Von
R. Christian-Hildebrandt, 96 S., kart.
DM 4,80/S 39,–

Glückwunschverse für Kinder
(0277) Von B. Ulrici, 80 S., kart.
DM 5,80/S 49,–

Die Redekunst
Rhetorik · Rednererfolg (0076) Von
K. Wolter, überarbeitet von Dr. W. Tappe,
80 S., kart. **DM 5,80/S 49,–**

Reden und Ansprachen
für jeden Anlaß. (4009) Hrsg. von F. Sicker,
454 S., gebunden. **DM 39,–/S 319,–**

Reden zum Jubiläum
Musteransprachen für viele Gelegen-
heiten (0595) Von G. Georg, 112 S., kart.
DM 6,80/S 59,–

Reden zum Ruhestand
Musteransprachen zum Abschluß des
Berufslebens (0790) Von G. Georg,
104 S., kart. **DM 7,80/S 69,–**

Reden und Sprüche zu Grundstein-legung, Richtfest und Einzug
(0598) Von A. Bruder, G. Georg, 96 S.,
kart. **DM 6,80/S 59,–**

Reden zu Familienfesten
Musteransprachen für viele Gelegenheiten. (0675) Von G. Georg, 108 S.,
kart. **DM 6,80/S 59,–**

Reden zum Geburtstag
Musteransprachen für familiäre und offi-
zielle Anlässe. (0773) Von G. Georg,
104 S., kart. **DM 6,80/S 69,–**

Festreden und Vereinsreden
Ansprachen für festliche Gelegenheiten.
(0069) Von K. Lehnhoff, E. Ruge, 88 S.,
kart. **DM 5,80/S 49,–**

Reden im Verein
Musteransprachen für viele Gelegenheiten. (0703) Von G. Georg, 112 S.,
kart., **DM 6,80/S 59,–**

Trinksprüche
Fest- und Damenreden in Reimen. (0791)
Von L. Metzner, 88 S., 14 s/w-Zeichnun-
gen, kart. **DM 7,80/S 69,–**

Trinksprüche, Richtsprüche, Gästebuchverse
(0224) Von D. Kellermann, 80 S., kart.
DM 5,80/S 49,–

Ins Gästebuch geschrieben
(0576) Von K. H. Trabeck, 96 S.,
24 Zeichnungen, kart. **DM 7,80/S 69,–**

Poesiealbumverse
Heiteres und Besinnliches. (0578) Von
A. Göttling, 112 S., 20 Zeichnungen,
Pappband. **DM 14,80/S 119,–**

Verse fürs Poesiealbum
(0241) Von I. Wolter, 96 S., 20 Abb., kart.
DM 5,80/S 49,–

Rosen, Tulpen, Nelken . . .
Beliebte Verse fürs Poesiealbum
(0431) Von W. Pröve, 96 S., 11 Faksimile-
Abb., kart. **DM 5,80/S 49,–**

Der Verseschmied
Kleiner Leitfaden für Hobbydichter. Mit
Reimlexikon. (0597) Von T. Parisius,
96 S., 28 Zeichnungen, kart.
DM 7,80/S 69,–

Was wäre das Leben ohne Hoffnung
Trostreiche Worte
(2224) Hrsg. E. Heinold, 80 S., 23 Farbfotos, Pappband. **DM 9,80/S 85,–**

Moderne Korrespondenz
Handbuch für erfolgreiche Briefe.
(4014) Von H. Kirst und W. Manekeller,
544 S., gebunden. **DM 39,–/S 319,–**

Der neue Briefsteller
Musterbriefe für alle Gelegenheiten.
(0060) Von I. Wolter-Rosendorf, 112 S.,
kart. **DM 5,80/S 49,–**

Geschäftliche Briefe
des Privatmanns, Handwerkers, Kauf-
manns. (0041) Von A. Römer, 120 S.,
kart. **DM 6,80/S 59,–**

Behördenkorrespondenz
Musterbriefe – Anträge – Einsprüche.
(0412) Von E. Ruge, 120 S., kart.
DM 7,80/S 69,–

Musterbriefe
für alle Gelegenheiten. (0231) Hrsg. von
O. Fuhrmann, 240 S., kart.
DM 9,80/S 79,–

Privatbriefe
Muster für alle Gelegenheiten. (0114) Von
I. Wolter-Rosendorf, 132 S., kart.
DM 6,80/S 59,–

Briefe zu Geburt und Taufe
Glückwünsche und Danksagungen.
(0802) Von H. Beitz, 96 S., 12 Zeichnungen, kart. **DM 9,80/S 79,–**

Erfolgstips für den Schriftverkehr
Briefwechsel leicht gemacht durch ein-
fachen Stil und klaren Ausdruck (0678)
Von J. Werbellin, 120 S., kart.
DM 8,80/S 74,–

Worte und Briefe der Anteilnahme
(0464) Von E. Ruge, 128 S., mit vielen
Abb., kart. **DM 9,80/S 79,–**

Reden in Trauerfällen
Musteransprachen für Beerdigungen und
Trauerfeiern (0736) Von G. Georg,
104 S., kart. **DM 6,80/S 59,–**

Lebenslauf und Bewerbung
Beispiele für Inhalt, Form und Aufbau.
(0428) Von H. Friedrich, 112 S., kart.
DM 6,80/S 59,–

Erfolgreiche Bewerbungsbriefe und Bewerbungsformen.
(0138) Von W. Manekeller, 88 S., kart.
DM 5,80/S 49,–

Die erfolgreiche Bewerbung
Bewerbung und Vorstellung. (0173) Von
W. Manekeller, 156 S., kart.
DM 9,80/S 79,–

Die Bewerbung
Der moderne Ratgeber für Bewerbungsbriefe, Lebenslauf und Vorstellungsgespräche. (4138) Von W. Manekeller,
264 S., Pappband. **DM 19,80/S 159,–**

Vorstellungsgespräche
sicher und erfolgreich führen. (0636) Von
H. Friedrich, 144 S., kart.
DM 9,80/S 79,–

...eine Angst vor Einstellungstests
...n Ratgeber für Bewerber. (0793) Von
Ch. Titze, 120 S., 67 Zeichnungen, kart.
DM 9,80/S 79,–

Zeugnisse im Beruf
richtig schreiben, richtig verstehen.
(0544) Von H. Friedrich, 112 S., kart.
DM 9,80/S 79,–

In Anerkennung Ihrer . . . ,
**Lob und Würdigung in Briefen
und Reden.**
(0535) Von H. Friedrich, 136 S., kart.
DM 9,80/S 79,–

Erfolgreiche Kaufmannspraxis
Wirtschaftliche Grundlagen, Geld, Kredit-
wesen, Steuern, Betriebsführung, Recht,
EDV. (4046) Von W. Göhler, H. Gölz,
M. Heibel, Dr. D. Machenheimer, 544 S.,
gebunden. **DM 39,–/S 319,–**

Der Rechtsberater im Haus
(4048) Von K.-H. Hofmeister, 528 S., gebunden. **DM 39,–/S 319,–**

Arbeitsrecht
Praktischer Ratgeber für Arbeitnehmer
und Arbeitgeber, (0594) Von J. Beuthner,
192 S., kart. **DM 16,80/S 139,–**

Mietrecht
Leitfaden für Mieter und Vermieter.
(0479) Von J. Beuthner, 196 S., kart.
DM 14,80/S 119,–

Familienrecht
Ehe – Scheidung – Unterhalt. (4190) Von
T. Drewes, R. Hollender, 368 S., Papp-
band. **DM 29,80/S 239,–**

**Erziehungsgeld, Mutterschutz,
Erziehungsurlaub**
Alles über das neue Recht für Eltern. Mit
den Gesetzestexten. (0835) Von J. Grö-
nert, 144 S., kart. **DM 12,80/S 99,–**

Scheidung und Unterhalt
nach dem neuen Eherecht. (0403) Von
Rechtsanwalt H. T. Drewes, 112 S., mit
Kosten- und Unterhaltstabellen. kart.
DM 7,80/S 69,–

Testament und Erbschaft
Erbfolge, Rechte und Pflichten der Erben,
Erbschafts- und Schenkungssteuer.
Mustertestamente. (4139) Von T. Drewes,
R. Hollender, 304 S., Pappband.
DM 26,80/S 218,–

Erbrecht und Testament
Mit Erläuterungen des Erbschaftssteuer-
gesetzes von 1974. (0046) Von Dr. jur.
H. Wandrey, 124 S., kart. **DM 6,80/S 59,–**

Endlich 18 und nun?
Rechte und Pflichten der Volljährig-
keit. (0646) Von R. Rathgeber, 224 S.,
27 Zeichnungen, kart. **DM 14,80/S 119,–**

Was heißt hier minderjährig?
(0765) Von R. Rathgeber, C. Rummel,
148 S., 50 Fotos, 25 Zeichnungen, kart.
DM 14,80/S 119,–

**Erfolgreiche Bewerbung um einen
Ausbildungsplatz**
(0715) Von H. Friedrich, 136 S., kart.
DM 9,80/S 79,–

Elternsache Grundschule
(0692) Hrsg. von K. Meynersen, 324 S.,
kart. **DM 26,80/S 218,–**

Sexualberatung
(0402) Von Dr. M. Röhl, 168 S., 8 Farbtafeln, 17 Zeichnungen, Pappband.
DM 19,80/S 159,–

Die Kunst des Stillens
nach neuesten Erkenntnissen
(0701) Von Prof. Dr. med. E. Schmidt/
S. Brunn, 112 S., 20 Fotos und Zeichnungen, kart. **DM 9,80/S 79,–**

Wenn Sie ein Kind bekommen
(4003) Von U. Klamroth, Dr. med.
H. Oster, 240 S., 86 s/w-Fotos, 30 Zeichnungen, Pappband. **DM 24,80/S 198.–**

Vorbereitung auf die Geburt
Schwangerschaftsgymnastik, Atmung,
Rückbildungsgymnastik. (0251) Von
S. Buchholz, 112 S., 98 s/w-Fotos, kart.
DM 6,80/S 59.–

Wie soll es heißen?
(0211) Von D. Köhr, 136 S., kart.
DM 5,80/S 49.–

Das Babybuch
Pflege · Ernährung · Entwicklung. (0531)
Von A. Burkert, 128 S., 16 Farbfotos,
38 s/w-Fotos, 30 Zeichnungen, kart.
DM 12,80/ S 99.–

Wenn der Mensch zum Vater wird
Ein heiter-besinnlicher Ratgeber.
(4259) Von D. Zimmer, 88 S., 20 Zeich-
nungen, Pappband. **DM 19,80/S 159.–**
Mitmachen – die Umwelt retten!
Das Öko-Testbuch
Analysen und Experimente zur Eigen-
initiative. (4160) Von M. Häfner,
400 Farbfotos, 137 farbige Zeichnungen,
Pappband. **DM 39,–/S 319,–**

Die neue Lebenshilfe **Biorhythmik**
Höhen und Tiefen der persönlichen
Lebenskurven vorausberechnen und
danach handeln. (0458) Von W. A. Appel,
157 S., 63 Zeichnungen, Pappband.
DM 12,80/S 99.–

Vom Urkrümel zum Atompilz
Evolution – Ursache und Ausweg aus der
Krise. (4181) Von Jürgen Voigt, 188'S.,
20 Farb- und 70 s/w-Fotos, 32 Zeichnungen, kart. **DM 19,80/S 159,–**

Dinosaurier
und andere Tiere der Urzeit. (4219) Von
G. Alschner, 96 S., 81 Farbzeichnungen,
4 Fotos, Pappband. **DM 24,80/S 198.–**

Der Sklave Calvisius
Alltag in einer römischen Provinz 150 n.
Chr. (4058) Von A. Ammermann,
T. Röhrig, G. Schmidt, 120 S.,
99 Farbabb., 47 s/w-Abb., Pappband.
DM 19,80/S 159,–

ZDF · ORF · DRS
Kompaß Jugend-Lexikon
(4096) Von R. Kerler, J. Blum, 336 S.,
766 Farbfotos, 39 s/w-Abb., Pappband.
DM 39,–/S 319.–

Astrologie
Das Orakel der Sterne. (2211) Von
B. A. Mertz, 80 S., 42 Farb- und 15 s/w-
Fotos, Pappband. **DM 9,80/S 85,–**

Psycho-Tests
– Erkennen Sie sich selbst. (0710) Von
B. M. Nash, R. B. Monchick, 304 S.,
81 Zeichnungen, kart. **DM 16,80/S 139,–**

Falken-Handbuch **Astrologie**
Charakterkunde · Schicksal · Liebe und
Beruf · Berechnung und Deutung von
Horoskopen · Aszendenttabelle. (4068)
Von B. A. Mertz, 342 S., mit 60 er-
läuternden Grafiken, gebunden.
DM 29,80/S 239.–

Selbst Wahrsagen mit Karten
Die Zukunft in Liebe, Beruf und Finanzen.
(0404) Von R. Koch, 112 S., 252 Abb.,
Pappband. **DM 12,80/S 99.–**

Weissagen, Hellsehen, Kartenlegen . . .
Wie jeder die geheimen Kräfte ergründen
und für sich nutzen kann. (4153) Von
G. Haddenbach, 192 S., 40 Zeichnungen,
Pappband. **DM 19,80/S 159.–**

Frauenträume, Männerträume
und ihre Bedeutung. (4198) Von
G. Senger, 272 S., mit Traumlexikon,
Pappband. **DM 29,80/S 239.–**

Wahrsagen mit Tarot-Karten
(0482) Von E. J. Nigg, 112 S., 4 Farbtafeln, 52 s/w-Abb., Pappband.
DM 14,80/S 119.–

Aztekenhoroskop
Deutung von Liebe und Schicksal nach
dem Aztekenkalender. (0543) Von
C.-M. und R. Kerler, 160 S., 20 Zeichnungen, Pappband. **DM 9,80/S 79.–**

Was sagt uns das Horoskop?
Praktische Einführung in die Astrologie.
(0655) Von B. A. Mertz, 176 S., 25 Zeichnungen, kart. **DM 9,80/S 79.–**

Das Super-Horoskop
Der neue Weg zur Deutung von Charakter,
Liebe und Schicksal nach chinesischer
und abendländischer Astrologie. (0465)
Von G. Haddenbach, 175 S., kart.
DM 9,80/S 79.–

**Liebeshoroskop für die
12 Sternzeichen**
Alles über Chancen, Beziehungen, Erotik,
Zärtlichkeit, Leidenschaft. (0587) Von
G. Haddenbach, 144 S., 11 Zeichnungen,
kart. **DM 7,80/S 69.–**

Die 12 Sternzeichen
Charakter, Liebe und Schicksal. (0385)
Von G. Haddenbach, 160 S., Pappband.
DM 12,80/S 99.–

**Die 12 Tierzeichen im chinesischen
Horoskop**
(0423) Von G. Haddenbach, 128 S.,
Pappband. **DM 9,80/S 79.–**

Sternstunden
für Liebe, Glück und Geld, Berufserfolg
und Gesundheit. Das ganz persönliche
Mitbringsel für Widder (0621), Stier
(0622), Zwillinge (0623), Krebs (0624),
Löwe (0625), Jungfrau (0626), Waage
(0627), Skorpion (0628), Schütze
(0629), Steinbock (0630), Wassermann
(0631), Fische (0632) Von L. Cancer,
62 S., durchgehend farbig, Zeichnungen,
Pappband. **DM 5,–/S 39.–**

So deutet man Träume
Die Bildersprache des Unbewußten.
(0444) Von G. Haddenbach, 160 S.,
Pappband. **DM 9,80/S 79.–**

Die Familie im Horoskop
Glück und Harmonie gemeinsam erleben
– Probleme und Gegensätze verstehen
und tolerieren. (4161) Von B. A. Mertz,
296 S., 40 Zeichnungen, kart.
DM 19,80/S 159,–

Erkennen Sie Psyche und Charakter
durch **Handdeutung**
(4176) Von B. A. Mertz, 252 S., 9 s/w-
Fotos, 160 Zeichnungen, Pappband.
DM 36,–/S 298.–

Falken-Handbuch
Kartenlegen
Wahrsagen mit Tarot-, Skat-, Lenormand-
und Zigeunerblättern. (4226) Von
B. A. Mertz, 288 S., 38 Farb- und
108 s/w-Abb. Pappband.
DM 39,–/S 319.–

I Ging der Liebe
Das altchinesische Orakel für Partner-
schaft und Ehe. (4244) Von G. Damian-
Knight, 320 S., 64 s/w-Zeichnungen,
Pappband. **DM 29,80/S 239,–**

Wenn die Schwalben niedrig fliegen
Bauernregeln
(2208) Von G. Haddenbach, 80 S.,
52 Farbfotos, Pappband.
DM 9,80/S 85,–

Die Preise entsprechen dem Status beim Druck dieses

Bauernregeln, Bauernweisheiten, Bauernsprüche
(4243) Von G. Haddenbach, 192 S.,
62 Farbabb. 9 s/w-Fotos, 144 s/w-Zeich-
nungen, Pappband. **DM 29,80**/S 239,–

Computer

Computer Grundwissen
Eine Einführung in Funktion und Einsatz-
möglichkeiten. (4302) Von W. Bauer,
176 Seiten, 193 Farb- und 12 s/w-Fotos,
37 Computergrafiken, kart.,
DM 29,80/S 239,–
(4301) Pappband, **DM 39,–**/S 312,–
**Einführung in die Programmier-
sprache BASIC.** (4303) Von S. Curran
und R. Curnow, 192 S., 92 Zeichnungen,
kart. **DM 19,80**/S 159,–
Lernen mit dem Computer. (4304)
Von S. Curran und R. Curnow, 144 S.,
34 Zeichnungen, Spiralbindung,
DM 19,80/S 159,–
Computerspiele, Grafik und Musik
(4305) Von S. Curran und R. Curnow,
147 S., 46 Zeichnungen, Spiralbindung.
DM 19,80/S 159,–
dBase III
Einführung für Einsteiger und Nach-
schlagewerk für Profis. (4310) Von
J. Brehm, G. A. Karl, 211 S., 23 Abb.,
kart. **DM 58,–**/S 460,–
Das Medienpaket
Buch und Programmdiskette „dBase III"
zusammen (4312) **DM 98,–**/S 784,–
**Grundwissen
Informationsverarbeitung**
(4314) Von H. Schiro, 312 S., 59 s/w-
Fotos, 133 s/w-Zeichnungen, Pappband.
DM 58,–/S 460,–
Heimcomputer-Bastelkiste
Messen, Steuern, Regeln mit C 64-,
Apple II-, MSX-, TANDY-, MC-, Atari- und
Sinclair-Computern. (4309) Von G. A. Karl,
256 S., 160 Zeichnungen, kart.
DM 39,–/S 319,–
Drucker und Plotter
Text und Grafik für Ihren Computer.
(4315) Von K.-H. Koch, 192 S., 12 Farb-
tafeln, 5 s/w-Fotos, kart.
DM 39,–/S 319,–
**Textverarbeitung mit Home- und
Personal-Computern**
Systeme – Vergleiche – Anwendungen.
(4316) Von A. Görgens, 128 S., 49 s/w-
Fotos, kart. **DM 29,80**/S 239,–

Software

Maschinenschreiben
In 10 Tagen spielend gelernt.
Von Bernhard Hoppius. (7008) Diskette
für den C 64 und C 128 PC. **DM 49,80**
(unverb. Preisempf.), (7009) für IBM +
kompatible, **DM 79,–** (unverb. Preisempf.), (7010) für Schneider CPC 464,
664, 6128, **DM 69,–** (unverb. Preisempf.).
The Grammar Master
Englische Grammatik üben und
beherrschen.
(7002) C 64-Diskettenversion, **DM 49,80**

Lernhilfen

**Deutsch für Ausländer im
Selbstunterricht
Ausgabe für Jugoslawen**
(0261) Von I. Hladek und E. Richter,
132 S., 62 Zeichnungen, kart.
DM 9,80/S 79,–
Deutsch – Ihre neue Sprache.
Grundbuch (0327) Von H.-J. Demetz und
J. M. Puente, 204 S., mit über 200 Abb.,
kart. **DM 14,80**/S 119,–
Glossar Italienisch
(0329) Von H.-J. Demetz und
J. M. Puente, 74 S., kart.
DM 9,80/S 79,–
In gleicher Ausstattung:
Glossar Spanisch (0330)
DM 9,80/S 79,–
Glossar Serbokroatisch (0331)
DM 9,80/S 79,–
Glossar Türkisch (0332)
DM 9,80/S 79,–
Glossar Arabisch (0335)
DM 9,80/S 79,–
Glossar Französisch (0337)
DM 9,80/S 79,–
**Das Deutschbuch
Ein Sprachprogramm für Ausländer,
Erwachsene und Jugendliche.**
Autorenteam: J. M. Puente,
H.-J. Demetz, S. Sargut, M. Spohner.
Grundbuch Jugendliche
(4915) Von Puente, Demetz, Sargut,
Spohner, Hirschberger, Kersten,
von Stolzenwaldt, 256 S., durchgehend
zweifarbig, kart. **DM 19,80**/S 159,–
Grundbuch Erwachsene
(4901) Von Puente, Demetz, Sargut,
Spohner, 292 S., durchgehend zwei-
farbig, kart. **DM 24,80**/S 198,–
Arbeitsheft
zu Grundbuch Erwachsene und Jugend-
liche. (4903) Von Puente, Demetz,
Sargut, Spohner, 160 S., durchgehend
zweifarbig, kart. **DM 16,80**/S 139,–
Aufbaukurs
(4902) Von Puente, Sargut, Spohner,
232 S., durchgehend zweifarbig, kart.
DM 22,80/S 182,–
**Lehrerhandbuch Grundbuch
Erwachsene**
(4904) 144 S., kart. **DM 14,80**/S 119,–
**Lehrerhandbuch Grundbuch
Jugendliche**
(4929) 120 S., kart. **DM 14,80**/S 119,–
Lehrerhandbuch Aufbaukurs
(4930) 64 S., kart. **DM 9,80**/S 79,–
Glossare Erwachsene:
Türkisch
(4906) 100 S., kart. **DM 9,80**/S 79,–
Englisch
(4912) 100 S., kart. **DM 9,80**/S 79,–
Französisch
(4911) 104 S., kart. **DM 9,80**/S 79,–
Spanisch
(4909) 98 S., kart. **DM 9,80**/S 79,–
Italienisch
(4908) 100 S., kart. **DM 9,80**/S 79,–
Serbokroatisch
(4914) 100 S., kart. **DM 9,80**/S 79,–
Griechisch
(4907) 102 S., kart. **DM 9,80**/S 79,–
Portugiesisch
(4910) 100 S., kart. **DM 9,80**/S 79,–

Polnisch
(4913) 102 S., kart. **DM 9,80**/S 79,–
Arabisch
(4905) 100 S., kart. **DM 9,80**/S 79,–
Glossare Jugendliche:
Türkisch
(4927) 104 S., kart. **DM 9,80**/S 79,–
Italienisch
(4932) Von A. Baumgartner, 104 S., kart.
DM 9,80/S 79,–
Spanisch
(4933) Von M. Weidemann, 104 S., kart.
DM 9,80/S 79,–
Serbokroatisch
(4934) Von M. Vuckovic, 104 S., kart.
DM 9,80/S 79,–
Griechisch
(4936) Von Dr. G. Tzounakis, 112 S., kart.
DM 9,80/S 79,–
Tonband Grundbuch Erwachsene
(4916) Ø 18 cm. **DM 125,–**/S 1.000,–
Tonband Grundbuch Jugendliche
(4917) Ø 18 cm. **DM 125,–**/S 1.000,–
Tonband Aufbaukurs
(4918) Ø 18 cm. **DM 125,–**/S 1.000,–
Tonband Arbeitsheft
(4919) Ø 18 cm. **DM 89,–**/S 712,–
Kassetten Grundbuch Erwachsene
(4920) 2 Stück à 90 Min. Laufzeit.
DM 39,–/S 319,–
Kassetten Grundbuch Jugendliche
(4921) 2 Stück à 90 Min. Laufzeit.
DM 39,–/S 319,–
Kassetten Aufbaukurs
(4922) 2 Stück à 90 Min. Laufzeit.
DM 39,–/S 319,–
Kassette Arbeitsheft Grundbuch
(4923) 60 Min. Laufzeit.
DM 19,80/S 159,–
**Overheadfolien Grundbuch
Erwachsene**
(4924) 60 Stück **DM 159,–**/S 1.270,–
**Overheadfolien Grundbuch
Jugendliche**
(4925) 59 Stück **DM 159,–**/S 1.270,–
Overheadfolien Aufbaukurs
(4931) 54 Stück **DM 159,–**/S 1.270,–
Diapositive Grundbuch Erwachsene
(4926) 300 Stück. **DM 398,–**/S 3.184,–
Bildkarten
zum Grundbuch Jugendliche und
Erwachsene. (4928) 200 Stück.
DM 159,–/S 1.270,–
Arbeitshefte für ausländische Jugend-
liche in der Berufsvorbereitung
**Fachsprache im projektorientierten/
fachübergreifenden Unterricht
Metall 1**
(4937) Von S. Sargut, M. Spohner, 96 S.,
30 Farbfotos, 100 Zeichnungen, kart.
DM 14,80/S 119,–

**FALKEN
VERLAG**